LA SUISSE

&

La Révolution Française

Commission scientifique de l'exposition

Georges Andrey,	historien, Institut de journalisme et des Communications sociales, Fribourg.
Gérard Arlettaz,	historien, Archives fédérales, Berne.
André Bandelier,	professeur, Séminaire de français moderne, Université de Neuchâtel.
Jean-Daniel Candaux,	chargé de recherches, Bibliothèque publique et universitaire, Genève.
François de Capitani,	conservateur, musée d'histoire de Berne.
Pierre Chessex,	conservateur adjoint, Musée historique, Lausanne.
Jean-Pierre Chuard,	directeur, Centre romand de formation des journalistes, Lausanne.
François Jequier,	professeur à la Faculté des Lettres, Université de Lausanne.
Marie-Claude Jequier,	chef du service des Affaires culturelles, Ville de Lausanne.
Guy-S. Métraux,	Ph. D., historien, Lutry.
Olivier Pavillon,	conservateur, Musée historique, Lausanne.
Sylvie Wuhrmann,	commissaire de l'exposition.

L'illustration de la couverture-titre est le Guillaume Tell combattant la Révolution *de Dunker (voir n° 268), celle du dos est un* Guillaume Tell républicain *attribué à Volmar (voir n° 251) et les cartes en garde, n°ˢ 1 et 27.*

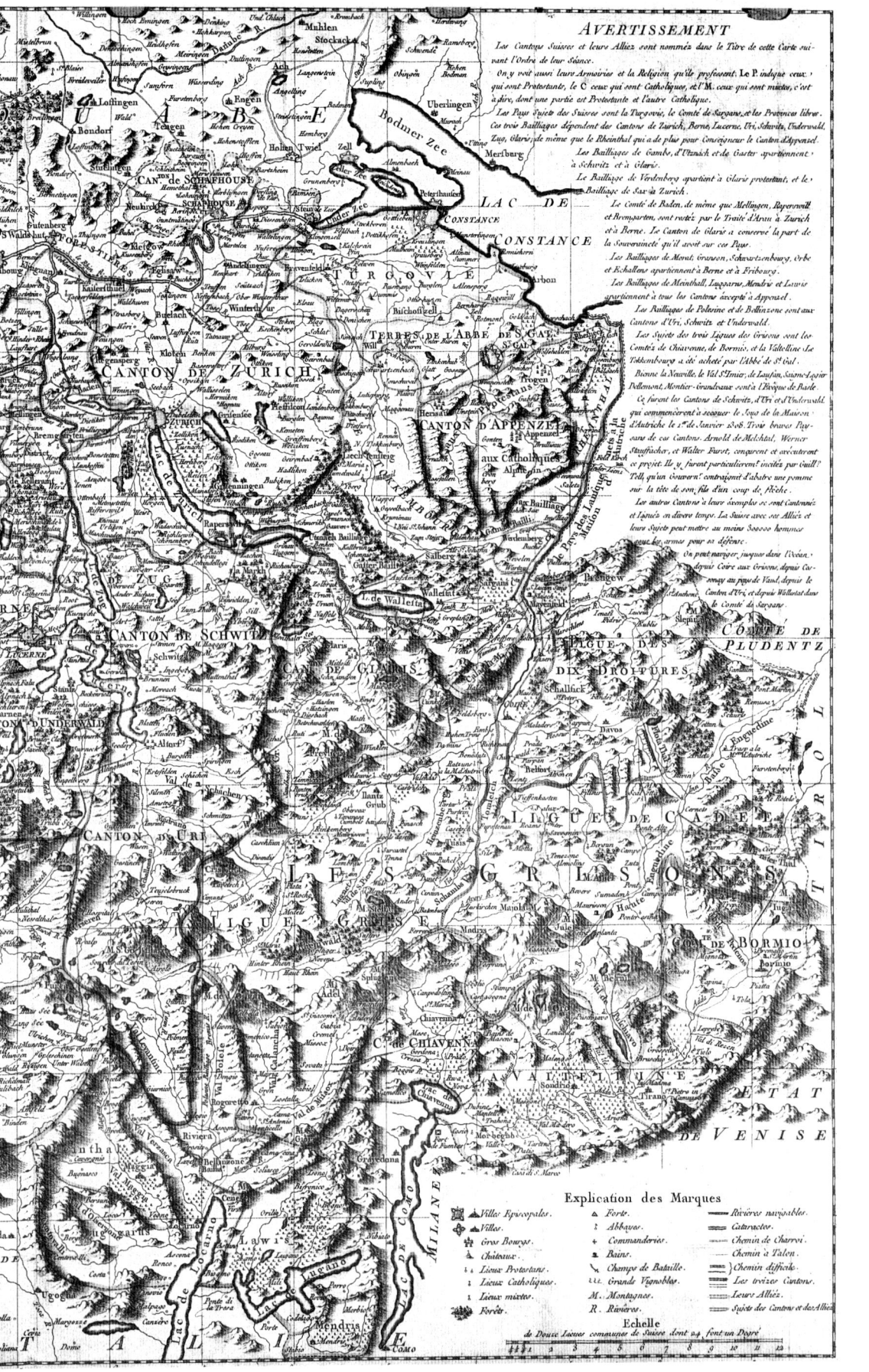

Musée Historique de Lausanne

1989

LA SUISSE

&

La Révolution Française

Images, caricatures, pamphlets

Textes de
Pierre Chessex, Sylvie Wuhrmann, Ulrich Im Hof,
Jean-Pierre Chuard, François de Capitani, Hugues Jahier,
Jean-Henri Papilloud, G.-S. Métraux, Jean-Pierre Jelmini,
Eric Golay, André Bandelier, Georges Andrey,
Jean-Daniel Candaux, Isabelle Vissière, Jean-François Bergier.

140 illustrations dont 23 en couleur

ÉDITIONS DU GRAND-PONT

Jean-Pierre Laubscher

Ouvrage publié à l'occasion
de
l'Exposition présentée du 16 juin au 10 septembre 1989

Abréviations

ACV	Archives cantonales vaudoises, Chavannes	cm	Centimètres ; les dimensions sont données hauteur × largeur
AVL	Archives de la Ville, Lausanne		
BCU	Bibliothèque cantonale et universitaire, Lausanne	t.c.	trait carré
		Bibl.	Bibliographie
DHBS	Dictionnaire historique et biographique de la Suisse, 7 tomes et 1 supplément, Neuchâtel, 1921-1934	Litt.	Littérature, ouvrages de référence utilisés pour la rédaction des notices. Lorsque ce sont des ouvrages importants souvent signalés, nous ne mentionnons que le nom de l'auteur et la date de parution, renvoyant le lecteur à la bibliographie générale en fin de l'ouvrage.
DHV	Eugène Mottaz, Dictionnaire historique, géographique et statistique du canton de Vaud, 2 tomes, Lausanne, 1914-1921		
MHAE	Musée historique de Lausanne, Ancien-Evêché, collections de l'Association du Vieux-Lausanne		

Equipe de fabrication :

Scénario : Sylvie Wuhrmann et Pierre Chessex
Mise en scène : Jean-Pierre Laubscher
Papier : Versailles-Condat, 170 g, Baumgartner Papiers, Lausanne-Crissier
Photolithos couleurs : Zuliani. Noir : Maury
Photocomposition : Traitext, Quetigny
Impression : Maury Imprimeur, Malesherbes (Loiret)
Reliure : Sirc, Marigny-le-Chatel (Aube)

© 1989
Edition du Grand-Pont — Jean-Pierre Laubscher
2, place Bel-Air — CH-1003 Lausanne
021/312 32 22
ISBN 2-88148-008-X

Diffusion librairie Suisse : Payot-Diffusion, Lausanne
Diffusion France : La Bibliothèque des Arts, 3, place de l'Odéon -F 75006 Paris - (1) 46 33 18 18
Autres pays : open market ou Office du Livre, Fribourg

Table des matières

Avant-propos, Pierre Chessex 7
Chronologie, Pierre Chessex 10
La Suisse au XVIIIe siècle 19
Début de la liste des pièces exposées 23
La « trop fameuse journée du 14 », Jean-Pierre Chuard 25
La diffusion des idées de la Révolution, Pierre Chessex 35
Des cercles littéraires aux clubs 38
Libelles et pamphlets 41
La censure 44
Objets usuels 48
Les idées de la Révolution dans la hotte du colporteur,
    François de Capitani 50
Des nouvelles fraîches de Paris, Hugues Jahier 61
Troubles révolutionnaires en Valais, Jean-Henri Papilloud 70
L'affaire du pasteur Martin de Mézières, Pierre Chessex 73
« Allons enfants de la patrie ! », G.-S. Métraux 76
La campagne des banquets, Pierre Chessex 89
La fête des vignerons 98
Service de France, 1789-1792, Sylvie Wuhrmann 99
La mutinerie de Nancy 100
Massacre des Suisses, 10 août 1792 104
Chronique d'une mort héroïque, Jean-Pierre Jelmini 107
Genève en révolution, Eric Golay 118
Jean-Jacques Rousseau 130
Vivre la Révolution, André Bandelier 135
Neuchâtel : agitation, 1792-1793 149
Protection des frontières, 1792-1798, Sylvie Wuhrmann 152
Les « émigrés » français en Suisse, 1789-1797, Georges Andrey 160
Fauche-Borel, imprimeur de la Contre-Révolution,
    Jean-Daniel Candaux 170
Au balcon de l'Europe, Isabelle Vissière 174

Zurich et les troubles de Stäfa, 1794-1795, Pierre Chessex 178
Abraham Girardet, graveur historique, Sylvie Wuhrmann 183
Guillaume Tell révolutionnaire, ou le patriote ambigu,
      Jean-François Bergier 186
Le pays des bergers et de Guillaume Tell 199
Caricatures de Dunker, François de Capitani 201

Index 220
Glossaire 224
Choix bibliographique 226
Crédits photographiques 229
Liste des prêteurs 230
Remerciements 231

Avant-propos

> *La liberté politique n'est en fin de compte rien d'autre que la garantie véritable des droits de l'homme et l'obtention d'un statut basé sur la loi.*
> Henri Pestalozzi, Ja oder Nein *(1793)*

Les dernières années de l'Ancien Régime qui verront la transformation de la vieille Confédération en une République helvétique centralisée en 1798 n'est pas la période de l'histoire suisse la mieux connue. De grandes zones de ces années troublées restent aujourd'hui dans l'ombre, notamment la période qui précède la Révolution helvétique entre 1789 et 1798. Parmi les quelques études récentes qui apportent de nouveaux éléments d'appréciation figurent en bonne place des recherches sur la vie associative et le rôle des intellectuels dans la diffusion des idées des Lumières (Ulrich Im Hof, Daniel Speich, François de Capitani), ainsi que des études d'histoire sociale de Hans Conrad Peyer ou de Rudolf Braun sur le déclin de l'Ancien Régime en Suisse. Ces contributions, comme celles plus anciennes d'Auguste Verdeil et de Paul Maillefer, ou plus spécialisées d'Alfred Rufer, Louis Junod, Jean-Charles Biaudet, Marie-Claude Jequier et Ariane Méautis, tendent toutes à montrer que l'on ne peut pas parler d'une « révolution sans révolutionnaire » comme le titre d'une émission de la Télévision Suisse Romande le laissait entendre (février 1989). Certes, l'intervention des troupes françaises du Directoire fut décisive en 1798 pour renverser les oligarchies, car les forces d'inertie de l'ancien ordre social pesaient encore trop lourd dans la balance face au dynamisme de ceux qui voulaient rompre avec le passé. Mais les exemples fournis par la Révolution américaine et sa Constitution de 1786, puis par la Révolution française de 1789 avaient donné le signal de véritables actions révolutionnaires en Suisse. La perspective d'un changement radical qui amènerait une réforme fondamentale de l'Etat avait suscité une sympathie croissante non seulement dans les campagnes et dans les villes sujettes, mais aussi au sein de certaines familles dirigeantes.

Choix et limites

Quelles sont les réactions en Suisse face aux événements révolutionnaires français ? Comment les idées révolutionnaires ou contre-révolutionnaires se répandent-elles sur le territoire de la Confédération ? Ce livre et cette exposition voudraient donner quelques éléments de réponse à ces questions.

Nous nous sommes limités aux événements des années 1789 à 1795, à savoir la période de diffusion des idées révolutionnaires entre la prise de la Bastille et Thermidor. Les aspirations expansionnistes de la France du Directoire après 1795 viennent, en effet, modifier le jeu politique. Nous n'abordons pas non plus la Révolution helvétique de 1798, révolution non sanglante qui s'opère par la volonté des patriotes bourgeois des villes sujettes et d'une élite rurale ouverte aux idées *des Lumières, avec l'appui efficace des armées du Directoire. Bien que la chute de l'ancienne Confédération puisse être considérée, à certains égards, comme une conséquence de la Révolution française, nous nous réservons de traiter ce sujet en 1998, en espérant que, d'ici là, des historiens en auront renouvelé l'étude!*

Nous n'avons pas fait une histoire exhaustive des rapports multiples et complexes que la Suisse entretient avec la France révolutionnaire, mais nous avons choisi un certain nombre de thèmes qui illustrent la pénétration des idées sur le territoire de la Confédération et le contrecoup des événements français dans diverses régions de notre pays. Laissant de côté l'évocation de personnalités qui jouent un rôle en France (Marat, Necker, Clavière, etc.) ou en Suisse (Henri Pestalozzi ou Pierre Ochs), nous avons préféré évoquer des aspects plus anonymes et moins connus comme le rôle des colporteurs ou l'importance des fêtes et des chants. Il fallait éviter les redites ou les répétitions : le Colloque de Coppet en 1988 a déjà largement parlé du rôle joué par Madame de Staël ou par Benjamin Constant et les ténors de la Révolution seront souvent évoqués dans les multiples expositions présentées en France dans le cadre du Bicentenaire.

Les images

En comparant les ouvrages sur la Révolution française et les publications sur la seconde moitié du XVIIIe siècle en Suisse, on est immédiatement frappé par l'abondance de l'illustration des premiers et l'absence d'images des secondes. Deux raisons principales expliquent cette différence. La première, en amont, tient aux conditions respectives de la production artistique des deux pays ; la seconde, en aval, reflète l'état des recherches sur l'iconographie de cette période.

La France de l'Ancien Régime possède des institutions artistiques de formation (Académie) et de diffusion des œuvres (Salons et marché de l'art) qui lui assurent un gros réservoir de peintres, sculpteurs, graveurs et architectes. Au moment de la Révolution, ces artistes, sous l'impulsion des peintres David et Restout, vont contester les institutions de l'intérieur et créer la Commune des Arts *qui réunit près de trois cents participants. Les conditions de production changent et, grâce à la liberté d'exposer, le nombre des œuvres augmente considérablement. Le changement est également qualitatif : les Jacobins attribuent aux arts (à la suite des philosophes des Lumières) un rôle idéologique ; une véritable stratégie des images est ainsi élaborée qui touche à des domaines très variés : culte des martyrs de la Révolution, fêtes, allégories, symboles, etc. Quant aux estampes qui multiplient les images et leur assurent une puissante diffusion dans tout le pays, elles connaissent une période faste tant sous leur aspect révolutionnaire que contre-révolutionnaire.*

En Suisse, la situation est très différente : les artistes du pays, en l'absence d'Académie et d'écoles de dessin, partent se former à l'étranger et la plupart s'y installent parce qu'ils y trouvent des débouchés. Vers 1789 presque tous les artistes de renom sont absents du pays : Johann Heinrich Füssli s'est installé en Angleterre sous le nom d'Henry Fuseli ; les frères Sablet travaillent tantôt en Italie, tantôt en France ; Pierre-François Bourgeois est peintre à la cour de Georges III d'Angleterre ; le sculpteur Alexandre Trippel mourra à Rome en 1793 ; Louis Ducros y fait une carrière remarquée de 1776 à 1793, puis se rend à Naples dès 1794 ; Benjamin Bolomey est le peintre officiel du Stadhouder Guillaume V d'Orange, mais il reviendra au pays en 1792 et nous lui devons le portrait de bien des patriotes vaudois ; Louis-Auguste Brun voyage entre la France et la Suisse et il profitera de cette situation pour jouer un rôle politique à Versoix dès 1797 ; quant au Genevois Jean-Pierre Saint-Ours qui quitte Rome en 1792, son engagement artistique et politique durant la Révolution genevoise en fait l'exception qui confirme la règle. En ce qui concerne les producteurs d'estampes, les célèbres « petits-maîtres », préoccupés avant tout par le paysage et la scène de genre, ils continueront imperturbablement de peindre les lacs, les montagnes et les cascades sans que l'on perçoive de changements majeurs dans leur production. Avec quelques exceptions toutefois : David Hess, les frères Usteri et Balthazar-Anton Dunker, l'ami et le collaborateur d'Aberli : il réalisera plusieurs séries de caricatures à sujet politique vers la fin du siècle. Nous lui consacrons un chapitre entier, bien que sa production soit légèrement plus tardive que les événements évoqués.

Cet état de fait et l'absence de réflexion théorique sur l'utilisation des images dans notre pays expliquent le vide ressenti face à l'exhubérante production française. Il n'est toutefois pas sûr que notre héritage soit si pauvre : une enquête minutieuse, telle que celles de Monglond ou de Vovelle sur l'imagerie de la Révolution française, pourrait conduire à nuancer ce constat négatif. Bien qu'il ne faille pas s'attendre à découvrir une masse de documents, un répertoire des images concernant la Suisse devrait révéler des aspects mal connus. L'intérêt premier de l'exposition et du livre réside dans le fait d'avoir commencé cette récolte. La variété des œuvres données à voir devrait encourager le dépouillement systématique des collections publiques et privées.

Des projets à la réalisation

Dès 1983 des chercheurs suisses rencontrent M. Michel Vovelle, historien français alors secrétaire général de la Commission de recherche historique pour la célébration du bicentenaire de la Révolution française. Ils envisagent ensemble d'encourager les études, colloques et expositions en relation avec ce thème et d'étudier les formes possibles d'une participation helvétique aux manifestations prévues. Quelque temps après, sous l'impulsion de Mme Marie-Claude Jequier, alors conservatrice du musée historique de l'Ancien-Evêché, une commission d'histoire est mise sur pied et projette une grande exposition qui aurait dû traiter le sujet selon deux axes principaux : la présence helvétique dans la Révolution française (banque, armée, arts, milieux politiques, etc.) et l'impact de la Révolution sur la société suisse et son influence pour la chute de l'Ancien Régime.

La nomination de Mme Jequier à la tête du service des Affaires culturelles de la Ville de Lausanne et les travaux de rénovation du musée historique de l'Ancien-Evêché dès 1986-87 vont déterminer une refonte du projet en fonction de la nouvelle situation. Un commissaire de l'exposition est nommé pour réunir la documentation et préparer la manifestation : Sylvie Wuhrmann, étudiante en histoire de l'art à l'Université de Lausanne, entreprend alors une tournée des institutions susceptibles de fournir des œuvres et des documents pour une exposition sur le thème de la réception des événements et des idées révolutionnaires en Suisse. Avec l'aide des historiens de la commission scientifique, elle propose divers thèmes en relation avec le sujet choisi. Grâce à son travail, et avec l'appui du musée et d'étudiants de l'Ecole cantonale des beaux-arts et d'art appliqué chargés de la mise en scène, l'exposition prend forme durant l'hiver et le printemps 1988-89. Ce livre-catalogue, richement illustré, en est le fidèle reflet et le complément scientifique indispensable.

Pierre CHESSEX

CHRONOLOGIE

FRANCE 1789 CONFÉDÉRATION

1/2	Hiver rigoureux, troubles des subsistances à Genève.
3	Louis des Portes envoie à LL.EE. de Berne un « cahier de doléances » réclamant le rétablissement des Etats de Vaud.

5.5 Ouverture des Etats généraux.
17.6 le tiers état se proclame Assemblée nationale.
20.6 Serment du Jeu de Paume.

Jacques-Louis David, Serment du Jeu de Paume.

9.7 Les Etats généraux se proclament *Assemblée nationale constituante*.
14.7 Prise de la Bastille.
4.8 « Nuit du 4 août », abolition des privilèges.

Artiste inconnu, Portrait de Gabriel d'Erlach.

8 A la suite de troubles révolutionnaires en Franche-Comté, le gouvernement bernois prend des mesures préventives :
— la vente d'armes, de poudre et de munitions est interdite.
— Le Trésorier de Muralt est envoyé dans le baillage d'Aubonne avec des pouvoirs étendus pour organiser un cordon militaire le long de la frontière avec la France.
— On surveille les étrangers et on en dresse la liste.

26.8 Déclaration des Droits de l'Homme et du Citoyen.

9 Le bailli de Lausanne, Gabriel Albert d'Erlach, admoneste deux libraires de Lausanne, Heubach et Grasset, pour avoir vendu un ouvrage « séditieux » : *l'Ode sur la Liberté* du Genevois Desonnaz.

2.11 Les biens du clergé sont mis à disposition de la Nation.

(colonne centrale : GOUVERNEMENT ROYAL DE LOUIS XVI — MONARCHIE DE DROIT DIVIN — CONSTITUANTE — MONARCHIE CONSTITUTIONNELLE / CONFÉDÉRATION DES XIII CANTONS, PAYS SUJETS, PAYS ALLIÉS ET BAILLIAGES COMMUNS)

FRANCE 1790 CONFÉDÉRATION

15. 1 La France est divisée en 83 départements.
 1 Le bailli de Lausanne est blâmé par LL.EE. pour avoir laissé s'imprimer chez le libraire Mourer un *Projet de Déclaration des Droits de l'Homme et du Citoyen* par Servan.
 3/4 Troubles à Hallau (Schaffhouse) et dans le Toggenburg (St-Gall).

 6 A la suite de l'abolition des titres de noblesse, l'émigration redouble d'intensité.

 6/7 Parution dans la gazette anglaise *The London Chronicle* des *Lettres de Philantropus sur une prétendue révolution arrivée en Suisse en 1790* par F.-C. Laharpe.

12. 7 Constitution civile du clergé.
14. 7 Fête de la Fédération à l'occasion de l'anniversaire de la prise de la Bastille. Le « premier » quatorze juillet est l'occasion de fêtes grandioses.

14. 7 On fête le premier anniversaire de la prise de la Bastille à Rolle à l'occasion de la réunion de l'abbaye de l'Arc.
 7/8 Durant l'été se forme à Paris un *Club de patriotes suisses* à la tête desquels se trouve l'avocat fribourgeois Castella. Ils répandront de nombreux libelles et pamphlets en Suisse et prendront le nom de *Club helvétique*.
 Des officiers vaudois du régiment mercenaire d'Ernst protestent contre les inégalités de traitement dans la distribution des charges avec les aristocrates bernois.

 8/9 Troubles dans le Bas-Valais.
15. 8 Insurrection à Martigny.

27. 8 Pour combler le déficit, l'assignat devient un billet de banque.
31. 8 Mutinerie de Nancy : 2 bataillons du régiment de mercenaires suisses Lullin de Châteauvieux se soulèvent ; la répression sera terrible : 41 soldats seront envoyés aux galères, 22 seront pendus, les autres exclus. Le conseil de guerre qui les juge est formé d'officiers confédérés.

 8. 9 Insurrection de paysans du Val d'Illiez à Monthey (*La Bagarre*).

 9 Démission de Necker.

 3. 9 Proclamation de LL.EE. qui renforce la censure existante et interdit la diffusion des libelles.
 Le Trésorier de Muralt est envoyé dans le Pays de Vaud pour la deuxième fois : il est chargé de prendre toutes les mesures nécessaires pour que les mouvements de rébellion contre l'autorité ne se répandent pas.

 12 Arrestation du pasteur Martin à Mézières. Emprisonnement dans les geôles bernoises.

CONSTITUANTE
MONARCHIE CONSTITUTIONNELLE
CONFÉDÉRATION DES XIII CANTONS, ETC.

FRANCE   1791   CONFÉDÉRATION

	15. 2	Emeutes à Genève.
	20. 3	Les troupes autrichiennes occupent Porrentruy à l'appel de l'évêque de Bâle qui craint ses voisins français.
	17. 4	Le pasteur Martin est libéré et son retour de Berne est fêté abondamment dans le Pays de Vaud.
20. 6 Fuite du roi Louis XVI arrêté à Varennes.	14. 7	Des patriotes vaudois fêtent le deuxième anniversaire de la prise de la Bastille à Yverdon, à Moudon et lors d'un fameux banquet dans la propriété des Jordils à Lausanne, puis à Ouchy.
	15. 7	A l'occasion de la réunion de l'abbaye de l'Arc à Rolle, des patriotes vaudois récidivent lors d'un banquet bien arrosé.
17. 7 Fusillade du Champ-de-Mars.	25. 7	Un mandat de LL.EE. supprime toutes les fêtes (sauf la fête des Vignerons à Vevey) et interdit les réunions.
	28. 7	Une haute Commission bernoise est envoyée dans le Pays de Vaud pour enquêter sur les « troubles » lors des banquets. MM. Fischer, Haller, Frisching et Tscharner s'installent au château de Rolle. Des troupes sont mises sur pied.
1er. 8 Loi contre les émigrés et les prêtres réfractaires.	29. 8	Arrestation de Rosset et de Muller de La Mothe, rendus responsables de la « campagne » des banquets. Ils sont emprisonnés par LL.EE. au château de Chillon.
3. 9 La Constitution est votée.	16. 9	Les troupes mises sur pied par Berne entrent à Lausanne.
	19. 9	La Haute Commission quitte Rolle et s'installe à Lausanne, au Champ-de-l'Air.
	30. 9	Cérémonie humiliante du Champ-de-l'Air à Lausanne : les représentants des villes vaudoises, choisis par LL.EE. parmi les patriotes, doivent défiler tête nue devant les soldats en armes pour se présenter devant la Haute Commission. Sévères condamnations contre les participants aux banquets. Amédée de Laharpe s'exile et servira dans les armées françaises ; il avait, en effet, été condamné par le Conseil des Deux-Cent de Berne à être exécuté par le glaive.
1er.10 Réunion de l'Assemblée législative formée de 745 nouveaux députés.		
9.11 Décret contre les émigrés.		
	12	Cinq condamnations à mort après les troubles du Bas-Valais (affaire politico-criminelle dite *conjuration des Crochets*). Les oligarques des cantons suisses ne veulent pas de l'amnistie pour les soldats de Châteauvieux.
31.12 Amnistie pour les soldats du régiment de Châteauvieux votée par l'Assemblée nationale.		

Colonnes centrales (de gauche à droite) : CONSTITUANTE / LÉGISLATIVE ; MONARCHIE CONSTITUTIONNELLE ; CONFÉDÉRATION DES XIII CANTONS, ETC.

FRANCE 1792 CONFÉDÉRATION

1er. 1 François Barthélemy s'installe à Baden en tant qu'ambassadeur de France auprès des cantons suisses.

15. 4 Première fête de la Liberté. Triomphe des mutins réhabilités de Châteauvieux qui portaient le bonnet rouge des galériens. Les Jacobins font de ce bonnet un symbole de l'affranchissement des tyrans, rejoignant ainsi la tradition iconographique qui avait fait du bonnet phrygien des Romains un emblème de la liberté.

20. 4 Sur un plan de Dumouriez, ministre des Affaires étrangères, la France déclare la guerre aux puissances européennes de l'Ancien Régime.

4 Les troupes françaises reprennent Porrentruy aux Autrichiens et occupent la partie germanique de l'évêché de Bâle.
5 Occupation des frontières ; la Diète mobilise des troupes sur la frontière bâloise.

Pierre-Louis Bouvier, Portrait de Dumouriez.

10. 8 Prise des Tuileries, massacre des gardes suisses de Louis XVI, renversement de la royauté.

2-6. 9 Massacres de septembre dirigés contre le clergé et la noblesse de Paris.
20. 9 Victoire de Valmy.
21. 9 Première réunion de la Convention. Abolition de la royauté.
22. 9 Les actes seront désormais datés de l'An I de la République.
25. 9 Proclamation de la République Une et Indivisible.
27.11 La Convention vote la réunion de la Savoie à la France.

26. 8 Par décret de l'Assemblée législative, le Zurichois Henri Pestalozzi est fait citoyen français.
3. 9 Diète d'Aarau ; la neutralité de la Confédération est confirmée, malgré des interventions belliqueuses de l'Avoyer bernois N. F. von Steiger.
9 Tentatives d'annexion de Genève par la France. Intervention de Berne et de Zurich.
21.10 On plante des arbres de la Liberté à Porrentruy.
27.11 Assemblée constituante de la République rauracienne.
3.12 On plante un arbre de la Liberté à La Chaux-de-Fonds.
4/5.12 La République rauracienne est officiellement proclamée.
28.12 Seconde insurrection à Genève qui met fin aux conseils patriciens. Fin de l'Ancien Régime à Genève.

26.12 Ouverture du procès de Louis XVI.

FRANCE 1793 CONFÉDÉRATION

21. 1 Exécution de Louis XVI.

Fious et Sarcifu, Fin tragique de Louis XVI.

10. 3 Création du Tribunal révolutionnaire.
11. 3 Début de la guerre de Vendée.

6. 4 Formation du Comité de Salut public.
13. 4 La Convention décide de respecter la neutralité des cantons suisses.

2. 6 Coup d'Etat et chute des Girondins.
13. 7 Assassinat de Marat.
27. 7 Robespierre entre au Comité de Salut public.

5. 9 Instauration de la « Terreur ».
5.10 16 vendémiaire an II, la Convention adopte le calendrier républicain.
16.10 Exécution de la reine Marie-Antoinette.
22.12 Bonaparte est nommé général de brigade.

CONVENTION GIRONDINE

CONVENTION MONTAGNARDE

Ire RÉPUBLIQUE

CONFÉDÉRATION DES XIII CANTONS, ETC.

12. 2 Election d'une Assemblée nationale à Genève.

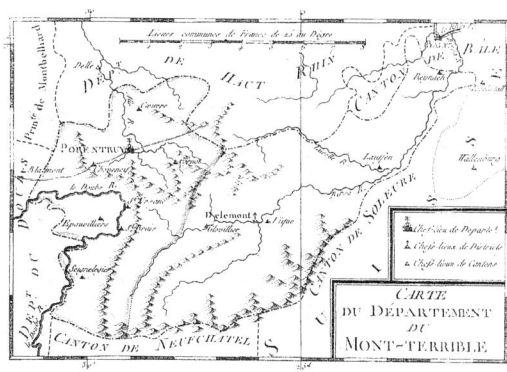

23. 3 Création du département du Mont-Terrible, 84e département français [1793-1800] qui remplace la République rauracienne.

Eté J.-L. Giraud Soulavie est nommé résident de France à Genève par la grâce de Robespierre.

Nomination de Louis de Büren comme bailli de Lausanne ; ce sera le dernier.

Firmin Massot, Portrait de la famille du bailli von Büren.

14

FRANCE   1794   CONFÉDÉRATION

24. 3 Exécution d'Hébert et des hébertistes.
5. 4 Exécution de Danton et de ses amis.
14. 4 La Convention accorde les honneurs du Panthéon à J.-J. Rousseau qui reposait depuis 1778 à Ermenonville.
8. 6 Fête de l'Etre suprême.

28. 6 Fêtes et monument en souvenir de J.-J. Rousseau [Genève].
25. 7 Condamnés par le Tribunal révolutionnaire, sept Genevois sont fusillés aux Bastions.
Eté Rédaction du *Mémorial de Stäfa* par Heinrich Neeracher, membre du Cercle de lecture.

28. 7 9 thermidor, chute de Robespierre.

Le Sueur, Arbre de la liberté.

21. 9 Les cendres de Marat sont transportées au Panthéon.
10 Les armées françaises occupent toute la rive gauche du Rhin.
11.11 Fermeture du club des Jacobins.
24.12 Abolition de la loi sur les maximum, marquant un retour au libéralisme économique.

CONVENTION MONTAGNARDE
CONVENTION THERMIDORIENNE
Iʳᵉ RÉPUBLIQUE
CONFÉDÉRATION DES XIII CANTONS, ETC.

FRANCE 1795 CONFÉDÉRATION

1	A Paris, la température descend à −18 degrés, ce qui n'améliore pas le problème des subsistances.
21. 2	Séparation de l'Eglise et de l'Etat, et rétablissant la liberté des cultes.
26. 2	Loi sur la réorganisation de l'enseignement et la création des écoles centrales.
6. 4	Traité de Bâle entre la France et la Prusse.
16. 5	Traité de La Haye entre la France et la Hollande.
22. 7	Traité de Bâle entre la France et l'Espagne.
5.10	13 vendémiaire an IV, Bonaparte écrase les royalistes qui s'étaient rassemblés en armes.
16.10	Bonaparte est nommé général de division.
24.10	Adoption de la loi générale sur l'Instruction publique.
26.10	Bonaparte est nommé général en chef de l'armée de l'Intérieur. Dernière séance de la Convention qui abolit la peine de mort et prononce l'amnistie pour les délits politiques.
31.10	Election du Directoire.

CONVENTION THERMIDORIENNE — DIRECTOIRE — Ire RÉPUBLIQUE — CONFÉDÉRATION DES XIII CANTONS, ETC.

13-14. 1	Le gouvernement zurichois condamne les responsables du *Mémorial de Stäfa*.
3	On retrouve à Kusnacht une copie ancienne d'un pacte de franchise [1525] et on fête l'événement en plantant un arbre de la liberté coiffé du bonnet phrygien.
7	La ville de Zurich met sur pied des milices pour ramener l'ordre parmi les habitants de Stäfa. Arrestation des meneurs.
2. 9	Les principaux accusés de l'affaire de Stäfa sont condamnés à la forteresse à perpétuité.
23.11	Landsgemeinde à Gossau : Johannes Kunzle est fêté comme héros du Toggenburg pour avoir fait passer les revendications des sujets du prince-abbé de Saint-Gall.
26.12	Sur le territoire de Bâle, Marie-Thérèse-Charlotte, fille de Louis XVI, est échangée contre des prisonniers de guerre français.

A.-F. Sergent, Entrée dans le village Suisse de Riechen au canton de Basle, des Députés [...] prisonniers.

A.-F. Sergent, Arrivée sur le territoire de basle, de la Princesse Marie Thésèse Charlotte, Fille de Louis XVI [...].

FRANCE   1796-1799   CONFÉDÉRATION

1796
2. 3 Bonaparte est nommé général en chef des armées d'Italie.
   4 Campagne d'Italie.

17.11 Victoire d'Arcole.

1797
16. 1 Victoire de Rivoli.

9. 7 Fondation de la République cisalpine.
17. 9 Traité de Campo Formio.

1798
18. 1 Blocus contre la Grande-Bretagne.

1799
25-26.9 Bataille de Zurich.
9.11 Coup d'Etat du 18 brumaire an VIII Bonaparte Premier Consul.

DIRECTOIRE — CONSULAT
Ire RÉPUBLIQUE
CONFÉDÉRATION DES XIII CANTONS, ETC. — RÉP. HELV. 1798-1803

1796
8. 5 Mort du général de brigade Amédée de Laharpe durant la campagne d'Italie à Codogno ; il était en exil depuis 1791, à la suite de la campagne des banquets.
25. 5 La Confédération reconnaît la République française et son ambassadeur Barthélemy.
19. 7 Emeutes à Genève.

1797 *Essai sur la Constitution du Pays de Vaud* de F.-C. Laharpe, violent réquisitoire contre LL.EE. de Berne et appel à la révolte.

10.10 Le Directoire rattache les Trois Ligues des Grisons à la République cisalpine.
17.10 Les restes de l'évêché de Bâle sont rattachés au département du Mont-Terrible.
   11 Bonaparte, traversant la Suisse pour signer le traité de Rastatt, passe à Genève, Nyon, Lausanne (22 et 23 nov.), Berne, Liestal, Bâle.
   12 Pierre Ochs, à Paris, fait un projet de Constitution unitaire pour la Confédération.
27.12 Réunion de la dernière Diète à Aarau.
28.12 Le Directoire français, par un arrêté, décrète l'aide aux patriotes du Pays de Vaud.

1798
20. 1 La domination bernoise sur le Pays de Vaud prend fin.
24. 1 Les patriotes vaudois créent l'*Assemblée provisoire du Pays de Vaud* qui siège à Lausanne.
29. 1 Les troupes françaises du général Ménard entrent à Lausanne.
10. 2 Lausanne, capitale du nouveau canton du Léman. Proclamation de l'indépendance vaudoise.
   3 Berne capitule, chute de l'ancienne Confédération.
12. 4 Proclamation de la *République Helvétique Une et Indivisible*.

1799
25-26.9 Bataille de Zurich.

P. C.

La Suisse au XVIIIe siècle

Structures politiques

La Suisse tout entière salua les débuts de la Révolution française avec beaucoup de satisfaction — comme ce fut le cas un peu partout en Europe. Enfin une grande puissance se libérait de l'absolutisme ! Les confédérés étaient d'ailleurs conscients de s'être déjà libérés des « tyrans » depuis le début du XIVe siècle. Leur pays était considéré comme un modèle de liberté : une république composée de républiques. Le gouvernement démocratique était encore en vigueur dans les six cantons campagnards — d'Uri à Appenzell — ainsi que dans les Grisons et en Valais. On commençait à découvrir les valeurs symboliques de leurs assemblées populaires, des « Landesgemeinde », vestiges précieux d'une ancienne liberté. En outre, les douze villes souveraines — de Genève à Schaffhouse — conservaient également des institutions démocratiques ou du moins républicaines : le Grand et le Petit Conseil, chambres des représentants de la bourgeoisie. Mais dans les cantons et les villes, dès le XVIIe siècle, on assiste au développement d'une aristocratie formée par un patriciat terrien ou par une classe de riches marchands-entrepreneurs. Ce régime oligarchique était le plus souvent contesté (ou du moins contrôlé) par les classes moyennes, paysannes dans les cantons campagnards, artisanales ou intellectuelles dans les villes : chacun était conscient d'être « suisse » et « libre ».

Les territoires sujets des cantons avaient autrefois joui d'une certaine autonomie. Cependant, depuis le XVIIe siècle, l'administration de « Leurs Excellences » devint de plus en plus efficace et autoritaire. Il y avait bien çà et là des révoltes contre les gouvernements, mais les autorités réussissaient toujours à maintenir l'ordre, au besoin par une sévère répression. Et l'on pouvait toujours compter sur l'aide militaire des cantons voisins ! Ainsi, on trouvait en Suisse tous les degrés de liberté politique, de la liberté des villes et des cantons campagnards en passant par l'autonomie des petites villes « libres » comme Moudon ou Zofingue et de quelques territoires campagnards autonomes comme Gessenay-Rougemont ou le Toggenbourg, jusqu'au régime plus ou moins autoritaire exercé par les baillis au nom de « Leurs Excellences ».

Situation économique

Au point de vue économique, la Suisse se trouvait en plein développement. Elle n'était plus le pays pauvre peuplé de modestes montagnards. Une partie des régions alpines s'était spécialisée dans l'exportation des produits laitiers et du bétail. Les transports par les cols alpestres, les lacs et les fleuves étaient bien organisés. Un réseau routier moderne était en voie de construction. En plaine, l'agriculture était encore basée sur l'assolement triennal, mais un mouvement de réformes remettait en question cette méthode traditionnelle. Ici et là, certains secteurs industriels s'organisaient : les textiles en Suisse orientale, dans les cantons de Zurich et de Bâle, et dans une partie du Jura, avant tout pays de l'horlogerie. Ces premières industries reposaient essentiellement sur le travail à domicile organisé par les entrepreneurs des villes (Verlagssystem). Vers la fin du XVIIIe siècle, Genève disposait d'un système bancaire déjà bien développé ; Bâle et Zurich suivaient son exemple. L'un des métiers traditionnels des Suisses, le service étranger, perdait peu à peu de son importance. Mais des régiments mercenaires servaient encore en France, aux Pays-Bas, en Espagne, au Piémont et dans les Etats du pape. Pourtant, les officiers avaient de plus en plus de peine à recruter, les Suisses préférant travailler dans l'industrie à domicile. A première vue, le pays présentait un aspect de richesse et de prospérité. Pourtant il y régnait beaucoup de pauvreté, à tel point que l'émigration allait en augmentant, notamment vers l'Amérique.

Situation politique

La Suisse était un pays de moyenne grandeur situé entre le royaume de France et les territoires autrichiens de Milan, du Tyrol, du Vorarlberg, de la Souabe et de la Brisgovie. Au sud, le Royaume de Sardaigne (Savoie/Piémont) et la République de Venise ; au nord, le Saint-Empire germanique formé d'une pluralité de minuscules Etats. Les relations avec tous les voisins étaient normales, voire amicales. Les Suisses avaient toujours eu d'étroits contacts avec la France et la vieille alliance de 1521 avait été renouvelée avec Louis XVI en 1777. Dès le XVIe siècle, la Confédération avait renoncé aux conquêtes et pratiquait une politique de neutralité armée. La proximité des guerres entre puissances voisines rendait parfois la protection des frontières obligatoire. Mais depuis 1747 on n'eut plus besoin de mobiliser les troupes, car les guerres se déroulaient loin de la Suisse et, dès 1763, l'Europe put jouir d'une longue période de paix. Comme aux temps héroïques, la défense du pays reposait sur les milices, plus ou moins bien exercées selon le zèle respectif des cantons. Cette milice veillait également à maintenir la paix intérieure qui, peu avant la Révolution française, fut troublée à diverses reprises : en 1780-81, par une révolte des paysans du canton de Fribourg (affaire Chenaux), en 1782 par des luttes de partis à Genève et en 1783-84 par la désobéissance de la municipalité de Stein am Rhein qui se rebella contre Zurich.

L'organisation constitutionnelle était restée la même depuis le XVIe siècle. Les affaires intérieures et extérieures étaient réglées par la Diète des XIII Cantons, que présidait le « Vorort », Zurich. Les cantons jouissaient d'une importante autonomie, les problèmes étaient en général peu nombreux. Le rôle de la Diète se bornait le plus souvent à coordonner dans la mesure du possible les politiques assez égoïstes des cantons. Depuis la victoire protestante de Villmergen en 1712, Zurich et Berne exerçaient une certaine hégémonie, mal vue des petits cantons catholiques de la Suisse primitive. Pourtant, un calme relatif régnait dans les régions où catholiques et réformés vivaient sous un régime paritaire. La période des guerres de religion était bien révolue.

Vie culturelle et sociabilité

La vie scientifique et littéraire était en plein essor. Les sciences naturelles et les mathématiques s'étaient développées grâce à des savants de renommée internationale : Scheuchzer, les Bernoulli, Haller, Bonnet, de Saussure, Lambert et bien d'autres dont des médecins comme Tronchin et Tissot. Les sciences humaines n'étaient pas en reste, grâce à des personnalités de premier plan : Barbeyrac, Burlamaqui, de Vattel, Rousseau, Bodmer, Iselin, Zimmermann, Lavater et Pestalozzi. Beaucoup de périodiques de haut niveau témoignaient d'une vie scientifique et littéraire animée dans les grands centres ; les femmes n'en étaient pas exclues. Tous les thèmes de discussion étaient abordés et, depuis 1760, les droits de l'homme, les concepts de liberté et d'égalité revenaient souvent au centre des débats entre intellectuels dans les diverses sociétés littéraires, économiques ou d'utilité publique qui fleurissaient dans tout le pays. Il ne manquait qu'une académie centrale qui coordonnât toutes leurs activités, comme le faisaient les académies royales ou princières en France, en Angleterre, en Allemagne et ailleurs. Les Suisses trouvèrent une solution originale en fondant en 1761 la « Société helvétique », une société patriotique qui réunissait l'élite intellectuelle de tous les cantons. Tout en étant un lieu de rencontre entre amis, elle se proposait de renouveler l'esprit suisse, c'est-à-dire de dépasser les jalousies cantonales et confessionnelles. La Société helvétique allait devenir une véritable assemblée nationale officieuse, une tribune où l'on échangeait idées et projets de réforme.

Identité nationale

La Société helvétique travaillait entre autres à un renouvellement du sentiment national. Dans le but de renforcer l'unité des Suisses, on remit à l'honneur l'histoire héroïque des premiers siècles : le Grütli, Guillaume Tell, les batailles d'indépendance. C'étaient les lignes de force d'un peuple libre qui savait lutter pour défendre sa liberté. S'y ajoutait le nouveau mythe des Alpes, centre naturel et protecteur de la Suisse. On ne découvrait pas seulement leur beauté majestueuse mais aussi leurs habitants, ces bergers qui incarnaient idéalement le prototype du vrai Suisse libre. Mais ce nouveau patriotisme était le patriotisme des « lumières », sans connotation nationaliste : ouvert au monde, il est universaliste et au service de l'humanité. C'est cette Suisse-là qui retient l'attention des citoyens du monde entier. Elle sait s'exprimer en français, en allemand et même en italien. La vie intellectuelle et artistique y est riche, variée, tantôt aristocratique, tantôt bourgeoise et même populaire. On y trouve une ancienne simplicité démocratique dans le comportement des citoyens, à la ville comme à la campagne. Les étrangers aimaient à parcourir ce pays étonnant qui contrastait avec le style sophistiqué des monarchies et ils y voyageaient souvent sur les traces de Jean-Jacques Rousseau. Mais quand les Français bouleversèrent le monde de l'Ancien Régime, on réalisa que le modèle suisse avait ses limites, que la liberté n'était en réalité que très relative. On aurait pu le savoir depuis un certain temps déjà. En regardant ce qui se passait, par exemple, dans la République genevoise, où l'on se querellait depuis des décennies à cause d'une réforme générale des institutions républicaines, on y avait instruit le procès du patriciat. Mais la contre-révolution internationale, c'est-à-dire les royaumes de France et de Sardaigne-Piémont, avec l'aide empressée de la République de Berne, mirent fin en 1782 à cette expérience libérale. Quelques années plus tard, dans la

République des Pays-Bas, un mouvement semblable devait également capituler face à la contre-révolution, représentée cette fois-ci par l'armée prussienne. Seule l'Amérique du Nord put réaliser les rêves républicains (1776-1783). Et dès 1789, c'est la France qui deviendra le grand exemple d'une modernité radicale : Liberté, Egalité, Démocratie.

Côté Suisse, l'enthousiasme unanime pour la grande révolution de Paris va très vite révéler de profonds fossés. Les uns espéraient pouvoir enfin moderniser des institutions politiques périmées et l'élite des régions sujettes entrevoyait une possibilité de se libérer de son ancienne dépendance. Pourtant bien d'autres Suisses avaient peur d'un bouleversement trop radical : non seulement ceux qui jouissaient du pouvoir, mais également ceux parmi les sujets qui se contentaient d'un régime patriarcal. On entre ainsi dès 1789 dans une décennie de conflits, ouverts ou latents, qui aboutiront à la « *Révolution helvétique* » des premiers mois de l'an 1798.

Ulrich IM HOF

2. FEU D'ARTIFICE. Exécuté le 25 Aoust 1777 sur le Glacis de la Ville de Soleure, par ordre de Son Excellence Monsieur le Marquis de Vergennes, Ambassadeur de Sa Majesté très Chrétienne en Suisse, à l'occasion du Renouvellement d'Alliance entre l'Auguste Couronne de France et le Louable Corps Helvétique.

Liste des pièces exposées

1. Carte de la Suisse où sont les treize Cantons, leurs alliés et leurs sujets [...] E. Dussy scripsit. Carte dirigée et exécutée sous les yeux de M. Robert de Vaugondy. Aldring sculp.
Lausanne, François Grasset libr. et impr., 1769
Eau-forte, rehauts d'aquarelle, 69,5 × 53,5 cm
BCU (voir dernière page de garde)

2. Dessiné par Louis Midart, gravé sous la direction de Christian von Mechel.
Feu d'Artifice Exécuté le 25 Aoust 1777. Sur le Glacis de la Ville de Soleure [...]
1777-1779
Taille-douce, 37,7 × 46,8 cm
Fribourg, Musée d'art et d'histoire
Bibl. : DHBS, t. 1, p. 192 (reproduction)

3. Dessiné par Louis Midart, gravé sous la direction de Christian von Mechel
Illumination et Décoration Exécutées à Soleure le 26 Aoust 1777 [...]
1777-1779
Taille-douce, 38 × 46,5 cm
Fribourg, Musée d'art et d'histoire
Bibl. : DHBS, t. 1, p. 195 (reproduction)

Depuis la « paix perpétuelle » conclue en 1453 par Charles VII et la Confédération, les relations politiques entre la France et la Suisse étaient réglées par des traités d'alliance régulièrement renouvelés. Au XVIIIe siècle, les rapports franco-helvétiques furent déterminés par un problème capital : le renouvellement de l'alliance de 1663, échue en 1723. Les démêlés qui régnaient à l'intérieur du Corps helvétique rendirent les négociations longues et difficiles. La Suisse émergeait alors d'une guerre confessionnelle que la paix d'Aarau (11 août 1712) n'avait pas entièrement résolue. Dans ce pacte national, l'Etat reconnaissait à la confession protestante les mêmes droits qu'à la confession catholique. La paix d'Aarau permit en outre aux cantons protestants de Berne et de Zurich d'agrandir leur territoire. La rivalité interne, loin d'être apaisée par ce partage, fut avivée lorsqu'en 1715 la France, prévoyant la fin prochaine de son alliance avec la Suisse, fit un pacte avec les seuls catholiques. Cependant, les diplomates français, insatisfaits de cette demi-mesure, tentèrent peu après de consacrer à nouveau l'ancien traité conclu entre Louis XIV et le Corps helvétique tout entier ; ils se heurtèrent alors à de grosses difficultés. D'un côté, les cantons catholiques exigeaient la restitution des terres octroyées à Berne et Zurich en 1712 ; de l'autre, les cantons protestants, vexés d'avoir été exclus en 1715, refusaient toute négociation. Ce n'est qu'à la fin du siècle que la situation se détendit ; le marquis de Vergennes, récemment nommé ambassadeur de France en Suisse, parvint enfin à concilier les deux camps. La fameuse alliance fut signée le 28 mars 1777 et solennellement ratifiée le 25 août de la même année à Soleure.

Louis Midart (1733-1800), artiste spécialisé dans les scènes historiques, réalisa deux vues nocturnes d'apparat, très décoratives, qui présentent les festivités accompagnant le renouvellement de l'alliance. La première composition, symétrique, évoque le feu d'artifice exécuté le soir du 25 août après la prestation du serment dans l'église collégiale de Saint-Ours et Saint-Victor. Au centre, une grande construction érigée pour la circonstance arbore les blasons de la Couronne de France et de la Confédération, symboliquement entrelacés. On distingue au-dessous l'artificier en costume qui court pour allumer les mèches des fusées. La seconde vue montre l'Hôtel du marquis de Vergennes ; la cour du bâtiment est illuminée par des centaines de bougies placées le long des fenêtres et des corniches. Soleure était la résidence traditionnelle des ambassadeurs de France en Suisse.

S. W.

Litt. : Dierauer, 1929, t. 4, pp. 257-280 ; DHBS, t. 1, article « alliances franco-suisses »

4. Très humble Représentation adressée à Leurs Excellences de l'Illustre et Magnifique Sénat de Berne Par Les trois Ordres du Pays de Vaud leurs fidèles sujets MDCCLXXXIX Du Général Comte des Portes copié en 1789.
Manuscrit, 1 cahier
ACV
Bibl. : Louis Junod, *Un cahier de doléances vaudois en 1789*, Lausanne, Roth, 1948, pp. 3-25

Ce document ne contient aucun écho des Etats généraux de Versailles le 5 mai 1789, ni de la prise de la Bastille le 14 juillet. Il fait en revanche allusion aux émeutes des boulangeries de Saint-Gervais à Genève le 26 janvier 1789, permettant ainsi de situer la rédaction de ce texte au printemps 1789.

L'auteur, Louis de Portes, est fils d'un réfugié du Dauphiné devenu sujet de Berne. Officier dans les services étrangers, il se retira sur ses terres de Genolier dès 1753. Dix ans plus tard, il porta secours au jeune Desvignes contre les exactions du bailli de Nyon, Daniel de Tscharner (DHV, I, pp. 754-55). Il échoua dans sa tentative de défense de l'orphelin face aux malversations du bailli tout-puissant et il fut obligé de quitter ses terres. Il s'installa à Versoix, sur territoire français, où il resta jusqu'à sa mort, survenue le 4 août 1789.

Il est fort probable que de Portes, qui n'avait pas pardonné à Berne la perte de ses biens et l'exil, ait saisi l'occasion de l'annonce des Etats généraux pour rédiger, sur le modèle français, un cahier de doléances. Divers griefs des Vaudois à l'égard de Berne sont énumérés dans les vingt-cinq articles que comporte cette représentation. Le plus important est la demande de convocation des Etats de Vaud qui n'avaient plus été réunis par Berne depuis 1612 (article XII). Les articles suivants se terminent souvent par « Rendez-nous, Souverains Seigneurs, nos Etats Généraux » qui revient comme une litanie. Gibbon avait déjà soulevé ce problème dans sa lettre sur le gouvernement de Berne de 1763 et F.-C. de La Harpe en fera le principal argument de ses *Lettres à Philanthropus* en 1790 (voir n° 46).

P. C.

3

Illumination et Décoration exécutées à Soleure le 26 Aoust 1777 dans la Cour de l'Hôtel de Son Excellence Monsieur le Marquis de Vergennes, Ambassadeur de Sa Majesté très Chrétienne en Suisse, à l'occasion du Renouvellement d'Alliance entre l'Auguste Couronne de France et le Louable Corps Helvétique.

La « trop fameuse journée du 14 »
La presse francophone de Suisse et les événements de 1789

Rompant avec son habitude de publier les informations sans autre indication que la date et le lieu de provenance, la *Gazette de Berne*[1], dans son édition du 22 juillet 1789, fait une exception. Elle introduit sa relation de la prise de la Bastille par un titre ainsi libellé : *Trop fameuse journée du 14*. Sans commune mesure avec nos « cinq colonnes à la une » et simplement composé en italique, il en dit pourtant long sur l'importance que la *Gazette* accorde à l'événement. Et, trois jours plus tard, son correspondant de Paris écrit :

> *Assez de feuilles imprimées rendront compte de ce qui s'est passé ces jours derniers, à l'Assemblée nationale et à l'Hôtel-de-Ville de Paris. [...] Nous allons parler, nous, de la venue du Roi, et de ce qui a précédé, ou plutôt de ce qui a opéré la grande révolution dont nous sommes les témoins.*

Comment la presse francophone de Suisse, à laquelle nous avons limité notre enquête, a-t-elle parlé des événements de 1789 ? Comment, consciente « des suites qui peuvent en résulter pour l'avenir »[2] a-t-elle renseigné ses lecteurs des bouleversements que connaissait le royaume voisin ? Dans quelle mesure a-t-elle répondu à leur attente, alors qu'elle était elle-même soumise à une stricte censure ?

Diffusion et diversification

En 1789, cette presse est modeste, tant par le nombre des titres, à peine une dizaine, que par le chiffre de son tirage, sur lequel on en est encore réduit à des approximations. Les journaux coûtent cher et ne sont pas loin de constituer un luxe. C'est pourquoi il n'est pas rare qu'un abonnement soit partagé entre plusieurs, comme le souhaitait ce Fribourgeois à la recherche de *quelques associés pour la Gazette françoise de Berne*[3].

Dans la plupart des villes, il existe des cabinets de lecture ou cafés littéraires (Lacombe et Fischer à Lausanne, Girardet au Locle, pour ne citer qu'eux) où la clientèle, à côté des nouveautés, peut consulter les journaux du pays et de l'étranger. Parfois aussi, familles et amis, comme c'est le cas chez le banneret Charles de Trey à Payerne, se réunissent *pour lire la* Gazette de Berne, *la* Feuille d'Avis de Lausanne, *le* Mercure helvétique[4].

Modeste, cette presse n'en est pas moins déjà diversifiée. On distingue trois types de publications : le journal d'information politique, la gazette littéraire et la feuille d'annonces ou d'avis. On y ajoutera les almanachs, fort répandus dans les campagnes, et les volumes d'*Etrennes* de Bridel qui connaissent un large succès. Ce sont les seuls périodiques de langue française, conçus, imprimés et édités dans une Suisse envahie, à l'époque, par d'innombrables publications étrangères. Pour s'en convaincre, il suffit de se reporter aux annonces que les libraires font régulièrement paraître dans les feuilles d'avis. Et pour en déduire, du même coup, que la lecture ici n'est pas le passe-temps favori de quelques privilégiés seulement.

Une censure efficace

Pourtant, si on lit beaucoup dans ce pays, si la diffusion des journaux est loin de correspondre au seul nombre de leurs abonnés, on n'y parle guère de liberté de la presse. Polier de Saint-Germain soutient, en 1784, que le magistrat ne saurait tolérer « l'anarchie typographique »[5]. Son devoir est de protéger ses sujets, et particulièrement la jeunesse, contre des lectures pernicieuses. Polier voudrait même *assujettir indistinctement tout Libraire par un règlement général à ne rien imprimer sans permission* et punir les contrevenants *d'interdiction de commerce pendant un certain temps, ou [de] toute autre [peine] capable de réprimer l'avidité*[6].

Le règlement en vigueur dans les terres de Berne n'est pas plus tendre. Il astreint imprimeurs, libraires, commis et ouvriers à s'engager *par attouchement des mains*[7] à s'y conformer. En outre, il charge le Conseil académique à Berne, l'Académie à Lausanne et les baillis dans les autres villes d'établir des censeurs. Ceux-ci examineront *soigneusement* manuscrits, livres et tout autre imprimé. A Lausanne[8] et à Yverdon[9], les baillis exercent

Ouverture de l'Assemblée des ETATS-GENERAUX, du 5. Mai 1789.

A. Le Roi. B. La Reine C Les Princes. D. Les Princesses. E. Le Garde des Sceaux. F. Le Grand Chambellan. G. Les 15. Conseillers d'Etat. H. Les Gouverneurs & Lieutenant-Généraux des Provinces. I. Le Clergé. K La Noblesse. L. Le Tiers-Etat. M. Mr. Necker. N. Les 4. Hérauts d'Armes. O. Les Personnes de distinction de la Cour. P. Autres Personnes du haut rang, spectateurs.

eux-mêmes la censure préalable sur chaque numéro des feuilles d'avis, pourtant bien innocentes, qui y paraissent. Les contrôles ne s'arrêtent pas là. Les libraires, qu'ils soient du pays ou qu'ils soient étrangers, font l'objet d'une étroite surveillance. Les censeurs sont tenus d'inspecter leurs boutiques, doivent se faire remettre leurs catalogues et surtout dénoncer à l'autorité ceux qui vendraient, prêteraient ou loueraient des ouvrages prohibés. Ce climat de méfiance, voire de délation, savamment entretenu par les gouvernants, n'est pas fait pour encourager des vocations journalistiques. Il explique aussi le peu d'écho que suscite dans la presse, en 1789, la Révolution, à une exception près : la *Gazette de Berne*.

Sous le regard de Leurs Excellences

Fondée en 1689, la *Gazette de Berne* paraissait le mercredi et le samedi sur quatre pages in-quarto, augmentées au gré des circonstances d'un supplément. Organe officieux, sinon officiel du gouvernement de Berne, elle pouvait, selon la formule de Pierre Grellet, *parler de tout ce qui n'était pas interdit*[10]. En d'autres termes, afin de ne pas froisser la susceptibilité des Excellences, elle ignorait pratiquement tout ce qui se passait à l'intérieur des frontières pour se consacrer essentiellement aux affaires étrangères. Cette *Gazette de Berne*, dont l'audience était enviable, ne sera pas avare de détails sur la Révolution. Deux fois par semaine, elle apportera son lot d'informations parisiennes. Glissant çà et là un commentaire, manœuvrant avec prudence sous le regard du gouvernement, elle relatera les faits principaux sans se dissimuler la difficulté de sa mission :

> *Qu'il est délicat [...] à un écrivain, écrit-elle, d'allier la franchise, la sincérité que le public a droit d'attendre de lui, avec le respect dû aux Noms, aux personnes que la providence [a] si fort élevés au-dessus des autres ! Nous avons fait nos efforts pour ne pas nous écarter de ces principes que nous ne cesserons jamais de suivre. Mais nos lecteurs auront observé facilement combien notre tâche à cet égard étoit pénible aujourd'hui*[11].

Malgré son titre, le *Journal historique et politique de Genève*[12], rédigé par Jacques Mallet du Pan, n'entre pas dans notre analyse puisqu'il était, affirme-t-on, publié à l'étranger. Il faut, en revanche, s'arrêter à la réimpression lausannoise du *Journal de Paris*, chez Hignou et Compagnie. Premier des quotidiens français (1777), le *Journal de Paris*, classé parmi les organes contre-révolutionnaires modérés[13], jouissait d'une solide renommée. Son information était abondante et de qualité et son tirage élevé (12 000 exemplaires). Annoncée dans le *Journal de Lausanne* du 15 août 1789 comme devant être *accueillie avec empressement du Public*[14], la réimpression du *Journal de Paris* est mise en chantier à l'automne sous le titre : *Tableau des opérations de l'Assemblée nationale*. Chaque semaine jusqu'au 31 juillet 1792, date à laquelle le *Tableau* met un terme à son existence, les souscripteurs recevront un fascicule de seize pages, le tout formant une collection de sept volumes. La part qui est faite à la Révolution dans les deux gazettes littéraires du moment, le *Journal de Lausanne* et le *Journal de Genève*[15], est sans comparaison possible avec celle que lui réserve la *Gazette de Berne*.

Rédigé par Jean Lanteires, le *Journal de Lausanne* est un petit hebdomadaire de quatre pages, sortant, comme le *Tableau*, des presses de Hignou. Ses faibles moyens ne l'empêchent pas d'afficher des prétentions littéraires, scientifiques, sociales et économiques. Il entend contribuer à l'élargissement des connaissances de ses lecteurs qu'il laisse fréquemment s'exprimer dans ses colonnes. La chronique locale est pour ainsi dire inexistante et c'est en vain que l'on y chercherait, comme dans la *Gazette*, quelque allusion à la vie politique de la cité. En politique étrangère et singulièrement face à la Révolution, Lanteires se montre d'une extrême réserve. Tout au plus se permet-il de publier, d'après un journal parisien, le *Cahier des représentations & doléances du Beau-Sexe, adressé au Roi, au moment de la tenue des Etats-généraux* et qu'un lecteur avisé lui reproche, d'ailleurs, d'avoir tronqué[16]. A noter aussi une discrète allusion aux Etats généraux[17] et à la cherté des graines[18]. Mais rien sur la prise de la Bastille, ni sur la Déclaration des droits de l'homme et du citoyen...

Les mêmes remarques peuvent s'appliquer au *Journal de Genève* de Jean-Pierre Bonnant. Hebdomadaire destiné à l'élite de la ville, il se préoccupe davantage de donner les mercuriales, les nouvelles météorologiques et autres *conjonctions remarquables des Planètes* que de parler de politique étrangère. La liste des articles du *Journal de Genève* touchant de près ou de loin aux événements de 1789 a été dressée naguère[19]. Par sa minceur, elle fait penser que les Genevois n'éprouvaient pas *le besoin d'une information publiée sur place*[20].

Par le biais des feuilles d'avis

C'est alors qu'interviennent les feuilles d'avis. Jusqu'au moment où la censure s'avisera de mettre un frein au trafic des journaux, livres et brochures en provenance de France, elles publieront les annonces des libraires proposant leurs nouveautés et se faisant ainsi les artisans de la diffusion des idées révolutionnaires. Le terme de journal convient à peine à ces périodiques édités à Neuchâtel[21], Fribourg, Yverdon, Genève et Lausanne. Une fois par semaine, selon une ordonnance immuable, elles font paraître offres de vente ou demandes d'emplois, locaux à louer ou objets perdus. Mais aucune information de portée générale, sauf en de rares circonstances, n'a place dans ces feuilles, par ailleurs étroitement surveillées, comme nous l'avons vu.

Par chance, une collection presque complète de l'année 1789 de la *Feuille d'Avis de Lausanne* a été conservée[22]. C'est une mine inépuisable de renseignements et de détails infimes sur la vie quotidienne des Lausannois. Nous ne retiendrons ici que les annonces des libraires (Mourer, Lacombe, Luquiens, Fischer, Hignou, Tarin, Grasset) dont on devine les relations commerciales avec leurs collègues de Paris, alors en pleine effervescence. Annonces révélatrices, d'une part de la rapidité avec laquelle les ouvrages d'actualité parviennent dans nos contrées, d'autre part de l'abondance des titres proposés. Relativement peu nombreuses (une dizaine) entre le 21 avril et le 21 juillet 1789, elles se multiplient dès le 28 juillet jusqu'à la fin de l'année (une quarantaine). Et surtout, l'offre de livres et de périodiques de nature politique va croissant. On ne peut donner ici tous les titres proposés par les libraires lausannois. Relevons, parmi les périodiques, *L'Esprit des journaux français et étrangers*, les *Révolutions de France et du Brabant*, le pamphlet hebdomadaire de Camille Desmoulins, le *Journal de Paris* en version originale, les *Révolutions de Paris* de Prudhomme, le *Nouvelliste Universel*, sans oublier le *Journal des Modes*. Le 4 août déjà, le libraire Tarin fait savoir qu'il a reçu une *Histoire des Révolutions de Paris des 12, 13, 14, 15, 16 & 17 juillet 1789*, bientôt suivie du *Mea Culpa du Clergé*. En septembre, ce sont, parmi d'autres, le *Rapport de Mr. Necker lu à l'Assemblée Nationale le 27 Aoust 1789*, les *Considérations sur les Gouvernements et principalement sur celui qui convient à la France*, par Mr. Mounier, le *Voyage à la Bastille fait en Juillet 1789 par Mr. de Cubières*, les *Remarques historiques de la Bastille*. En octobre, voici *La Bastille dévoilée* en deux volumes et, en novembre, les *Opinions de Mr. Rabeau de St. Etienne*, *La France libre* et *Le discours de la Lanterne aux Parisiens*, deux pamphlets de Desmoulins.

On offre également des gravures historiques, des estampes allégoriques, des *caricatures très intéressantes* et des *portraits au naturel des députés aux Etats-Généraux*. Il faut y ajouter des chansons à la mode avec musique gravée.

Ces quelques exemples suffisent à souligner le rôle des feuilles d'avis en tant qu'intermédiaires entre les libraires et les lecteurs. A leur manière, elles ont contribué à la diffusion d'une information que, faute de trouver dans la presse de leur pays, les Suisses francophones de 1789 allaient chercher dans les publications parisiennes pour satisfaire leur curiosité et nourrir leur réflexion.

Jean-Pierre CHUARD

Notes

1. On désigne communément, sous le nom de *Gazette de Berne*, les *Nouvelles de divers endroits* qui prennent, de 1788 à 1798, le titre de *Nouvelles politiques*. Fritz Blaser, *Bibliographie der Schweizer Presse*, Quellen zur Schweizer Geschichte, Basel, 1956-1958, Bd. VII/1, p. 429 et Bd. VII/2, p. 723. (Cité désormais Blaser.)

2. *Nouvelles politiques*, 25 juillet 1789, n° 59, supplément.

3. *IVe Feuille hebdomadaire des Avis de la Ville et Canton de Fribourg*, 23 février 1789. Les Archives de l'Etat de Fribourg conservent quelques exemplaires de cette *Feuille*. Nous remercions M. H. Foerster de nous les avoir communiqués.

4. Daniel-Albert de Trey, *Mémoires*, copie dactylographiée au greffe municipal de Payerne. S'agissant du *Mercure helvétique*, il faut lire le *Mercure suisse* qui parut, de 1732 à 1737, avant de devenir le *Journal helvétique*, puis le *Nouveau journal helvétique* et enfin le *Journal de Neuchâtel* qui cessa de paraître en 1782. Blaser, Bd. VII/1, pp. 649-650 et surtout Jean-Daniel Candaux, « Les gazettes helvétiques », dans Marianne Couperus, *L'étude des périodiques anciens, Colloque d'Utrecht*, Paris, 1972, pp. 154-161. (Cité désormais Candaux.)

5. [Antoine Polier de Saint-Germain], *Du gouvernement des mœurs*, Lausanne, 1784, p. 168.

6. *Ibid.*, p. 177.

7. *Reglement concernant les Imprimeurs, Libraires, Ceux qui prêtent des Livres, ainsi que les Libraires étrangers qui fréquentent les foires publiques, &c. tant du Païs Allemand que du Païs Romand*, Berne, 1768, pp. 9-10.

8. *Deux cents ans de vie et d'histoire vaudoises, La Feuille d'Avis de Lausanne 1762-1962* (Bibliothèque historique vaudoise, XXXIII), Lausanne, 1962, p. 47.

9. Jean-Pierre Perret, *Les imprimeries d'Yverdon au XVIIe et au XVIIIe siècle* (Bibliothèque historique vaudoise, VII), Lausanne, 1945, p. 344.

10. Pierre Grellet, *Sur les sentiers du passé, Notes de voyage, d'art et d'histoire*, Neuchâtel, 1923, p. 117.

11. *Nouvelles politiques*, 25 juillet 1789, n° 59, supplément.

12. Blaser, Bd. VII/1, p. 547.

13. *Histoire générale de la presse française*, publiée sous la direction de Claude Bellanger,... Paris, 1969, t. I, p. 464.

14. *Journal de Lausanne*, 15 août 1789, n° 33, p. 136. Sur le *Journal de Lausanne*, Blaser, Bd. VII/1, p. 537 et Candaux, pp. 144-146.

15. Blaser, Bd. VII/1, p. 535 et Candaux, pp. 141-143.

16. *Journal de Lausanne*, 4 juillet 1789, n° 27, pp. 111-112 et 18 juillet 1789, n° 29, pp. 119-120.

17. *Journal de Lausanne*, 12 septembre 1789, n° 37, pp. 153-154.

18. *Journal de Lausanne*, 5 décembre 1789, n° 49, p. 199.

19. Otto Karmin, « Le " Journal de Genève " comme source de l'histoire de la Révolution française (1789-1793) », dans *Revue historique de la Révolution française et de l'Empire*, t. V, Paris, 1914, pp. 336-343.

20. *Ibid.*, p. 336.

21. Sur ces feuilles d'avis, voir Blaser (dans l'ordre), Bd. VII/1, pp. 371-372 ; pp. 388-389 ; p. 385 ; p. 374 ; p. 42.

22. Cette collection est conservée par l'Administration de *24 Heures*, à Lausanne. Des feuilles d'avis des autres villes, il ne subsiste, hélas ! pour l'année 1789, que des numéros épars.

5. Anonyme.
Ouverture de l'Assemblée des Etats-Généraux, du 5. Mai 1789. Planche du *Véritable messager boiteux de Berne pour 1790.* A Vevey, chez Lestous de P. A. Chenebie Lib. & impr.
Gravure sur bois, 16,5 × 29,5 cm
Vevey, Almanach du Messager boiteux, Säuberlin & Pfeiffer SA, Editeurs

Cette vue de la réunion des Etats généraux est la seule image relative à la politique française que publia le Messager boiteux entre 1789 et 1798. On trouve pourtant souvent des allusions aux événements révolutionnaires dans une des rubriques de l'almanach, « Relation curieuse des choses les plus remarquables arrivées en divers lieux [...] ».
Litt. : Emile Butticaz, « Vieux Almanachs. A propos du Messager boiteux », *RHV*, 1906, pp. 363-368

6. Anonyme, d'après un dessin de Jacques Swebach-Desfontaines.
Vue du Champ de Mars le 12 juillet 1789. Camp des Regiments de Diesbach Chateauvieux Salis-Samath Suisses Berchini et Chamborand Hussard Les Citoyens de Paris allant voir ce Camp.
1789
Gravure au trait, manière noire en couleur, 19,8 × 27,9 cm
Berne, Bibliothèque nationale suisse
Bibl. : *La Révolution française – le Premier Empire*, 1982, n° 143 ; Vovelle, 1986, t. 1, pp. 120-121 et p. 129

Au début du mois de juillet 1789, la menace d'une insurrection parisienne se précise. Pour tenter de maintenir l'ordre et de protéger le roi, le commandant militaire de Besenval concentra les troupes sur Paris où le Champ-de-Mars fut transformé en cantonnement militaire. La plupart des régiments qui s'y établirent étaient étrangers ; parmi eux, les fantassins suisses de Diesbach, Salis-Samade et Châteauvieux. La population parisienne venait observer avec curiosité et inquiétude ces troupes stationnées dans la ville.

L'immense production de gravures relatant les étapes de la Révolution française n'est pas toujours exactement contemporaine des événements. C'est bien entendu après avoir compris l'importance du 14 juillet que les artistes se sont attachés à décrire minutieusement toutes les séquences qui l'ont précédé ; cette vue du Champ-de-Mars deux jours avant la prise de la Bastille en est un exemple typique. Sa composition reprend trait pour trait un dessin de Jacques Swebach-Desfontaines (1769-1823), collaborateur très prolifique des *Tableaux historiques de la Révolution française* (voir n° 127), conservé au musée Carnavalet.

S. W.

7. Anonyme.
La vertu, tôt ou tard, rentre dans tous ses droits. Suivi de cinq quatrains.
Fin 1788-début 1789
Eau-forte sur papier vergé, 25,3 × 35,4 cm
Zurich, Musée national suisse

LA VERTU, TÔT OU TARD, RENTRE DANS TOUS SES DROITS.

Jacques Necker naquit à Genève en 1732, dans une famille protestante. Très tôt, il vint à Paris pour devenir commis dans une banque. En 1765, il s'établit comme banquier. Quelques années plus tard, il se lança dans la vie publique en écrivant des ouvrages très remarqués (*Eloge de Colbert*, 1772, couronné par l'Académie ; *Essai sur la législation et le commerce des grains*, 1775). Sa nomination comme directeur du Trésor royal (1776) puis directeur général des Finances (1777) fut le début d'une carrière politique mouvementée, marquée par les disgrâces et les réhabilitations successives. En 1781, la publication de son *Compte rendu au roi*, dans lequel il révélait l'importance des pensions versées aux courtisans, l'obligea à démissionner. Après le départ de Loménie de Brienne, Louis XVI le rappela et le nomma ministre d'Etat (25 août 1788) ; la convocation des Etats généraux venait d'être décidée. Necker, prenant en charge leur organisation, exigea alors de doubler les effectifs du Tiers état. Sa popularité était, à ce moment, immense. Le deuxième renvoi du ministre genevois, le 11 juillet 1789, est en grande partie responsable de la fureur populaire qui aboutit à l'explosion du 14 juillet. Necker fut rappelé le 15, mais dans les mois qui suivirent, il ne parvint pas à redresser la situation financière et économique de l'Etat. Discrédité aux yeux de tous, il démissionna en septembre 1790, s'installa à Coppet auprès de Mme de Staël, sa fille, et y vécut jusqu'à sa mort (1804).

La production iconographique qui accompagna l'ascension de Necker est d'une ampleur remarquable. L'eau-forte anonyme proposée ici est une allégorie dont le sens est laconiquement révélé par une phrase qui succède aux cinq quatrains à la gloire de Necker : « La Force indique M. Necker comme un des Ministres qui ont mérité la reconoisance publique l'Administration medite sur ses travaux et le vrai citoyen l'admire. » Assise sur une couronne de nuages, Minerve présente un portrait de Necker tout en l'appuyant contre un palmier ; Hercule, reconnaissable à sa massue, vêtu et coiffé à l'antique, désigne du doigt le portrait. A sa droite, un monstre à plusieurs têtes de chiens, chevauché par un enfant, pourrait signifier la calomnie vaincue par l'innocence, à moins que sa présence n'évoque l'hydre contre laquelle Hercule combattit. Au centre, l'Administration, figure féminine assise, présente des ouvrages écrits par Necker, tandis que ses coffres accueillent l'or jaillissant d'une corne d'abondance pointée vers le portrait. A droite, le « vrai citoyen » s'appuie contre un sac de grains confortablement rempli. Diverses allusions à la réhabilitation apparaissent dans le texte qui accompagne cette image ; elles permettent de situer sa réalisation dans les mois qui suivirent le deuxième rappel de Necker (25 août 1788).

S. W.

Litt. : Herbert Luthi, *La Banque protestante en France*, Paris, 1959, 2 vol. ; Jean Epret, *Necker, ministre de Louis XVI, 1776-1790*, Paris, H. Champion, 1975 ; Ghislain de Diesbach, *Necker ou la faillite de la vertu*, Paris, Libr. académique Perrin, 1978

8. Abraham Girardet (1764-1823).
Siège de la Bastille du 14. Juillet 1789.
Eau-forte, 15,9 × 20,4 cm
Le Locle, Musée d'histoire
Bibl. : René Burnand, *L'étonnante histoire des Girardet artistes suisses*, Neuchâtel, éditions de la Baconnière, 1940, pp. 70-73 ; Boy de la Tour, 1928, p. 49

SIÈGE DE LA BASTILLE du 14. Juillet 1789.

La journée du 14 juillet suscita une production d'images abondante. Si les artistes détaillèrent les événements heure par heure, c'est bien sûr la prise de la Bastille qui retint surtout leur attention. Abraham Girardet (voir n° 225) a choisi le moment classique de l'affrontement entre le peuple parisien, bloqué derrière les remparts, et les défenseurs, au sommet de la forteresse ; le pont-levis vient de céder et les assaillants se précipitent au pied des murailles. Les artistes soulignaient volontiers l'authenticité de leur version en se posant comme témoin oculaire de l'événement. C'est ce que fait le graveur neuchâtelois : « Dessiné d'après nature et gravé par G. » S. W.

Litt. : Jacques Godechot, *La prise de la Bastille*, Paris, Gallimard, 1965 ; Vovelle, 1986, t. 1, pp. 140-177

9. J. R. Huber.
Le doyen Philippe-Sirice Bridel en 1786
Eau-forte, 19 × 14,3 cm
MHAE

Philippe-Sirice Bridel (1757-1845) de Begnins fut élevé à la vallée de Joux. Après des études secondaires à Moudon et à Lausanne, il fit sa théologie à l'Académie et fut consacré pasteur en 1781. De 1786 à 1795, durant la période révolutionnaire, il prêcha à l'Eglise française de Bâle avant de s'installer à Château-d'Oex jusqu'en 1805, puis à Montreux jusqu'à son décès. Très tôt, et au contact notamment de la société littéraire de Lausanne que fréquentèrent Gibbon, l'abbé Raynal, Servan et bien d'autres, il montra son intérêt pour la littérature et l'histoire nationale. Il fonda en 1783 les *Etrennes helvétiennes*. Il était en rapport avec de nombreux savants par son appartenance à diverses sociétés savantes de Suisse. Sa fréquentation de la Société helvétique contribua à éveiller en lui l'idée d'un sentiment de solidarité entre les Confédérés et à raffermir sa volonté de faire connaître l'histoire de son pays à ses concitoyens. Il s'y employa par de nombreuses publications. P. C.

Litt. : *Recueil de généalogies vaudoises publié par la Société vaudoise de généalogie*, t. I, 5e fascicule, Lausanne, 1922, p. 651 et pp. 677-679 ; Gonzague de Reynold, *Le Doyen Bridel et les origines de la littérature suisse romande*, Lausanne, 1909

10. Etrennes helvétiennes et patriotiques pour l'an de Grace MDCCLXXXIX, n° VII, Lausanne, Henri Vincent [1788].

Les *Etrennes helvétiennes* sont de petits almanachs à la fois historiques et littéraires publiés par Philippe-Sirice Bridel dès 1783. La première année portait comme titre *Etrennes helvétiennes curieuses et utiles* et, dès l'année suivante, le mot *patriotique* venait remplacer le ton anecdotique du titre de la première livraison. Les quatorze premiers numéros furent réimprimés en quatre volumes qui parurent de 1787 à 1797 sous le titre de *Mélanges helvétiques*. Dès 1813, une nouvelle refonte de cette collection parut sous le nom de *Conservateur suisse*.

Il est piquant de constater que ce volume pour l'année 1789, sorti donc de presse l'année précédente, comporte une eau-forte en frontispice représentant la chapelle de Tell, le héros qui va être abondamment utilisé par les révolutionnaires français les années suivantes et dont on « redécouvre » l'histoire à cette époque. P. C.
Litt. : *Recueil de généalogie*, op. cit. ; DHBS, t. III, p 36.

11. Journal de Lausanne, édité par J[ean] Lanteires de 1786 à 1793.
BCU

Fils d'apothicaires réfugiés huguenots, Jean Lanteires (1756-1797) ne reprit pas l'officine familiale de la place de la Palud à Lausanne. Il se dédia à sa vocation de publiciste et créa un jardin botanique ainsi qu'un cabinet d'histoire naturelle. Ses publications sont nombreuses et il est surtout connu aujourd'hui pour avoir publié pendant quelques années le *Journal de Lausanne*, qui est un journal littéraire et de curiosités, dont la politique était exclue par ordre de LL.EE. de Berne. P. C.
Litt. : Arnold Bonard, *La Presse vaudoise*, Lucerne, 1925, pp. 15-16 ; de Montet, 1978, t. 2, pp. 35-36 ; *Le Refuge huguenot en Suisse*, Lausanne, 1985, n° 503.

12. Tableau des opérations de l'Assemblée nationale, d'après le Journal de Paris. 7 t., Lausanne, 1789-92.
BCU
Bibl. : Blaser, 1956-1958, p. 990

13. XXVIIIe Feuille d'Avis. A Lausanne, chez Duret. Du Mardi 14 juillet 1789. 2 p.
Lausanne, 24 heures Presse s. a.
Bibl. : Blaser, 1956-1958, p. 42

PAR PERMISSION REQUISE,
& sous l'Approbation de LEURS EXCELLENCES.

XXVIIIᵐᵉ FEUILLE D'AVIS.
A LAUSANNE chez DURET. Du Mardi 14 Juillet 1789.

VENTES.

1. Ceux qui voudront miser les Dîmes en graines appartenants à Leurs Excellences, peuvent se rencontrer à la cour du Château de Lausanne, samedi 18 Juillet courant, environ les onze heures du matin.

2. Les Dîmes en graines appartenants à la Seigneurie & aux Pauvres de Lausanne, se miseront samedi 18 du courant, à la Maison-de-Ville du dit Lausanne, à huit heures précises du matin.

3. Samedi prochain 18 du courant, à 2 heures après midi, il sera exposé en vente publique à la Maison-de-Ville pour première publication, suivant les conditions qui seront lues aux miseurs, une maison située en St. Pierre presque neuve, appartenante à l'hoirie Heizer, consistant en 7 appartements, dont 4 sur le derriere ont vue sur le lac, une grande boutique, 2 caves, un jardin contigu à la maison ; s'adr. pour plus amples informations aux propriétaires, l'échute s'en fera à la seconde publication, si elle va à sa valeur.

4. Le Public est averti que par ordre de Leurs Excellences, leur grenier ne sera plus ouvert que le jour du marché, & qu'au dit jour, on continuera à délivrer deux quarterons de froment par famille; les riches devront s'abstenir d'en demander.

5. Un cabriolet dont on veut se défaire, & que l'on donnera à bon compte, il est très solide, & a un joli train; le voir chez Dor, maitre sellier en Bourg, & pour le prix on s'adr. chez Mr. le Banneret Rosset.

6. Chez Daler, confisseur, montée de la Palud, sucres en pains gros melis, à 5 baches & demi, en en prenant au moins 5 livres; café fin moka à 13 baches par 5 livres, de l'excellent tabac à fumer d'Hollande, de 8, 10, 12, 16 & 20 baches la livre.

7. Une maison en l'alle de St. Laurent; s'adr. à Rubatel dans la dite maison.

8. Un coupé anglais à arc; s'adr. à Steinhauser, au Cerf.

9. Une maison au bas des degrés du marché; s'adr. à Mr. le Major de Montagny.

10. Vendredi prochain 17 du courant, à une heure après midi, on misera la recolte environ une pose, ensemencée en froment & en tréfle, de même que le fruit appartenant à l'hoirie Gonthier, lieu dit au Clos de Bulloz, dont on fera tout de suite l'échute, si le prix convient.

11. Fontaine, rue de Bourg, a reçu dernierement du syrop contre les vers; il a aussi des belles glaces de Paris à superbes cadres dorés.

12. Quelques quarterons de beau son de froment. Item deux sacs d'avoine, le tout à bon compte, à Bellevaux, proche la forêt de Sauvabelin.

13. Une chèvre noire qui a du bon lait; s'adr. au Bureau.

14. Du bon vin rouge à 7 cruches le pot, chez Courlat à la Cité devant.

15. Un cache-mouche, deux bois de lit de noier, un rouet avec sa quenouille; le tout en bon état, chez Courlat à la Cité devant.

16. Environ cinq douzaines de planches de noier & de chène; s'adr. à Philippe Corbaz, en l'hale de St. Laurent.

17. Des bouteilles à gros cols, pour fruit, pots à confitures, & tasses assorties, reverbères pour les campagnes, grandes lampes, soit globes de vestibule, & piramides à fleurs, chez Victor Chapuis, en St. François.

18. Six chaises à la dauphine couvertes d'une étoffe verte propres & bien conservées, à 30 baches piece; des paniers pour pigeons; s'adr. à Joly, au Pont.

19. Aujourd'hui & demain, vendredi & samedi, des saucisses fraiches, du petit salé & des beaux jambons, du beau lard pour larder, bon fromage de Gex bien persillé, chez la veuve Porchet vis-à-vis de l'Aigle.

20. Chez Brugger, culotier en Bourg, au dessous de la Couronne, des toiles, mousselines & cotonnes, à très-bon compte, & divers autres articles, il fera son possible pour contenter ceux qui lui feront l'honneur de venir chez lui.

21. Chez Louis Corboz on trouveroit un parti de coupons d'étoffes diverses sur lesquels il feroit un prix où il y eut bien à gagner pour celui qui prendroit le tout. Le dit se tient bien assorti en toileries, papiers de tapisseries, & couvertes de lits en laine & coton.

22. Chez Mr. Oboussier, un bufet en sapin à une porte, un dit en noier à deux portes, & d'autres effets.

23. A la Chabliere on misera vendredi 17 Juillet, la recolte en graines du Domaine, à 2 heures après-midi.

24. Mr. Nube voulant se défaire de sa collection de beaux œillets en vases, les offre aux amateurs pour la fin de la semaine où le courant de l'autre ; on pourra les voir à son jardin à la descente d'Ouchy.

25. Bentz, gantier à la Palud, maison de Mad. Langin, est très-bien assorti en gands glassés & non glassés, des dits cousus à l'anglaise pour cavaliers, & autres ; il a aussi quelques gands de rebus de 5, 6 & 7 baches.

26. Un wesky & un cabriolet à quatre roues, les voir chez Mr. le Contrôleur d'Apples, à Jourdils.

27. Deux tentures de papier velouté, une en vert, montée sur toile, & l'autre cramoisy ; les voir chez la veuve Jonin au Chêne.

28. Un carosse à quatre places fort léger, à Jouxtens, chez Mr. le Capitaine Bergier.

29. Chez Delpuech cadet, des épingles en paillettes, & en or de Manheim, casimir en acier, en perle & en verre, plaques d'acier, évantails fins & communs aux Etats généraux & à la Necker, plumes du dernier goût, coton de la Guadeloupe, à 4 & à 6 bouts en peloton, de même que des indiennes nouvelles, gilets en soie, & autres articles à juste prix, & des chapeaux de paille ronde.

30. A vendre au château de St. Barthelemi, deux jumens Normandes de carosse & de cabriolet, de poil bai & courtes queues, hors d'âge, allants très-bien, pour le prix de vingt-six louis les deux.

31. De très-bons thés verts, dits boëts, dit à pointe blanche, reçus récemment de Hollande, très-bonne qualité, & à très-bon compte, des sucres en pains de diverses qualités, chocolats, cafés, huiles d'olive, dite de noix, eau de cerises de Bex, dite de Morat, en bouteilles gauderonnées, chez Duret fils, épicier pour St. François.

32. Mr. le propriétaire de la fabrique de papiers de Worblauffen, près de Berne, a formé à Lausanne chez Mr. L. Turtaz, un magasin de très-beaux & bons papiers d'un assortiment complet, de toutes qualités & grandeurs, & a chargé de la vente des dits papiers, Mr. L. Turtaz à Lausanne, lequel les vendra pour le compte du fabricant au prix de la fabrique, & de même que le fabricant les vend en gros à Worblauffen sur l'augmentation seule d'un cruche soit 6 den. par livre pesant pour voiture & péage de transport de Worblauffen à Lausanne. Mr. L. Turtaz invite Mrs. les Négociants, & autres particuliers qui auront occasion de papiers, de s'adresser à lui pour les dits papiers, les assurant d'avance qu'ils auront lieu d'être satisfaits de la qualité & de la beauté des papiers, & du prix, puisque c'est à celui de la fabrique.

33. Des beaux orangers, un mirthe, des lauriers roses, & autres plantes étrangeres ; des vases de beaux œillets ; & des dindonneaux blancs, chez Mr. le Cons. Lallemant, descente d'Ouchy.

34. Chez Lecoultre, Relieur-Libraire, rue du Pré, une Bible de Desmaret, reliée en 2 vol. belle édition, pour le prix de 40 francs; des livres blancs en beau papier, & bien reliés de toutes épaisseurs; un joli assortiment de boëtes en carton de toutes grandeurs; le tout à juste prix.

Pully. Ceux qui souhaiteront acheter ou miser sur la plante, la prise d'environ trois poses, dont deux en beau froment, & l'autre en moitié, devront se trouver le 19 du courant à 3 heures après midi, chez Mad. Bujard à Pully, elle fournira sa place pour le loger & pour le battre, si on le souhaite.

Morges. Des fermentes de grues, des vis de pressoirs avec leurs écouvres en fer, le tout très-bien fini, chez de la Crétaz, maitre maréchal à Morges, qui les cédera à bon compte.

Mézery. Jeudi prochain 16 du courant, on misera à 9 heures du matin, au château de Mézery, au plus offrant & dernier enchérisseur, les Dîmes dépendantes du dit château.

Lutry. La troisieme & derniere publication du Domaine d'Abram-Isaac Bolomay, situé sous le Chalet-blanc, ayant été suspendue par des difficultés survenues ; la Noble Commission de son décret, le fera exposer vendable le jeudi 23

14. J. Marc Henry (1782-1845) (attr. à), d'après John Francis Rigaud (1742-1810)
Portrait de Jacques Mallet Du Pan.
Peinture sur émail, 5,3 × 4,8 cm
Genève, Bibliothèque publique et universitaire

Le célèbre publiciste Jacques Mallet Du Pan, né à Céligny en 1749, collabora à de nombreux journaux européens dont il assura le succès. Il participa tout d'abord à la rédaction des *Annales politiques, civiles et littéraires du dix-huitième siècle*, publiées alors à Londres par Linguet (1736-1794). En 1784, le libraire parisien Panckoucke (1736-1798) le chargea de rédiger la partie politique du *Mercure de France*. En même temps, il devint éditeur et rédacteur du *Journal historique et politique de Genève* ; cette gazette, publication séparée des pages politiques du *Mercure*, s'imprimait également à Paris. C'est en 1790 que le Conseil secret de Berne aurait demandé au journaliste de surveiller secrètement les agissements du Club helvétique. Partisan de la monarchie constitutionnelle, Mallet Du Pan dut quitter la France en 1792. Louis XVI lui confia diverses missions diplomatiques auprès des cours européennes ; dès ce moment, il manifesta dans plusieurs ouvrages son inquiétude devant l'expansion révolutionnaire. En 1794, le Tribunal révolutionnaire de Genève le condamna à mort par contumace. Mallet Du Pan vécut dès lors en divers endroits de l'Europe, et s'établit finalement à Londres où il fonda le *Mercure britannique* qui parut jusqu'à sa mort, en 1800.   S. W.

Litt. : de Montet, 1878, t. 2, pp. 105-109 ; Frances Acomb, *Mallet Du Pan (1749-1800). A career in political journalism*, Durham, N. C., Duke University Press, 1973 ; Cécile-René Delhorbe, « Quelques tenants du régime bernois au pays de Vaud avant 1798 », *RHV*, 1974, pp. 77-102

15. Journal historique et politique de Genève, nos de juillet 1789.
Genève, Bibliothèque publique et universitaire
Bibl. : Blaser, 1956-1958, p. 547

16. Jacques Mallet Du Pan.
Considérations sur la nature de la Révolution de France, et sur les Causes qui en prolongent la durée.
Londres et Bruxelles, Emm. Flon, 1973, 103 p.
BCU

17. Jacques Mallet Du Pan.
Dangers qui menacent l'Europe. Principales causes du peu de succès de la dernière campagne ; fautes à éviter et moyens à prendre pour rendre celle-ci décisive en faveur des véritables amis de l'ordre et de la paix. Leide, J. van Thoir, mai 1794, 80 p.
Genève, Bibliothèque publique et universitaire

14

La diffusion des idées de la Révolution

La propagation des idées de la Révolution française sur le territoire de la Confédération est difficile à évaluer avec précision, faute d'étude d'ensemble sur la circulation des pamphlets et des estampes. Les documents dispersés que l'on retrouve dans les archives, les bibliothèques ou les musées permettent tout au plus de se faire une idée de la variété des *supports* utilisés pour cette propagande et de la multiplicité des *agents* qui en permettaient la diffusion.

Le moyen le plus efficace de transmettre des idées a certainement été la *parole* : les échanges de personne à personne ou les discussions dans les sociétés de lecture, les sociétés savantes ou secrètes qui se multiplient en Suisse dans la deuxième moitié du XVIIIe siècle. Mais l'échange oral laisse peu de traces, à peine quelques rares procès-verbaux de séances, et l'on n'en mesure la portée que par les réactions qu'il a suscitées ici ou là. Ces réactions sont immédiates de la part de LL.EE. de Berne en ce qui concerne le Pays de Vaud : interdiction de se réunir et de fonder des sociétés, condamnations pour avoir pris la parole en public ou pour avoir chanté un air jugé subversif comme le « Ça ira ! ». (Voir, plus loin, la campagne des banquets de 1791.)

L'*imprimé* est un moyen de propagande efficace et il laisse des traces. Pour le Pays de Vaud, Martine Gfeller, dans un mémoire de licence, a dénombré une trentaine de brochures politiques durant les années 1789 à 1791. Mais combien ne sont pas parvenues jusqu'à nous ? Quel était leur tirage ? L'étude de ces pamphlets permet de se faire une idée des diverses tendances de la propagande révolutionnaire ou contre-révolutionnaire et donne quelques indications sur les auteurs de ces libelles : les patriotes exilés, comme F.-C. de La Harpe, J.-J. Cart ou les Suisses du Club helvétique de Paris d'un côté, les défenseurs de l'Ancien Régime comme Burke ou Bonstetten de l'autre. Parfois on a la chance de découvrir quels sont les agents de la diffusion de ces écrits, comme dans le cas du colporteur du Toggenburg analysé par François de Capitani. Les réactions de l'autorité permettent d'évaluer l'importance des imprimés. La *censure* exercée par LL.EE. de Berne est significative : on saisit des pamphlets, on récompense les dénonciateurs de libelles, on empêche la pénétration des colporteurs sur le territoire, on surveille les émigrés, on va même jusqu'à supprimer le secret postal pour vérifier le contenu du courrier destiné aux personnes suspectes. Les autorités de Berne, Fribourg et Soleure procèdent à des échanges en vue de supprimer la diffusion des brochures séditieuses. Ces mesures nombreuses et efficaces limitèrent sans aucun doute la diffusion des imprimés. Mais que purent les autorités contre la parole directe et les progressives prises de conscience ou contre des *objets usuels* qui peu à peu pénétrèrent chez les habitants, répandant des symboles et des images révolutionnaires : boutons, jeux de cartes, cadrans de montres, calendriers, bonbonnières ou couverts en faïence ?

P. C.

Bibl. : Jean de Muller/Charles Monnard/Louis Vulliemin, 1846, pp. 424-540 ; Jacques Godechot, *La Grande Nation ; l'expansion révolutionnaire dans le monde de 1789 à 1799*, Paris, Aubier, 2ᵉ éd., 1983 ; Martine Gfeller, *Les brochures politiques dans le Pays de Vaud, 1789-1791*, Mémoire de licence de l'Université de Lausanne, 1984

18. Le Barbier l'aîné/L. Laurent.
Déclaration des droits de l'homme et du citoyen, avec allégories de la France et de la Loi.
Estampe du Musée Carnavalet, Paris
Reproduction Bulloz

19. Joseph-Michel-Antoine Servan.
Projet d'une Déclaration des droits de l'homme et du citoyen. A Lausanne, chez Jean Mourer, libraire. 24 août 1789, 23 p.
Berne, Bibliothèque nationale suisse

Avocat général au Parlement de Grenoble, Servan (1737-1807) démissionna en 1772. Pour des raisons de santé il ne fit plus de politique active. Elu député du Tiers état à Arles et Aix, il refusa de siéger et se consacra à l'écriture. Il n'écrira pas moins de dix-sept brochures au moment de la Révolution dont il accueillit avec enthousiasme les grandes réformes. Il publia successivement trois projets de *Déclaration* pour les débats de l'Assemblée nationale sur les droits de l'homme qui durèrent d'août à octobre 1789. Les premiers séjours de Servan à Lausanne datent des années soixante-dix. Il y fut attiré par la réputation du Dʳ Tissot et revint régulièrement dans la cité lémanique pour suivre le régime du célèbre docteur. Il se lia d'amitié avec les de Saussure, avec la générale de Charrière et avec Jean Mourer. Les deux hommes partageaient une même admiration pour Jean-Jacques Rousseau et leur sympathie pour les idées de la Révolution française les rapprocha encore. Lors de l'un de ses séjours à Lausanne, Servan confia le troisième de ses projets de *Déclaration* à l'éditeur de la place Saint-François. Par rapport aux deux premiers, Servan avait voulu atteindre avec celui-ci une simplicité telle que « le dernier homme du peuple la comprenne dans chaque partie et dans tout son ensemble ».

P. C.

Litt. : Henri Perrochon, « Servan et ses amis de Lausanne » (1948), *Esquisses et découvertes*, Genève, 1971, pp. 39-59 ; Christine Fauré, *Les Déclarations des droits de l'homme de 1789*, Paris, Payot, 1988, pp. 43-51 et pp. 308-309

20. Anonyme.
Portrait de Jean Mourer.
Huile sur toile, 38×31 cm
MHAE
Bibl. : Georges-Antoine Bridel, « Le libraire lausannois Jean Mourer », *RHV*, 1922, pp. 307-311

Jean Mourer, originaire de Brugg (Argovie), s'installa à Lausanne comme libraire-éditeur vers 1780. C'est en 1782 qu'il édita les *Poésies helvétiennes* du doyen Bridel. Fervent admirateur de J.-J. Rousseau, il publia en 1797 une édition du *Contrat social* dédiée à Bonaparte et en 1798 il organisa une fête lausannoise en l'honneur du citoyen de Genève, à l'occasion de l'installation d'une statue en son souvenir dans le temple de Saint-Laurent. L'édition de la *Déclaration des droits de l'homme* de Servan sera bien sûr interdite et le bailli de Lausanne sera blâmé par le Conseil secret de Berne le 3 septembre 1789 d'avoir laissé paraître cet ouvrage. *Nous ne nous serions jamais attendus*, écrivent LL.EE., *à voir imprimer un livre aussi dangereux pour la sûreté générale et pour toute forme de gouvernement.* Tout le stock fut saisi par le bailli, mais Mourer avait eu le temps d'en envoyer cinquante exemplaires à... Berne, sans que l'on connaisse le destinataire !

P. C.

Litt. : Muller/Monnard/Vulliemin, *op. cit.*, pp. 437-38 ; Maillefer, 1892, p. 12

21. Catalogue des livres qui se trouvent chez Jean Mourer, libraire sur St.François, n° 1. Lausanne, 1781, 32 p., petit in-8°.
MHAE

22. Cinquième supplément au catalogue des livres qui se vendent chez Mourer, Cadet, Libraire sur la place de Saint-François à Lausanne. Février 1787
4 feuillets de suppl. numérotés de 159 à 166
MHAE

23. Catalogues des livres qui se vendent chez Jean Mourer Libraire, Lausanne, 1789. 112 p., petit in-8°
Brochure sans couverture.
Avis du libraire daté du 22 juin 1789
MHAE
Bibl. : E. Chuard, « Le catalogue d'une librairie lausannoise au XVIII siècle », *RHV*, 1938, pp. 43-47

PROJET

D'UNE DÉCLARATION

DES DROITS DE L'HOMME

ET DU CITOYEN,

Par M. SERVAN.

A LAUSANNE,

Chez JEAN MOURER, Libraire.

---

24 AOUT 1789.

CINQUIEME SUPPLÉMENT

AU

CATALOGUE

DES LIVRES

Qui se vendent chez MOURER, CADET, Libraire sur la place de St. François, à Lausanne.

Les prix sont en argent de France.

Février 1787.

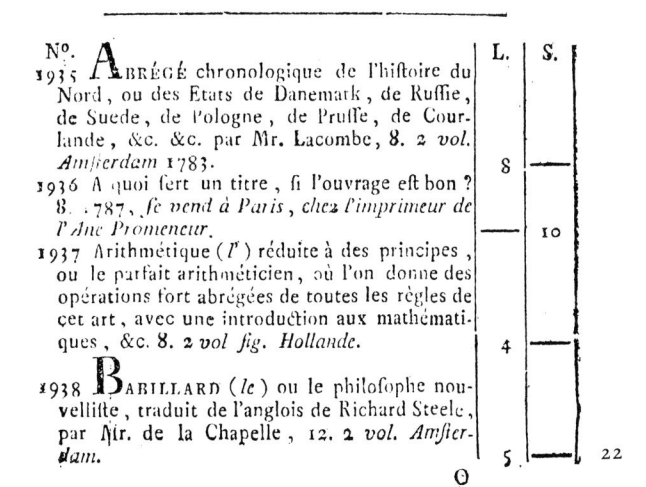

N°.		L.	S.
1935	ABRÉGÉ chronologique de l'histoire du Nord, ou des Etats de Danemark, de Russie, de Suede, de Pologne, de Prusse, de Courlande, &c. &c. par Mr. Lacombe, 8. 2 vol. Amsterdam 1783.	8	
1936	A quoi sert un titre, si l'ouvrage est bon ? 8. 787, se vend à Paris, chez l'imprimeur de l'Ane Promeneur.		10
1937	Arithmétique (l') réduite à des principes, ou le parfait arithméticien, où l'on donne des opérations fort abrégées de toutes les règles de cet art, avec une introduction aux mathématiques, &c. 8. 2 vol *fig.* Hollande.	4	
1938	BABILLARD (le) ou le philosophe nouvelliste, traduit de l'anglois de Richard Steele, par Mr. de la Chapelle, 12. 2 vol. Amsterdam.	5	

Des cercles littéraires aux clubs

Les clubs, lieux de rencontre des patriotes, firent florès. En ces endroits privilégiés s'expérimentèrent les représentations de la démocratie directe hors les nombreuses loges maçonniques dont souvent ils émanaient. On connaît bien les plus célèbres clubs parisiens (Jacobins, Cordeliers, Feuillants), mais il en apparut des milliers en France de 1789 à 1794. La Confédération connut également cette mode. L'Ancien Régime avait déjà ses sociétés littéraires ou savantes et ses cercles de lecture. Quelques-uns, sous l'influence de la France, prendront le nom de *club* et l'on va même, durant les troubles de Stäfa, jusqu'à utiliser le vocabulaire français pour désigner certaines instances (députés, comité, convention, etc.). A Genève en 1793 on compte plus de cinquante *clubs*.

Paradoxalement, le plus célèbre club suisse, le mieux étudié aussi, est sans conteste le *Club helvétique* de Paris. En 1790 se forma à Paris un club de patriotes suisses dont l'action inquiéta profondément la Confédération. Les membres de cette société provenaient d'horizons très divers : soldats au service de la France, domestiques, marchands. Bon nombre d'entre eux étaient des Fribourgeois exilés pour avoir pris part aux troubles qui ébranlèrent le canton dans la seconde moitié du siècle : l'insurrection paysanne de 1781, menée par Pierre-Nicolas Chenaux (1740-1781), les revendications de la « bourgeoisie commune » l'année suivante. Si François Roullier, le fondateur de l'association, n'appartient pas aux révoltés fribourgeois, il en va tout autrement de son chef véritable, Jean-Nicolas-André Castella (1739-1807). Cet avocat gruérien, condamné à mort par contumace à la suite de l'affaire Chenaux, fut l'âme du groupe. Sous son influence, les patriotes menèrent une propagande active en France et en Suisse. Ils devaient remettre en cause l'image traditionnelle d'un pays libre et heureux que les gouvernants français avaient de la Suisse. Mais ils dirigèrent leurs efforts surtout vers la Confédération, introduisant clandestinement des pamphlets révolutionnaires dans les territoires francophones, incitant les populations au renversement des autorités. Cette menace préoccupa beaucoup les cantons, mais leur crainte fut de courte durée : à la fin de l'été 1791, cédant à des dissensions internes, le Club helvétique cessa son activité.

P. C./S. W.

Litt. : Méautis, 1969 ; Godechot, 1983, pp. 261-291

24. Adresse des patriotes suisses à l'Assemblée nationale. Paris, 1790, 8 p.
Zurich, Musée national suisse

Le Club helvétique naquit autour d'une affaire qui mobilisa, au début de l'année 1790, quelques Fribourgeois établis à Paris. Il s'agissait d'obtenir la libération de deux compatriotes, François Huguenot et Jean-Jacques Sudan, condamnés en 1781 après l'affaire Chenaux. Les deux prisonniers purgeaient leur peine dans les galères françaises à Brest. S'adressant à l'Assemblée nationale pour protester contre cette détention, les Suisses de Paris, entraînés par François Roullier, obtinrent gain de cause : les galériens furent libérés par décret le 20 mai, et accueillis triomphalement quelques jours plus tard à Paris. Non seulement l'innocence des deux hommes était reconnue avec éclat, mais de plus ils étaient présentés comme les victimes d'un régime aristocratique. Le gouvernement fribourgeois était ainsi clairement dénoncé. Encouragés par ce succès, les patriotes suisses tentèrent dès lors d'intéresser les députés français à leur cause ; mais l'Assemblée nationale, soucieuse de préserver ses relations diplomatiques avec la Confédération, se distança peu à peu des revendications du Club helvétique. S. W.

25. Duchemin.
L'Abbé Grégoire.
Cabinet des estampes de la Bibliothèque nationale, Paris
Reproduction Bulloz

Les galériens fribourgeois libérés par décret de l'Assemblée constituante du 20 mai 1790 le doivent en bonne partie à l'Abbé Grégoire (1750-1831), alors président du *comité des rapports*, qui présente favorablement le cas à ses collègues. La France doit-elle accepter de punir ceux qui ont été condamnés par d'autres, avait demandé en substance l'abbé. Il faut anéantir un usage aussi barbare !
P. C.

26. Régistre des Delibérations de l'Assemblée Patriotique Suisse, formée le 6. juin 1790
Manuscrit, volume relié
Actes du Conseil secret, annexe, vol. 27, n° 125
Berne, Archives de l'Etat

27. Plan de Paris et e. [...], levé par Jean Roques, Chorographe de S A R Monseig^r le Prince de Galle. 1754
BCU (voir 1re page de garde)

citoyen, l'avocat expose de façon virulente l'assujétion du peuple suisse à ses « magistrats » : *Mais ces principes ne sont-ils pas dans toute leur vigueur en Suisse, cet ancien asyle de la liberté ? Le peuple n'y est-il pas souverain ? N'y est-il pas libre ? Oui, dans quelques cantons, & nous les en félicitons ; mais, hélas ! dans d'autres, de quelle liberté jouit-on ?* Cet ouvrage de propagande, écrit pour être diffusé en Suisse, marque un tournant important dans l'activité du Club helvétique, jusque-là concentrée sur la France. En invitant ouvertement leurs compatriotes à secouer le joug aristocratique, les patriotes suisses provoquèrent la réaction immédiate des autorités helvétiques. Le libelle fut poursuivi, conformément aux prédictions de Castella, placées en exergue : *Pourquoi brûler ce livre ? Il fallait le résoudre,/La vérité ne craint ni le feu ni la foudre.* S. W.

Litt. : Méautis, 1969, pp. 234-243 (transcription du document)

30. Révolutions de Paris, dédiées à la nation et au District des Petits-Augustins, seconde année, cinquième trimestre, n° 61 (du 4 au 11 septembre 1790).
BCU

Les activités du Club helvétique connurent un certain retentissement dans la presse parisienne. L'un des plus enthousiastes fut sans doute Prudhomme, rédacteur des *Révolutions de Paris*. Son journal relatait régulièrement les démarches des patriotes. L'extrait proposé ici résume une adresse du Club helvétique prononcée devant l'Assemblée nationale le 2 septembre 1790 à propos des soldats mutins de Châteauvieux (voir n° 124). S. W.

Litt. : Méautis, 1969, pp. 93-115

31. Le Courrier de Versailles à Paris, et de Paris à Versailles par M. Gorsas, citoyen de Paris, VIe volume, Paris, 1789.
Paris, Bibliothèque nationale
Reproduction Bulloz

Après leur succès du 20 mai 1790, les membres du Club helvétique s'adressèrent au journaliste girondin Antoine-Joseph Gorsas (1751-1793), auteur du *Courrier*, pour qu'il publie dans son journal l'adresse à l'Assemblée nationale qui avait servi de base au discours de l'Abbé Grégoire. Gorsas s'empressa de « remplir le vœu de ces dignes citoyens ». Il soutiendra avec constance le Club helvétique et le *Courrier* fera paraître plusieurs articles sur la Confédération. En 1791, il annonça que la ville de Vevey avait célébré le 14 juillet en portant des « santés » à la nation française, aux défenseurs des droits des peuples, à l'égalité et à la fraternité universelle (26 juillet 1791).

P. C.

Litt. : Méautis, 1969, pp. 93-115

28. Plan du Faubourg Saint-Germain et ses environs par P. Starckman.
Reproduction Bulloz

Les 83 séances ordinaires et les 4 séances de comité du Club helvétique qui se tiennent à Paris entre le 6 janvier 1790 et le 3 août 1791, eurent lieu dans divers locaux du quartier de Saint-Germain :
— Rue du Regard 25, chez Rouiller, marchand de vin.
— Rue Sainte-Marguerite, chez Gardoux, marchand de vin.
— Dans une salle de l'Abbaye Sainte-Marguerite.
— Rue du Sépulcre 19 [actuellement rue du Dragon].
Le bureau de la correspondance générale helvétique s'installa quant à lui à la rue des Boucheries Saint-Honoré n° 20, près du Palais-Royal.

P. C.

29. Lettre aux communes des villes, bourgs et villages de la Suisse et de ses alliés, ou l'aristocratie suisse dévoilée. Paris, 1790, 18 p.
MHAE

La célèbre *Lettre aux communes* fut composée par Castella vers la fin de l'été 1790. Tout en construisant son discours sur la liberté et les droits naturels de chaque

32. Blanchard.
Jean-Paul Marat, l'ami du peuple.
Eau-forte du Musée Carnavalet, Paris
Reproduction Bulloz

33. L'Ami du peuple, journal politique et impartial [...]. Mardi 13 août 1792, n° 678
Paris, Bibliothèque nationale
Reproduction Bulloz

Né à Boudry, dans la principauté de Neuchâtel, Marat avait gardé un souvenir attendri de son pays. Dans son journal, *l'Ami du peuple*, il présentera longtemps la Confédération et l'Angleterre comme exemples de pays libres. Ses relations avec les membres du Club helvétique furent orageuses à leur début, car il ne pouvait admettre que l'on critiquât son pays d'origine. Puis, petit à petit, il modifiera son jugement, impressionné sans doute par la ténacité et le courage des patriotes fribourgeois du Club helvétique. Dès le mois de septembre 1790, et à propos de l'affaire de Châteauvieux, il démontra qu'il avait changé d'avis sur la « liberté suisse ». Il soutiendra ensuite l'insurrection du Bas-Valais contre les despotes en octobre 1790 et, contre le Conseil secret de Fribourg, qui les réclamait à Louis XVI, il prendra la défense des patriotes du Club helvétique et constatera : *Les aristocrates helvétiques ne sont pas moins vindicatifs, pas moins cruels, pas moins féroces que les aristocrates français.* (18 novembre 1790.)

P. C.

Litt. : Méautis, 1969, pp. 93-115

34. Mandat bernois du 15 septembre 1790 contre le Club helvétique. 1 p.
Actes du Conseil secret, vol. 12, n° 37
Berne, Archives de l'Etat

35. Signalement des principaux membres du Club helvétique, 30 septembre-25 octobre 1790. 1 p.
Actes du Conseil secret, vol. 12, n° 127
Berne, Archives de l'Etat

Le Corps helvétique réagit unanimement à la fondation du club parisien en envoyant, au mois de septembre 1790, une lettre au roi de France pour protester contre l'association et demander l'arrestation de ses membres. Berne et Fribourg, les cantons les plus menacés, prirent de leur côté toutes mesures utiles pour lutter contre l'influence des patriotes dans leurs territoires.

S. W.

Litt. : Méautis, 1969, pp. 119-165

36. Rapport d'espion sur les activités du Club helvétique. Paris, 16 septembre 1790, manuscrit, 1 p.
Actes du Conseil secret, vol. 12, n° 69
Berne, Archives de l'Etat

Le gouvernement bernois se tenait régulièrement informé des agissements des patriotes suisses ; il entretenait à Paris des espions qui assistaient aux séances de l'assemblée et envoyaient ensuite à LL.EE. des rapports sur les personnes présentes et sur les projets du Club.

S. W.

SIGNALEMENS.

Nous, l'Advoyer & Conseil de la Ville & Républ. de BERNE, savoir faisons par les présentes ; que le Louable Etat de FRIBOURG ayant émané la Publication ci-après, concernant plusieurs de ses Ressortissans qui font partie de la Société des soi-disans Suisses Patriotes, Nous avons aussi-tôt ordonné qu'elle fût imprimée, pour être lue & affichée aux lieux accoutumés, afin qu'un chacun puisse en avoir connoissance... Donné le 25 Octobre 1790.

Chancellerie de Berne.

* * *

Nous l'Advoyer, Petit & Grand Conseils de la Ville & République de FRIBOURG, savoir faisons:
Qu'ensuite de Notre Déclaration émanée derniérement au sujet de la Société, qui s'est formée à Paris sous le nom de *Patriotes Suisses*, & comme plusieurs de nos sujets sont connus & convaincus, tant par leur signature, qu'autrement, d'avoir non seulement pris part aux délibérations de cette Assemblée séditieuse, mais d'en être même les chefs & principaux fauteurs, nommément :
Le ci-devant Avocat Castella, condamné déja en 1781, comme chef de sédition & coupable de haute trahison, avec une récompense de cent Louis pour celui ou ceux qui le livreront vif ou mort.
Jean Jaq. Sudan de Treyvaux & François Huguenot d'Ottigny, condamnés à la même époque aux galères, comme principaux fauteurs de cette sédition, & depuis remis en liberté.
Le ci-devant Avocat Rey, banni pour terme de 40 ans de toute la Suisse, pour conduite rebelle & factieuse.
Le Cent-Suisse Chapperon de Châtel, Conus & Grémion, qui ont signé un Imprimé séditieux derniérement répandu.
Ainsi que le nommé Roullier de Somentier, Bailliage de Romont, & notre bourgeois Ignace Kolly fils.
Nous aurions décerné une récompense de 200 écus blancs pour quiconque arrêtera l'un ou l'autre des susnommés, ou donnera des indices suffisans pour en effectuer la saisie ; bien entendu, que quand au prénommé Nicolas Castella, la récompense de 100 Louis promise à celui ou ceux qui le livreront vif ou mort, aura lieu, conformément à l'Arrêt porté contre lui.
Ce que, pour la connoissance de chacun, sera publié & affiché ès lieux accoutumés.
Donné en l'Assemblée de Notre Grand Conseil, le 30 Septembre 1790.

Libelles et pamphlets

37. Adresse des habitants des villes du Pays de Vaud à leurs concitoyens les habitants des campagnes. Rédigée par un comité érigé à ces fins. Donné à Lausanne et signé par le Comité rédacteur. Le 14 septembre 1791 et l'an 3 de la Liberté. Imprimé par ordre du comité. A Vevey, de l'imprimerie des Patriotes ; et se trouve aux frontières : à Versoix au pontenage et au grand Saconnex, chez M. Philippe Créppet. 16 p.
Berne, Archives de l'Etat

38. Adresse aux habitants du Pays de Vaud, par un de leurs concitoyens. S.l.n.d. [1791], 4 p.
Berne, Archives de l'Etat

Les deux libelles intitulés « *Adresse...* » sont des pamphlets de propagande antibernoise diffusés à la suite de l'affaire des banquets et des arrestations opérées par LL. EE. Cart, Amédée de La Harpe et Rosset apparaissent comme les héros de la Liberté à conquérir.

P. C.

ADRESSE

DES HABITANS

DES VILLES DU PAYS DE VAUD A LEURS CONCITOYENS LES HABITANS DES CAMPAGNES.

Rédigée par un comité érigé à ces fins.

> Amis ! la tyrannie
> Quittera pour toujours ou perdra l'Helvétie.
> *Adresse aux habitans du Pays de Vaud.*

FRERES ET AMIS ! La mésintelligence subsistera-t-elle encore longtems entre nous ? La cause de la liberté ne nous réunira-t-elle pas sous les mêmes drapeaux ? ceux qui veulent nous opprimer, cherchent à nous désunir ; ils vous séparent de nous par de fausses promesses, ils nous prêtent des vues & des intérêts personnels, que nous n'eûmes jamais. Si nous cherchons à acquérir la LIBERTÉ, c'est pour la partager avec nos freres. Qui, mieux que vous

---

(1)

ADRESSE

AUX HABITANS

DU PAYS DE VAUD,

PAR UN DE LEURS CONCITOYENS.

BRAVES Helvétiens ! vous de qui le courage
Sut briser autrefois les fers de l'esclavage,
Vous, qu'on voyoit jadis, par le plus noble effort,
Braver tous les dangers, les tyrans et la mort ;
Vous, qu'on vit délaisser la superbe Helvétie,
Lorsque par les Romains elle fut asservie ;
Vous, qu'on vit résister aux armes des Césars,
Qu'êtes-vous devenus ? Je porte mes regards
Sur les bords du Léman. Qui vois-je ? des esclaves.
Des serfs, des délateurs ont remplacé ces braves,
Ces hommes, ces héros, dont les grandes vertus
Auroient pour la Patrie enfanté des Brutus.
Oui, de la liberté nous revoyons l'aurore :
De l'orient au midi, du Brabançon au Maure.
Tout renaît, tout reprend cette ancienne vigueur,
Qui peut seule aux humains procurer le bonheur !
Oui, tous le monde entier va reprendre naissance,

A

39. Lettre de Mr. Matthieu, maître d'école d'un village du Pays-de-Vaud, à un jurisconsulte son compatriote. S.l., 1790, 35 p.
BCU

Pamphlet pro-bernois écrit sur commande des autorités pour contrer point par point la *Consultation* de J.-J. Cart, qui était juriste, à propos de l'affaire du « Grand chemin » de Morges et du droit public vaudois. Le pseudo-instituteur montre que le Pays de Vaud, contrairement à ce qu'affirme Cart, est un pays conquis et qu'il n'a trouvé que des avantages à se placer sous la protection de Berne. P. C.
Litt. : Jacques Cart, « J.-J. Cart et les partisans des Bernois en 1790 », *RHV*, 1899, pp. 246-253

40. Trois lettres extraites de la correspondance d'un ministre du Pays-de-Vaud, avec un de ses amis du Languedoc. S.l.n.d. [octobre 1790], 48 p.
MHAE

Dans le style de la littérature épistolaire du XVIIIe siècle, cette brochure pro-bernoise est très habile : un soi-disant français s'apitoie sur ce qui se passe au Pays de Vaud et se lamente de la situation en France depuis la Révolution. Son correspondant lausannois, le pseudo-pasteur, lui répond qu'il n'y a aucun souci à se faire. Tout est calme et, à part quelques petits « ambitieux » (deux ou trois cents dit le ministre), l'immense multitude est satisfaite de sa situation ! P. C.
Litt. : Jacques Cart, 1899, *op. cit.*

41. L'helvético-philopatrie ou Sentiments des Citoyens de Nyon et de Coppet adressés aux Citoyens des Autres Villes. Mémoire et Notes envoyés au bureau des Patriotes à Versoix. S.l.n.d. [1791], 22 p.
MHAE

Dans ce libelle révolutionnaire enflammé, les auteurs parlent de l'illustre Cart défenseur des faibles et des opprimés et ils s'élèvent contre les mesures prises par Berne à l'égard des participants aux banquets de juillet 1791. Ils réclament la réunion des *Etats de Vaud*. Ils sous-entendent que les troupes levées par Berne pourraient menacer la France et ils appellent de leurs vœux une intervention française, en espérant qu'on saura « distinguer les brebis d'avec les ours ». P. C.
Litt. : Jacques Cart, 1899, *op. cit.*

42. Lettres de Jean-Jacques Cart à Bernard Demuralt, Trésorier du Pays de Vaud, sur le droit public de ce Pays et sur les événements actuels. Paris, Chez les Directeurs de l'imprimerie du Cercle Social, 1793, l'an 2e de la République, 333 p.
MHAE

Réfugié en France après la chasse aux sorcières de 1791, Cart va reprendre et affiner tous les arguments avancés jusqu'ici contre le régime autoritaire de LL.EE. Il ne s'agit pas d'un pamphlet — si ce n'est par le ton — mais d'un véritable ouvrage de droit et d'histoire, dans lequel Cart démontre que les Bernois n'ont pas respecté le contrat passé avec les villes vaudoises et ne tiennent pas compte du droit public du Pays de Vaud. P. C.

43. Du gouvernement de Berne. En Suisse, 1793, 286 p.
MHAE

Ce livre est en quelque sorte la réponse d'un partisan vaudois de Berne — peut-être le pasteur Louis-Auguste Curtat — aux arguments de Cart. Les événements de 1791 sont évoqués du point de vue de LL.EE. et l'auteur estime que les autorités ont été mesurées et justes dans cette affaire. P. C.

44. Discours sur les délateurs prononcé à Bonmont en 1792, par Charles-Victor de Bonstetten, baillif de Nion. S.l.n.d. [1792], 16 p.
MHAE

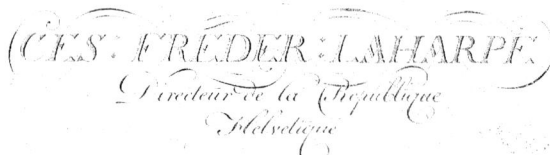

CES. FRÉDÉR. LAHARPE
Directeur de la République Helvétique

45. Anonyme.
Frédéric-César de La Harpe.
Eau-forte et aquatinte, 23,1 × 16,9 cm
MHAE

Frédéric-César de La Harpe (1754-1838) de Rolle joua un rôle des plus importants pour l'évolution des idées politiques dans le Pays de Vaud à la fin du XVIIIe siècle. Bien qu'éloigné de sa patrie jusqu'en 1798, son influence fut déterminante durant la période prérévolutionnaire vaudoise. Rendu sensible aux inégalités par son éducation et par sa formation de juriste, il fit concrètement l'expérience de l'impossibilité pour un Vaudois de faire une carrière dans le barreau bernois. Dégoûté, il s'exila volontairement et devint précepteur à la Cour de Catherine II de Russie. Nourri de philosophie des Lumières, La Harpe accueillit avec enthousiasme la Révolution française et le fit savoir dans son pays par une *Requête* qu'il destinait à LL.EE. de Berne. Publiant sous divers pseudonymes (Helvetus, Philantropus, etc.), il écrivit de nombreux pamphlets incitant ses compatriotes à briser leurs chaînes. Il quitta la Russie en 1795 et s'installa quelques temps à Genthod (le territoire de Berne lui était interdit). Mis en contact avec les milieux politiques du Directoire grâce aux relations de son cousin le général Amédée de La Harpe, il put enfin agir concrètement à Paris dès 1797, tout en continuant de menacer les « tyrans » de sa plume. Il publia en 1796-97 un *Essai sur la Constitution du Pays de Vaud* en deux parties, véritable déclaration de guerre aux oligarques bernois, qui lui valut d'être le seul patriote à ne pas être amnistié par LL.EE. Il obtint du Directoire un arrêté qui plaça sous la protection de la nation française tous les Vaudois qui réclamaient les droits de leur pays. Mais cela ne suffit pas à déclencher la Révolution des sujets bernois. Il dut attendre 1798 et revenir au Pays avec les armées françaises qui appuyèrent les patriotes à renverser l'Ancien Régime. Il commença dès lors une brillante carrière politique, au sein du Directoire de la République helvétique, puis après une nouvelle période d'exil à Paris, au moment du Congrès de Vienne. Il entra au Grand Conseil vaudois en 1816 où il prit la tête du parti libéral.

P. C.

Litt. : DHBS, t. IV ; Montet, t. II ; Jean-Charles Biaudet et Marie-Claude Jequier, *Correspondance de F.-C. de La Harpe sous la République helvétique*, t. I : *le révolutionnaire (1796-1798)*, Neuchâtel, 1982

46. Frédéric-César de La Harpe.
Lettres de Philantropus sur une prétendue révolution arrivée en Suisse en 1790. Extraites de la Gazette anglaise The London Chronicle. Paris, Batilliot, s.d. [1798]
BCU

Bibl. : Louis Mogeon, « La lettre de Philantropus du 28 janvier 1790 », *RHV*, 1928, pp. 161-173 et pp. 205-211 ; Ariane Méautis, « Les idées politiques de Frédéric-César de La Harpe », *Revue suisse d'histoire*, 1968, pp. 246-278

Au moment où éclate la Révolution française, La Harpe est à Saint-Pétersbourg. Il rêvait à l'affranchissement de ses compatriotes, sujets du canton de Berne. Mais il était loin de sa patrie et ne pouvait intervenir directement. Il publia alors plusieurs lettres sous les pseudonymes de Philantropus et d'Helvetus dans *The London Chronicle* où il réclamait la reconnaissance des droits vaudois et la convocation des Etats de Vaud. Les Vaudois eurent-ils l'occasion de lire La Harpe à ce moment-là ? Il est fort probable que certains patriotes en eurent connaissance, d'autant plus qu'à la même date La Harpe envoya un projet de *Requête*, destinée à LL.EE., à trois de ses amis, Henri Polier, Henri Monod et son cousin Amédée de La Harpe... Les patriciens bernois l'apprirent également et réagirent à plusieurs niveaux : tout d'abord auprès de Catherine II, qui demanda des justifications au jeune précepteur, s'en contenta et le pria simplement de ne plus intervenir dans la politique de son pays. Ensuite auprès du journal anglais en publiant, sous la plume du conseiller Freudenreich, une réponse à l'article du pseudo-Philantropus.

P. C.

47. Frédéric-César de La Harpe.
Essai sur la Constitution du Pays de Vaud, première partie. Paris, Batillot, An V 1796
MHAE

Dédié « aux mânes des trois fondateurs de la Confédération helvétique » (Walter Furst, Werner Stauffacher et Arnold de Melchtal), à Guillaume Tell, à Winkelried, à Nicolas de Fluë et à Jean Ebly de Glaris, cet ouvrage, dit La Harpe dans sa Préface, est destiné aux voyageurs qui accourent en Suisse pour jouir des beautés de la nature, sans chercher rien de plus et qui sont persuadés « que le peuple suisse est libre ». Avec mordant, La Harpe va remettre en cause cette image idyllique, en se basant sur l'histoire du Pays de Vaud dès la période savoyarde.

Dans la deuxième partie, publiée peu après, il reprendra point par point l'histoire récente du canton de Berne et de ses sujets. Il s'attachera surtout à démontrer, en juriste et dans le détail, les abus des patriciens bernois, notament durant la fameuse campagne des banquets de 1791-92. Souvent attaqué dans cet ouvrage, Gabriel d'Erlach, qui était alors bailli de Lausanne (1787-1793) réfutera plusieurs faits allégués par l'ardent pamphlétaire dans une petite brochure de huit pages, intitulée *Le Baron d'Erlach de Spietz, sénateur de Berne, à ses amis, sur les écrits du colonel Laharpe, décembre 1797*. Quelques semaines après, l'Ancien Régime s'écroulait.

P. C.

La censure

48. [Antoine Polier de Saint-Germain].
Du gouvernement des mœurs. Lausanne, Jules-Henri Pott, 1784, 337 p.
BCU

Dans le Pays de Vaud, la censure des imprimés était confiée, depuis le XVIe siècle, aux baillis de LL.EE. de Berne. A Lausanne, c'est l'Académie qui est chargée de cette tâche. Mais, au XVIIIe siècle, les professeurs de l'Académie n'arrivent plus à faire face aux nombreux livres qui sortent de presse. Polier de Saint-Germain (1705-1797), alors bourgmestre de Lausanne, propose dans son ouvrage de 1784 que ce soient les autorités politiques qui se chargent de ce travail. En 1793, Polier reçut de LL.EE. une médaille d'or en récompense de ses longs et loyaux services. Il publia encore, à l'âge de nonante ans, un *Coup d'œil sur ma patrie* [...] dans lequel il fait la démonstration du bonheur des Vaudois sous le régime bernois : *Nous ne sommes pas un peuple roi, mais un peuple libre, et nous n'en sommes [...] que plus heureux.* P. C.

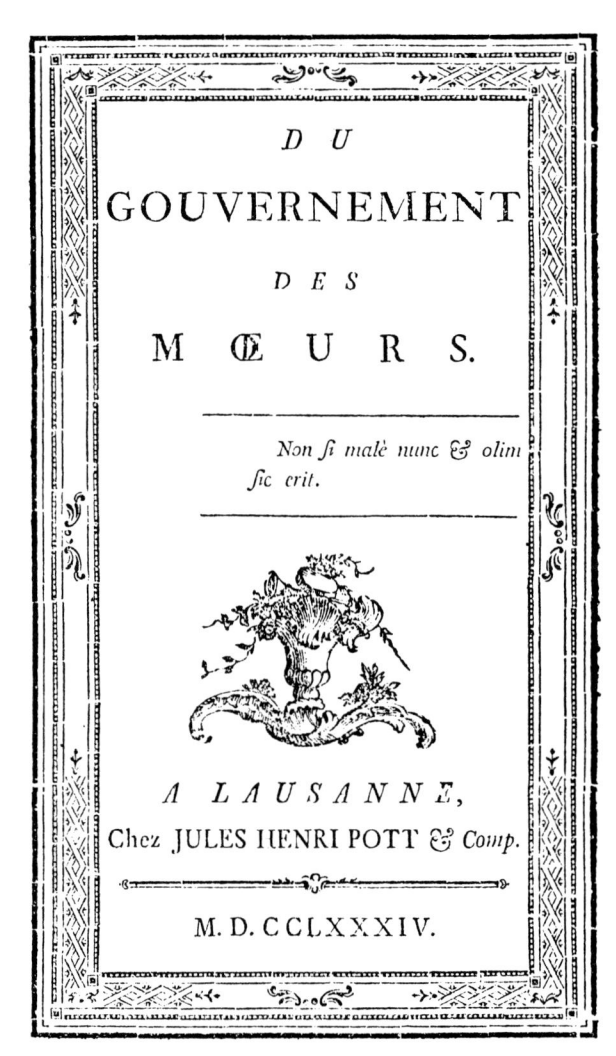

49. Ordonnance de la chancellerie de Berne sur la censure. 3 septembre 1790, 7 p.
MHAE

50. Ordonnance de la chancellerie de Berne sur l'interdiction de « l'Ami des Loix ». 9 décembre 1797, 1 folio
MHAE

L'ordonnance du 3 septembre 1790 fut lue du haut des chaires de toutes les paroisses du Pays de Vaud. Les décrets bernois, que l'on désigne aussi du nom de « mandats » ou « ordonnances », étaient également destinés à être placardés. Donc lus et vus de tous. D'où l'importance de la typographie, de l'encadrement, de la vignette et de la lettrine. Plus le texte de loi est dur, plus il doit se présenter sous un aspect attrayant. LL.EE. avaient bien compris que l'on ne saurait se rebeller contre des ordres présentés avec tant d'application et de goût ! Les lettres ornées et les arabesques dissimulent la volonté du souverain. Le style de la prose de ces mandats s'accorde en général bien avec la présentation graphique : *Nous aimons à Nous persuader, que vous repousserés avec indignation tous les efforts qu'on pourroit tenter pour étendre parmi vous les troubles qui agitent en ce moment différens Etats de l'Europe. Pour vous en garantir, il vous suffira de vous rapeller le bonheur dont vous jouissés* (3 sept. 1790).

P. C.

Litt. : André Delhorbe, *Exposition d'imprimé officiels*, Musée d'art industriel et d'art décoratif, Lausanne, 1947, pp. 5-12 ; Regula Matzinger-Pfister, « Quelques remarques sur les mandats bernois pour le Pays de Vaud, 1536-1798 », *Mémoires de la Société pour l'histoire du droit*, 1985, pp. 67-82.

51. Un merle subversif.
Anecdote rapportée par F.-C. de La Harpe dans son *Essai sur la Constitution du Pays de Vaud*, 2ᵉ partie, p. 69, note 1 :

L'anecdote suivante est connue de tout Lausanne :
Un fabricant de chandelles, nommé Rossire, possesseur d'un merle qui sifflait le Ça-ira, fut dénoncé au bailli de Lausanne, mis en prison pour avoir refusé de nommer l'instituteur de l'oiseau, et n'obtint sa liberté qu'après avoir promis de tuer le coupable. M. d'Erlach craignoit que cet oiseau babillard, venant à s'échapper, n'établit une propagande parmi ses pareils, et que leur ramage ne fut entaché de patriotisme. Un huissier du bailli, nommé Cassat, eut la mission expresse d'assister à l'exécution de ce dangereux sans-culotte.

Légende ou non, cela est significatif de l'état d'esprit qui régnait dans le Pays de Vaud vers 1790-91. On peut en tout cas constater que les participants aux banquets furent condamnés pour avoir chanté des airs subversifs comme le « Ça ira » ou la « Carmagnole » et que Samson Raymondin de Pully, reconnu coupable d'avoir diffusé une chanson irrespectueuse à l'égard de LL.EE., reçut une peine de vingt ans de fers.

P. C.

Arrestation d'un agent de la subversion (nᵒˢ 52-54)

Les Bernois arrêtèrent le 20 mai 1794 à Coppet le nommé Jean-Pierre Bonnet de Renens qui transportait des ouvrages séditieux provenant de chez l'imprimeur carougeois Comberoure, dont un *Catéchisme français républicain* que le gouvernement de Berne avait mis à l'index. Le personnage de Bonnet est haut en couleur, et Louis Junod raconte sa vie avec beaucoup de verve dans la Revue historique vaudoise, mais ce qui nous intéresse ici est le contenu de son sac. Le bailli de Nyon saisit sur lui tout un lot d'imprimés, conservé dans les Actes du Conseil secret de Berne, qui donnent une bonne idée du type de libelles qui circulaient sous le manteau.

P. C.

Litt. : Louis Junod, « Un cas de propagande révolutionnaire en 1794 », *RHV*, 1946, pp. 113-129.

HYMNE
A LA LIBERTÉ.

Allons, enfans de la Patrie ;
Le jour de gloire est arrivé ;
Contre nous de la tyrannie
L'étendard sanglant est levé ; bis.
Entendez-vous dans ces campagnes,
Mugir ces féroces soldats,
Ils viennent jusques dans vos bras
Egorger vos fils, vos compagnes.
Aux armes, citoyens, formez vos bataillons,
 Marchez, marchez,
Qu'un sang impur abreuve vos sillons !
 Marchons, marchons,
Qu'un sang impur abreuve nos sillons !

Que veut cette horde d'esclaves,
De traîtres, de rois conjurés ?
Pour qui ces ignobles entraves,
Ces fers dès long-temps préparés ? bis.
Français pour vous, ah ! quel outrage !
Quel transport il doit exciter !
C'est vous qu'on ose menacer
De rendre à l'antique esclavage.
 Aux armes, &c.

Quoi ! des cohortes étrangères
Feroient la loi dans nos foyers !
Quoi des phalanges mercenaires
Terrasseroient nos fiers guerriers. bis.
Grand Dieu, par des mains enchaînées

LES DIX COMMANDEMENS DU VRAI RÉPUBLICAIN.

1. Français, ton Pays défendras,
   Afin de vivre librement.
2. Tous les tyrans tu poursuivras,
   Jusqu'au-delà de l'Indostan.
3. Les Loix, les vertus soutiendras,
   Même s'il le faut de ton sang.
4. Les perfides dénonceras,
   Sans le moindre ménagement.
5. Jamais foi tu n'ajouteras,
   A la conversion d'un grand.
6. Comme un frère, soulageras
   Ton compatriote souffrant.
7. Lorsque vainqueur tu te verras,
   Sois fier, mais sois compatissant.
8. Sur les emplois tu veilleras,
   Pour en expulser l'intrigant.
9. Le 10 Août sanctifieras,
   Pour l'aimer éternellement.
10. Le bien des fuyards verseras,
    Sur le Sans-Culotte indigent.

A CAROUGE, chez JEAN COMBEROURE, Imprimeur du District.

CATÉCHISME FRANÇAIS, RÉPUBLICAIN;

ENRICHI

De la Déclaration des Droits de l'homme, de Maxime de Morale républicaine, & d'Hymmes patriotiques, propre à l'Education des Enfans de l'un & de l'autre Sexe ; le tout conforme à la Constitution Républicaine.

PAR BIAS-PARENT, Agent National de Clamecy.

A CAROUGE,
CHEZ J. COMBEROURE, Imprimeur du District.

An 2ᵉ. de la République.

---

52. Les dix commandements du vrai Républicain. A Carouge, chez Jean Comberoure, Imprimeur du District. S.d. [1794], 1 folio
Berne, Archives de l'Etat

53. Le catéchisme français, républicain [...] par Bias-Parent, Agent national de Clamecy. A Carouge, chez J. Comberoure, Imprimeur du District. An 2ᵉ de la République [1794]. 48 p., petit in-8°
Berne, Archives de l'Etat

A part le catéchisme proprement dit, la brochure contient la *Déclaration des droits de l'homme*, les *dix commandements de la république française*, des *maximes républicaines*, une *prière républicaine* et divers autres textes dont un *Hymne à la Liberté* qui n'est autre que la *Marseillaise*.

54. Egalité, Liberté, Fraternité, ou la Mort. L'Agent national du district de Carouge à ses concitoyens [...]. Carouge, le premier Préréal, l'An Second de la République [20 mai 1794]
Berne, Archives de l'Etat

Ce document est plus intéressant par sa date que par son contenu : 20 mai 1794, soit le jour même de l'arrestation de Bonnet à Coppet. L'encre n'était pas encore sèche que déjà le distributeur se mettait en route !

ÉGALITÉ, LIBERTÉ, FRATERNITÉ, OU LA MORT.

CAROUGE, le premier Préréal, l'An second de la République Française, une, indivisible, Démocratique & triomphante.

L'AGENT NATIONAL DU DISTRICT DE CAROUGE,
À
SES CONCITOYENS.

VICTOIRE, FRÈRES ET AMIS, VICTOIRE:

Elles sont dispersées ces cohortes du Tyran Piémontais, qui, de la cime des Alpes, osoient encore jetter des regards menaçans sur la terre de la Liberté; ils ont fui devant la bayonnette républicaine, ces lâches esclaves, dont toute la valeur consistoit à se retrancher sur des pics inabordables: le Mont-Cenis, comme le Saint-Bernard, vient d'être affranchi de leur domination tyrannique, & le drapeau tricolor flotte maintenant sur les rochers qui n'a guères étoient foulés par les suppôts du despotisme.

Les détails de cette glorieuse expédition se trouvent dans une Lettre du Général Dumas, au Comité de Salut Public, dont je m'empresse de vous donner connoissance. Vous y trouverés des nouvelles preuves de la valeur & de l'intrépidité des Républicains Français, qui dans cette affaire mémorable ont gravi des monts qui paroissoient inaccessibles, & emporté des retranchemens qu'on croyoit insurmontables.

Objets usuels

55. Jeu de cartes de l'époque révolutionnaire.
16 cartes.
MHAE, collections du Musée industriel

Les fabricants de cartes à jouer, tout en restant fidèles à la facture rustique d'antan, se mettent au goût du jour pour les figures. La galerie traditionnelle des rois et des reines, désormais proscrits, est remplacée par la série des Vertus républicaines. Libertés, égalités et génies forment les thèmes de ce jeu-ci, chaque carte donnant une leçon de morale patriotique : l'égalité des devoirs, par exemple, représente un soldat tenant en main un ordre où l'on peut lire « pour la patrie » et, en face de la couleur (cœur) est inscrit le mot sécurité.   P. C.

56. Assiette creuse en faïence. Marque non identifiée.
Diam. 24,5 cm ; prof. 4,5 cm
Maison Buttin-de Loës, collections de l'Association du Vieux-Lausanne

Assiette datée 1790 célébrant la Nation (WW pour vive). Un porte-drapeau montre un faisceau qui réunit l'épée (la noblesse), la crosse (le clergé) et la bêche (la paysannerie).

57. Assiette creuse en faïence. Marque non identifiée.
Diam. 24,5 cm ; prof. 4,5 cm
Maison Buttin-de Loës, collections de l'Association du Vieux-Lausanne

Assiette datée 1792 célébrant la Nation (WW pour vive). Un arbre de la liberté est sommé du bonnet et entouré de deux piques. La couleur rouge du bonnet est remplacée par du jaune. Le rouge de fer, le seul connu à l'époque, était d'un emploi très délicat, il disparaissait presque entièrement à la haute température des fours de Nevers. Une cuisson supplémentaire aurait augmenté le prix de revient de ces faïences qui s'adressaient à une clientèle modeste. Il était donc plus facile de remplacer le rouge par du jaune, d'un emploi beaucoup plus aisé.

Les deux assiettes présentent une grande parenté avec les faïences révolutionnaires fabriquées par les ateliers de Nevers. Entre 1789 et 1795, les douze manufactures de cette ville réalisèrent à elles seules 80 % des faïences révolutionnaires. Ces pièces furent produites à des milliers d'exemplaires. Elles reproduisaient, comme les estampes républicaines, les idées révolutionnaires sous forme de symboles simples. Ces objets, d'une exécution rapide et de prix modique, se répandirent partout, jusque dans les demeures campagnardes.

Catherine Kulling

58. Quatre cadrans de montre.
Epoque révolutionnaire
Peinture sur émail
Diamètres : 4,7 cm ; 4,4 cm ; 4,4 cm ; 4,3 cm
Sainte-Croix, Musée des arts et des sciences

Le 5 octobre 1793, l'assemblée de la Convention nationale abolit le calendrier grégorien et institua l'« Ere des Français », gouvernée par le « calendrier républicain ». Voici quelques extraits du décret :
Art. 1.— L'Ere des Français commence avec la proclamation de la République, qui a eu lieu le 22 septembre 1792 de l'Ere Vulgaire [...].
Art. 2.— L'Ere Vulgaire, ou Calendrier Grégorien, est aboli pour l'usage civil.
Art. 7.— L'année est divisée en douze mois égaux de trente jours chacun, après lesquels suivent cinq jours pour compléter l'année ordinaire, et qui n'appartiennent à aucun mois [...].
Art. 8.— Chaque mois est divisé en divisé en trois parties égales de dix jours chacune, et sont appelés décades [...]. »

En outre, on divisa chaque jour, entre minuit et minuit, en dix parties égales. L'introduction de l'« heure décimale » bouleversa complètement la fabrication horlogère. Trois des quatre cadrans de montre présentés ici sont accordés au nouveau calendrier. Ils sont décorés de scènes symboliques où apparaissent les emblèmes de la République : drapeau tricolore, coq, bonnet rouge, faisceau de licteur, etc.   S. W.

58

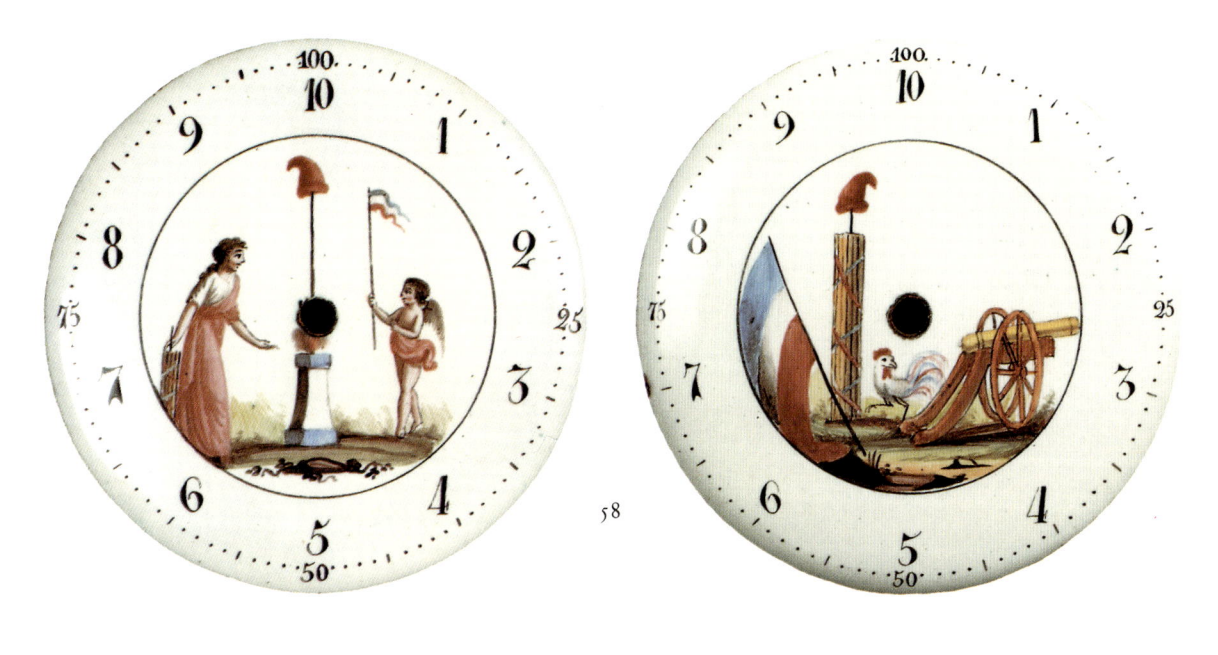

55

Les idées de la Révolution dans la hotte du colporteur

Information et censure

Comment les idées nouvelles de la Révolution trouvèrent-elles leur chemin dans la population de nos villes et campagnes ? Nous savons que, sous l'Ancien Régime, la censure empêchait toute idée jugée pernicieuse de pénétrer dans les cantons, et que les gouvernements faisaient tout ce qui était en leur pouvoir pour entraver la propagation des idées révolutionnaires[1]. Nous savons également qu'une partie considérable de la population portait un grand intérêt à l'esprit et aux événements de l'époque. On était conscient de vivre un épisode déterminant de l'histoire de l'humanité. Cela est sensible par exemple chez Albrecht Rengger, le futur ministre de la République helvétique, qui en 1794 s'exclama devant la Société helvétique :

> *Si un roi en destitue un autre, ce n'est pas une affaire qui préoccupe le monde entier ; c'est un changement de cadre qui sera retenu dans les annales d'un peuple, mais non dans les livres de l'histoire de l'humanité entière. Mais si une grande nation entière, la plus cultivée et la plus importante de toutes les nations de l'Europe, se réveille comme par enchantement d'un sommeil millénaire, renverse de son piédestal le géant qui veillait sur son ancienne constitution et s'arme de principes qui portent en eux tous les attraits de la raison, se prépare à s'élever à un ordre nouveau du monde par le jeu de toutes les forces de l'humanité, dans l'ivresse des passions les plus nobles et les plus viles et sous l'influence réciproque des esprits bons et méchants, alors nous devons parler d'un événement mondial qui fera l'admiration et la préoccupation de tout le millénaire suivant. Et nous, les contemporains, si peu éloignés de ces événements, qui avons les oreilles et les yeux ouverts, n'oserions-nous entendre et voir, ou, ce qui est la même chose, répéter ce que nous entendons et ce que nous voyons[2] ?*

Les journaux étaient rares, les plus intéressants interdits. Ceux qui étaient publiés en Suisse avec la permission des autorités passaient sous silence bien des événements qui auraient été d'un grand intérêt pour les contemporains. Ainsi ne parlait-on que très peu ou pas du tout des troubles en Suisse. Et pourtant des réseaux d'information plus ou moins clandestins fonctionnaient, permettant la diffusion des nouvelles et préoccupant ainsi fortement les gouvernements[3].

Depuis longtemps le colportage était un moyen de diffuser des écrits jusque dans les régions les plus éloignées des grands réseaux économiques. Les calendriers en particulier étaient vendus en grand nombre par des colporteurs. Ils étaient tolérés par les autorités, qui néanmoins les tenaient à l'œil afin qu'ils se limitent vraiment aux seuls écrits autorisés par la censure. Un mandat bernois de 1732 nous rend attentif à l'une des méthodes employées pour diffuser une œuvre interdite en détournant la surveillance : elle était reliée comme annexe à un calendrier officiel[4]. Pendant le XVIIIe siècle, on craignait surtout la littérature piétiste qui trouvait toujours des chemins pour contourner les interdictions officielles. Et durant ses dernières décennies, la littérature interdite changea profondément de caractère. Il n'était plus question de quelques psautiers piétistes ou de textes de philosophes en désaccord avec l'orthodoxie protestante, mais d'une masse de livres et libelles politiques. En effet, la politique n'était plus l'apanage exclusif des magistrats, qui était entrée dans le domaine de l'opinion publique. Déjà dans les années précédant la Révolution française, l'échange d'idées politiques avait pris une nouvelle dimension. Les salons et les clubs étaient devenus les centres de cristallisation de ce mouvement de société, de cet espace public. Dans les grands centres, dans les petites villes et même dans les campagnes, nous trouvons des groupes d'hommes et de femmes lettrés dont l'intérêt pour l'actualité politique ne pouvait être satisfait par les moyens d'information officiellement tolérés. C'est ici que la littérature clandestine, que les tracts politiques et les chants révolutionnaires trouvèrent leur public.

Dès le début de la Révolution, l'autorité bernoise fut consciente du danger que présentait la diffusion de journaux et d'écrits révolutionnaires. Dès l'automne 1789 les interdictions se multiplièrent, tant dans la partie alémanique que dans le pays de Vaud. Le Conseil Secret avisa les baillis de porter une attention spéciale aux colporteurs, connus pour leur rôle dans la diffusion des écrits révolutionnaires[5]. L'attitude du gouvernement ne laissait aucun doute : seule la subversion menaçait la tranquillité du pays qui, sans ce poison, resterait calme et jouissant du bonheur offert par un gouvernement paternel. Empêcher la subversion était donc la première condition pour rétablir le calme dans le pays. Le mandat contre les dangers de la Révolution dans le pays de Vaud, daté du 3 septembre 1790, est d'emblée révélateur[6] :

Instruits des intentions perfides de quelques hommes audacieux, qui par de sourdes menées et des écrits incendiaires s'efforcent de propager partout la discorde et l'esprit de rébellion, et de briser tous les liens qui unissent les peuples aux Souverains qui les gouvernent ; notre vigilance et surtout votre fidélité, opposeront à leurs funestes projets un obstacle invincible.

Les mesures de censure du gouvernement bernois contre les écrits de la Révolution furent peu efficaces. Conçue à une époque où peu de gens savaient lire, où la production littéraire n'était pas importante, la censure ne réussit cependant pas à s'imposer devant la masse énorme de libelles, de feuilles volantes et de chants. L'exemple le mieux connu en Suisse est certainement celui de Genève : on y a compté plus de 6000 brochures publiées au XVIIIe siècle, dont les trois quarts dans les dix dernières années[7]. Beaucoup, même au sein de l'aristocratie bernoise, ne prenaient pas la censure très au sérieux. Dans la bonne société, chacun avait lu Rousseau et Voltaire, les écrits relatifs aux troubles de Genève et continuait à lire les journaux de France. Comment, dans ces conditions, faire respecter une censure à laquelle on ne croyait plus ?

L'arrestation d'un colporteur (1796)

Nous allons montrer, par l'analyse d'un cas précis, comment fonctionnait la diffusion de documents politiques durant les dernières années de l'ancienne

Solche Fürsten und Zuhören,
Die das Volck großmüthig hören,
Alle Kranckh abmehren,
Daumlaber, Treu und Pflichten schwören.

Bewundert, danckbahre frohe Herzen mit Erstaunen,
Eure Freyheit im Tempel des Friedens der Gottheil zu ehrn.
Des Fürsten geistes Größe, thut ewig auspolaunen,
Auch Coelestinens Gütte, laßt laut den Lobkreis hören.
Mit welcher Wein und Gethäll ihr dieses Fest thut weihn,
Dem besten lands Vater, dem Menschenfreund dem weisen.
Christen vergesset nie, was Großmuth euch, hie hat verlehn,
Chronicken dies der Nachwelt werden wißen anzupreißen.
Vernunft, Geduld und Bidersin, mit Tapferkeit vereint,
Classirt euch nun auf jenen Plaz, wo Hochmuth lacht und Demuth weint.

Laßt uns mit Gänßen
befellt
In den Tempel des Friedens dringen
Und dort dem ewigen
Gaste Deum Laudamus singen.

DEN TEMPEL
DEM HAT UNS

DES FRIEDENS
GEÖFNET.
Herz Major Johanes Kuentzle, Gemeind Führer in Gossau d 23ten 9brs. 1795.
Den Steinder Weisen den das Stockblinde Convent
So lange umtrüben gesucht und noch nicht kent.
Hat Beda, und Cölestin in wenig Stunden.
Ganz rümlich, und glücklich und lestens gefunden.
Herz Rittmeister Contamin.
Herz Hauptman Bossard.

Confédération. Dans les Actes du Conseil Secret de Berne, nous avons trouvé les traces d'un colporteur qui, en 1796, attira l'attention des autorités bernoises et dont nous connaissons avec assez de précision le commerce, les chemins et les marchandises[8]. En 1795, un mouvement populaire dans les terres dépendantes du prince-abbé de Saint-Gall demanda une amélioration de la condition des sujets. Une liste de revendications fut remise au prince-abbé Beda Anghern qui fit tout pour éviter l'éclatement de la violence. Il consentit à la plupart des revendications et, le 23 novembre, une grande assemblée populaire confirma un accord entre prince et peuple. Johannes Kunzle, de Gossau[9], meneur de ce soulèvement de 1795, fut fêté comme un héros. Dans le pays, on publia et diffusa maints libelles et chants[10]. Un colporteur fut chargé de vendre ces écrits : Jakob Gemperle, âgé de 26 ans, marié et père de famille, dont la maison, probablement bâtie trop à l'économie, s'était effondrée, avait trouvé dans ce commerce le moyen d'améliorer sa condition[11]. Johannes Kunzle avait demandé au début de 1796 à ce jeune homme, qui ne savait sans doute ni lire ni écrire, de diffuser la nouvelle des troubles saint-gallois dans toute la Suisse. Gemperle transportait 1500 exemplaires de différentes brochures concernant les événements de 1795 à Saint-Gall. De plus, il vendait des portraits gravés de Kunzle. En quinze jours il avait traversé une bonne partie de la Suisse. D'abord Zurich, où il avait fait d'excellentes affaires : environ 200 brochures et plusieurs portraits peints. Ces portraits coûtaient cher : quatre neuthaler, c'est-à-dire un louis d'or, l'équivalent de plusieurs centaines de francs actuels. Les brochures par contre ne coûtaient que très peu : un batz ou un batz et demi. Gemperle les avait achetées à un relieur (qui était probablement l'éditeur) à Bischoffszell pour un demi-batz la pièce. Il avait si bien travaillé à Zurich qu'il rentra pour se réapprovisionner et repartir à l'ouest. (Voir ci-dessous le procès-verbal de l'interrogatoire qui montre le chemin parcouru par le colporteur.)

C'est à Willisau qu'un bailli bernois entendit parler de lui. Le commandant d'Aarburg, Niklaus Rudolf Haller[12], s'était rendu le 19 janvier à Willisau. Son collègue lucernois lui parla d'un colporteur qui avait demandé une permission pour la vente de brochures. Comme on la lui avait refusée, il avait manifesté l'intention de se rendre sur le territoire bernois. Le jour suivant, le commandant Haller en avertit les autorités bernoises. Le 21 janvier 1796, Jakob Gemperle arriva à Berne et commença son commerce. Il semble même avoir essayé de se procurer une permission, mais le Conseil Secret le fit arrêter et interroger. L'interrogatoire de routine nous permet de reconstituer un cas particulier de colportage d'ouvrages politiques comme il devait y en avoir des centaines et qui n'ont pas laissé de traces[13]. L'interrogatoire cherchait surtout à connaître le responsable qui se cachait derrière Gemperle ; la naïveté de celui-ci ne faisait aucun doute. A Berne, on était également très intéressé de savoir qui, à Zurich, avait acheté portraits et brochures. Les autorités bernoises n'insistèrent pas. Gemperle ne semblait pas dangereux, les écrits qu'il vendait n'étant pas interdits. On conclut néanmoins qu'il était intolérable de permettre leur diffusion parmi les sujets bernois[14]. Gemperle fut donc reconduit à la frontière du canton ; sa hotte fut expédiée par poste au prince-abbé de Saint-Gall avec une lettre se plaignant des activités de ce sujet du prince. En même temps, les gouvernements de Soleure, de Bâle et de Zurich furent avertis qu'un colporteur pourrait se rendre dans leurs territoires et qu'il fallait prendre les mesures adéquates pour empêcher son commerce. Quelques jours plus tard, le prince-abbé présenta ses excuses au gouvernement bernois en précisant qu'il n'avait jamais autorisé un tel commerce et que seule l'anarchie des temps avait empêché un contrôle efficace de ses sujets.

Cet épisode de 1796 nous montre comment les nouvelles circulaient en Suisse à la fin du XVIIIe siècle. Il existait donc un public s'intéressant aux événements politiques et dont les besoins n'étaient pas couverts par les librairies officiellement tolérées. C'est un tel système de diffusion qui a permis dans les dernières années de l'Ancien Régime la prolifération de brochures, de chants et de gravures révolutionnaires.

François de CAPITANI

Notes

1. Karl Müller, *Die Geschichte der Zensur im alten Bern*, Bern, 1904.
2. Albrecht Rengger, *Über die politische Verketzerungssucht in unseren Tagen*, Basel, 1794. « Der Helvetischen Gesellschaft in Olten den 15ten May 1793 vorgelesen, und auf Verlangen ihres Ausschusses gedruckt ».
3. Pour la situation en France on consultera : Robert Darnton, *The Literary Underground of the Old Regime*, Harvard, 1982. L'auteur analyse les réseaux clandestins de l'Ancien Régime et surtout la contrebande de livres entre Neuchâtel et la France.
4. Mandat du 31.12.1732, Archives de l'Etat de Berne.
5. Müller, *op. cit.*, p. 172.
6. Mandat du 3.09.1790, Archives de l'Etat de Berne.
7. Anne-Marie Piuz, « La Genève des Lumières », *Histoire de Genève*, pub. sous la direction de Paul Guichonnet, Toulouse, 1974, p. 249.
8. Tous les actes cités se trouvent aux Archives de l'Etat de Berne sous la cote AV 479 : Toggenburgbuch.
9. Johannes Kunzle (1749-1820) était boucher et messager des postes de Zurich et Schaffhouse. Sous la République Helvétique il fit une courte carrière politique. Il fut nommé major à la suite des troubles de 1795. (DHBS, t. IV, pp. 415-16)
10. Johannes Dierauer, *Histoire de la Confédération Suisse*, vol. 4, Lausanne, 1929, pp. 457 et suiv.
11. L'interrogatoire mentionne Geisterwald comme commune d'origine de Gemperle. Il s'agit sûrement de Gaiserwald, près de Gossau.
12. Niklaus Rudolf Haller (1751-1803), commandant d'Aarburg depuis 1791.
13. Un exemple genevois de 1791 est signalé par E. L. Burnet, « Une lettre-circulaire du Club Helvétique de Paris aux villes vaudoises Février 1791 », *Revue Historique Vaudoise*, 19, 1911, pp. 9-16.
14. Wie wohl nun solches, wie es scheint, von ihm ohne böse Absicht geschehen, und die Schriften selbst öffentliche Aktenstücke sind, so haben Wir doch dieselben von solchem Inhalt zu seyn befunden, dass wir deren Ausstreuung unter unseren Unterthanen keineswegs zugeben können. (Extrait de la lettre adressée à Soleure le 22 janvier 1796.)

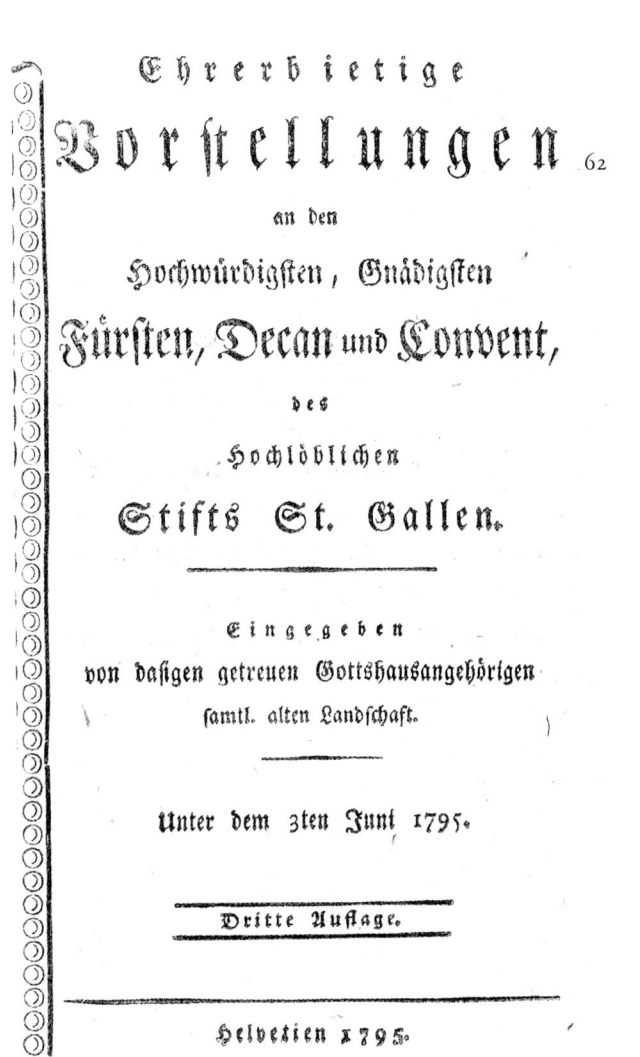

59

Interrogatoire de Jakob Gemperle par Messieurs les membres du Conseil secret

Questions	*Réponses*
Comment il s'appelle et d'où il vient ?	Jakob Gemperle, né dans la paroisse de Geisterwald dans le pays de St-Gall, il a 26 ans, est marié et père de 4 enfants.
Quelles sont ses ressources ?	Il n'a, hormis ce commerce de livres, aucune ressource et ne sait ni lire, ni écrire.
Quand il a quitté sa patrie ?	Il y a 15 jours.
Où il est allé de Geisterwald ?	D'abord à Zurich, d'où il est rentré chez lui pour se réapprovisionner. Après quoi il est reparti et s'est rendu à Rapperswil, d'où, en passant par Horgen, il est allé à Zug, Einsiedeln, Schwyz Unterwalden, Lucerne et enfin Willisau d'où il est arrivé ici en passant par Trachselwald.
Pour quel motif il s'est éloigné de Geisterwald ?	Il a eu des malheurs dans sa patrie et s'est laissé dire par son ami Kunzle que pour gagner un quignon de pain, il n'avait qu'à colporter ces brochures dans le pays de St-Gall d'abord, puis dans les lieux cités plus haut.
Combien d'exemplaires le major Kunzle lui a remis ?	Quinze cent pièces.
Combien il en a vendu ?	Environ 500.
Où il les a vendus ?	Aux lieux cités plus haut.
S'il en a vendu beaucoup à Zurich ?	Oui, la majeure partie, environ 200 pièces.
Pourquoi, alors qu'il lui restait 1300 pièces, il est retourné chez lui en chercher d'autres ?	A Zurich, il a surtout vendu des portraits peints et a voulu se réapprovisionner, mais n'a reçu que ce qu'il a présentement.
Combien il a vendu après en chaque lieu ?	A Rapperswil quelques douzaines, à Horgen 1 douzaine, à Zug environ 20, à Einsiedeln rien, à Schwyz environ 30, à Unterwalden 15-18, à Lucerne, son meilleur chiffre après Zurich, plus de 100 pièces, à Willisau quelques douzaines, à Trachselwald seulement à M. le bailli et aux pasteurs, rien aux campagnards, et ici à Berne seulement très peu.
S'il en a vendu ailleurs dans ce canton ?	Oui, çà et là, en chemin, à des voyageurs.
A qui il a vendu de tels livres à Zurich ?	Il ne les connaissait généralement pas, il a vendu de grands portraits à M. le gouverneur et seulement des brochures et des portraits en noir à M. le gouverneur Wyss et à M. le secrétaire Kilchperger.
S'il connaît les gens à qui il en a vendu ici et dans ce canton ?	Non.
Combien il les a vendues ?	Les brochures, 4 et 5 kreuzer, les portraits 2 batz et 10 kreuzer, et les portraits peints, à Zurich, 4 neuthaler.
Combien il lui reste de ces brochures ?	Près de 1000 pièces.
A qui il s'est adressé pour l'autorisation de vente ?	D'abord à Sa Grâce von Steiger, d'où on l'a envoyé à M. le conseiller Manuel qui lui a permis de les vendre par douzaines aux libraires. Mais aucun ne voulu lui en acheter, il est donc retourné chez Sa Grâce von Steiger et a été envoyé au directeur de police von Erlach qui lui a permis de vendre les brochures pendant 2 jours, mais sans faire de porte à porte.

Dans quel but il a entrepris de vendre ces brochures ?	A cause de l'écroulement de sa maison et du malheur qu'il en a subi, Kunzle lui a proposé de gagner son quignon de pain en vendant ces brochures, pour faire face à ses créanciers.
Quel bénéfice Kunzle lui a promis ?	L'entier, pour peu qu'il paie au relieur de Bischoffzell 1/2 batz par pièce.
S'il ne lui a promis aucune autre récompense ?	Aucune.
S'il a encore le solde des brochures ?	Depuis qu'il est ici aux Bären, il n'en a eu besoin d'aucune. Elles sont encore toutes ficelées, sauf quelques-unes qu'il avait en poche.
Si le Major Kunzle l'a chargé de cette vente ou si c'est l'interrogé qui s'est proposé ?	Oui, il le lui a demandé lui-même, le prince a ordonné l'impression des premières et, puisque le Major Kunzle dirige tout, il l'a sollicité de les colporter, l'a envoyé au relieur de Bischoffzell et lui a remis lui-même les portraits peints pour la vente desquels il devait lui donner 3 neu-thaler, la différence serait à lui.
S'il n'a pas colporté et vendu d'autres écrits dans le pays ?	Non, il n'a vendu que ces 4 sortes de brochures : 1. le mémorial présenté au prince 2. l'enquête 3. le discours final de la « Landesgemeinde » 4. le discours final du prince et en outre le chant d'allégresse et le portrait de Kunzle gravé sur cuivre.
Où il veut aller d'ici ?	A Soleure et de là à Bâle.
Lu et approuvé le 21 janvier 1796	Benoit v. Secrétaire de commission

(*Archives de l'Etat, Berne,* Toggenburgbuch *AV 479 ; traduit de l'allemand par Dominique Radrizzani*).

59. F. L. Steig[er].
Marchand de feuilles volantes.
1783
Dessin au pinceau sur papier, D 22,2 × 17,1 cm
Berne, Burgerbibliothek

60. Anonyme.
Marchand de feuilles volantes. Planche extraite de *L'A, B, C, Lectures primitives ou commencement de lecture française. A l'usage de notre Jeunesse, et orné de figures.* Berne, chez la Société typographique, et à Lausanne, chez Luquins, cadet, 1801.
Gravure sur bois
Berne, Stadt- und Universitätsbibliothek

61

61. Georg Leonhard Hartmann (1764-1828).
Johannes Künzli. Gemeinds Führer zu Gossau welche gehalten worden ist den 24. Febr. 1795 (chef de l'assemblée qui fut tenue le 24 février 1795 à Gossau)
1795-1796.
Eau-forte, 16,1 × 9,6 cm
Gossau, Genossenschaft Oberberg

Le 24 février 1795 est une date importante dans l'histoire du soulèvement de l'*Alte Landschaft* contre l'abbaye de Saint-Gall. Ce jour-là, le baillage d'Oberberg se réunit à Gossau en assemblée générale, sous la présidence de Johannes Kunzle (1749-1820), postier de la commune. Cette première Landsgemeinde fut bientôt suivie d'une autre. A leur issue, on remit à l'abbé de Saint-Gall une liste de griefs ; toutes les revendications furent acceptées à la fin de l'année. Le colporteur Gemperle transportait dans sa hotte ce portrait, « gravé sur le cuivre », du héros saint-gallois Johannes Kunzle, ainsi que plusieurs brochures relatant son histoire.   S. W.

62. Ehrerbietige Vorstellungen an den hochwürdigsten, Gnädigsten Fürsten, Decan und Convent, des hochlöblichen Stifts St. Gallen. Eingegeben von dafigen getreuen Gottshausangehörigen samtl. alten Landschaft. Unter dem 3ten Juni 1795. Dritte Auflage. Helvetien 1795.
Berne, Archives de l'Etat

63. Vaterländischer Untersuch über die gütliche Verkommnisse zwischen dem Hochfürstl. Stift St. Gallen, und der Landschaft. Zur Belehrung des Volks. S. l. n. d.
Berne, Archives de l'Etat

64. Vortrag und Schluss-Rede des Herrn Major Küenzle von Gossau, an der gehaltenen Lands-Gemeinde den 23ten Wintermonath 1795. Samt dero Beschlüssen. S. l., 1795.
Berne, Archives de l'Etat

65. Zubet-Lied. Ueber das glücklich geendete Landes-Geschäft der alt St. Gallischen Landschaft. S. l., 1795.
Berne, Archives de l'Etat

Les quatre brochures présentées ici furent saisies sur Gemperle par les autorités bernoises ; elles sont conservées aux Archives de l'Etat de Berne, en annexe à l'interrogatoire du colporteur. Toutes sont relatives aux troubles saint-gallois de 1795.

                                                                                                  S. W.

66. Johannes Haediner (1780-?).
Panneau en trompe-l'œil où sont affichés divers documents relatifs au soulèvement de 1795 dans les territoires de l'abbaye de Saint-Gall.
1795 (?)
Plume et lavis d'encre de Chine, aquarelle et rehauts de gouache
38,2 × 55,7 cm
Gossau, Genossenschaft Oberberg

Cette curieuse aquarelle présente en trompe-l'œil divers documents, réels ou fictifs, relatifs aux troubles saint-gallois de 1795 et à leur heureuse conclusion. Tout d'abord, les protagonistes de l'affaire ; on reconnaît en bas à droite les portraits des trois révolutionnaires : Johannes Kunzle (il s'agit ici d'une version coloriée du portrait n° 61), et ses amis Joseph-Anton Contamin (1758-1834) et Anton Bossart (1791-1829), qui tous deux joueront un rôle important dans la politique du pays après 1798. En face, on trouve un petit monument pyramidal dédié à l'abbé Beda Anghern (1725-1796) ; son portrait y figure en médaillon, tandis que quelques inscriptions célèbrent ses vertus : *Solche Fürsten sind zu ehren, Die das Volk grossmüthig hören [...]* (Il faut honorer de tels princes, qui écoutent avec attention le peuple [...]). Au centre, une paire de lorgnons est clouée sur une vue contemporaine de l'abbaye de Saint-Gall. Juste au-dessus, on voit une curieuse composition architecturale, tout à fait dans le goût néo-classique, dont la signification allégorique est élucidée par le texte qui l'accompagne : *Beda hat uns den Tempel des Friedens geöfnet* (Beda nous a ouvert le temple de la paix). Enfin, on trouve, en haut à droite, une vue nocturne de l'éruption du Vésuve. Le document voisin est particulièrement intéressant, puisqu'il associe cette catastrophe naturelle à la révolte saint-galloise : *Comme le Vésuve a fait éruption cette année, c'est ainsi que tu as surgi pour le bien de la patrie et a répandu la même année ton feu. Tu as libéré la patrie de la servitude [...]. 1795.* (traduction.)

S. W.

Litt. : DHBS, t. 1, article « Alte Landschaft » (la page 251 reproduit une composition très proche) ; t. 2, articles « Anghern », « Bossart » et « Contamin » ; t. 4, article « Künzle » ; t. 5, article « Saint-Gall »

67. Extraits d'une procédure instruite contre Claude Antoine François, à Genève, en mars et en avril 1791 :
— pièce n° I, du 3 mars 1791 : Inventaire des papiers trouvés sur le sieur Claude Antoine François [...]
— pièce n° II, du 3 mars 1791, déclaration du sieur François [...].
Manuscrit, 10 p.
Genève, Archives de l'Etat
Bibl. : E.-L. Burnet, « Une lettre-circulaire du Club Helvétique de Paris aux villes vaudoises, Février 1791 », *RHV*, 1911, pp. 9-16

Claude Antoine François fut arrêté à Genève le 3 mars 1791 : il portait sur lui des papiers suspects et des journaux interdits. Tous ces écrits émanaient du Club helvétique de Paris. Le colporteur fut jugé le 2 avril ; l'acte d'accusation décrit bien les moyens dont les patriotes usaient pour introduire en Suisse la propagande révolutionnaire, tout en détournant la surveillance postale : François fut convaincu *de s'être fait envoyer à Genève des libelles et des lettres adressées à des particuliers hors de Genève qui étoient de nature à exciter le trouble dans des Etats voisins, d'en avoir retiré le paquet [...], avec le dessein de les faire parvenir à destination.* (Cité par Burnet, *op. cit.*, p. 10.)

S. W.

68. Les lamentations du colporteur citoyen Mialle, dans les Corps-de-Gardes. Sur l'air de Calpigi. Ce 26 Juin 1794, l'an 3ᵉ. de l'Egalité Genevoise. 3 p.
Genève, Bibliothèque publique et universitaire
Bibl. : Emile Rivoire, *Bibliographie historique de Genève au XVIIIᵉ siècle*, t. 1 ; tome 6ᵉ de la série des *Mémoires et documents publiés par la Société genevoise d'histoire et d'archéologie de Genève*, Genève-Paris, 1897, n° 4587

Ces couplets sont présentés comme la ritournelle que le colporteur Mialle entonnait, dans les rues de Genève, pour vendre sa marchandise : *C'est moi qui suis ce François Mialle, / Qui par la Ville chante & pialle, / Vendant mes Almanachs nouveaux, / Et jadis de petits pains chauds.*

S. W.

Des nouvelles fraîches de Paris

La correspondance d'un commerçant genevois à son fournisseur d'Yverdon sur les « Affaires de France »

Dit entre amis

Jean-Charles Joly (†1795) de Genève, tout maître quincaillier qu'il fût[1], n'en disposait pas moins d'informations lui permettant d'avoir une opinion sur la politique française qui pouvait influer sur la bonne marche de son commerce[2], et l'amenait à être très attentif dans sa fièvre de l'agiotage[3]. Citoyen conscient des menaces pesant sur sa cité, le boutiquier ne manquait pas l'audition des dépêches officielles quand celles-ci étaient bon an, mal an livrées à la connaissance du Conseil général où il siégeait. Par ailleurs, Joly se montrait toujours à l'affût de l'arrivée des gazettes françaises, et se passionnait pour les informations de première main. En ce sens les lettres qui parvenaient de Courtin, son commissionaire parisien à plusieurs reprises témoin oculaire d'événements fidèlement rapportés comblaient Joly[4] et lui faisaient éprouver le besoin de s'en ouvrir à un ami.

Louis-Gamaliel Mandrot (1740-1795) d'Yverdon, et Joly se considéraient comme alter ego ; leur amitié remontait au 3 décembre 1761[5], lorsque jeunes gens ils accompagnaient leur père respectif en foire de Berne, où l'Yverdonnois proposait au Genevois un vaste échantillonnage de quincaillerie anglaise dont il était devenu un importateur réputé[6]. Quoique se revoyant peu fréquemment[7], des liens privilégiés étaient entretenus par le chaleureux accueil que le quincailler réservait deux fois l'an aux voyageurs de Mandrot & Cie en tournée à Genève[8], de même que par une correspondance d'affaires bihebdomadaire que Joly émaillait de nouvelles familiales, bons « tuyaux » spéculatifs, et d'un habituel point d'actualité sur cette France de tous les doutes[9]...

Le remède universel : la Constitution

Grands étaient les espoirs pour un Genevois d'esprit libéral, ennemi résolu des solutions extrêmes propagées par la « canaille » des faubourgs et des châteaux en voie de désertion, que ce consensus du 4 février 1790, lorsque Louis XVI se rendit à l'Assemblée pour recommander l'union et demander qu'on apaisât les émeutes. Cependant les spéculations et intrigues autour d'un Necker las, pouvaient laisser douter par la suite.

16 février 1790

Mon commissionnaire par une lettre que je reçus hier du 10 ct., me marque que l'espérance du bonheur renaît dans tous les cœurs français depuis la démarche décisive du Roi et la fameuse journée du 4 février. Depuis ce temps, on chante en solennité partout des Te Deum *en actions de grâce. Dimanche passé la Commune de Paris en a fait chanter un avec tout l'appareil et la pompe possibles, auquel doivent avoir assisté les représentants de la Nation, le Roi et la Garde Nationale parisienne. Le Roi reçut des témoignages de reconnaissance, de fidélité et d'amour par des députations de tous les Corps, depuis la Municipalité jusqu'au collège de tous les citoyens des deux sexes de tout âge, répété le serment et après lui les représentants de la Nation, de défendre et soutenir la nouvelle Constitution. La communauté a décrété que l'immortel décret du Roi serait gravé dans l'airain.*

On l'attribue à M. Necker qui Dieu merci ajoute-t'il, est rétabli. Cependant ceux qui l'environnent disent qu'il a les jambes enflées et mauvaise physionomie, ne dormant point, inquiet dans la nuit sur ce qu'il fera le lendemain. Quand il va au Trésor, il voit tous les manèges que l'on fait pour entraver tout ce qu'il fait, et l'on est même assuré qu'il succombera avant que toute cette grande besogne soit achevée...

12 mars 1790

...On est comme assuré que si le plan de finances que M. Necker a donné à l'Assemblée Nationale n'est pas reçu, il se retirera disant que sa santé très délabrée ne lui permet pas de rester davantage. On est comme persuadé que l'Assemblée Nationale ne demande pas mieux, qu'elle ne l'a jamais vu revenir avec plaisir et qu'elle fait et fera toujours son possible pour le contrecarrer.

L'harmonie du début d'année était battue en brèche dès le printemps avec l'évocation le 7 mai de *... grabuge dans l'Assemblée Nale., et entre le régiment de Gardes Suisses et les autres troupes*, auquel seul l'homme « providentiel » pouvait remédier.

11 mai 1790

... Nous n'en sommes pas encore au bout. Dieu donne force et courage à Mr. de La Fayette, et lui maintenir la santé et la vie.

C'est sous le signe de la Fédération que l'on commémorait la reddition de la Bastille.

14 juillet 1790

Ce jour est un jour de grande fête dans le Royaume de France, la joie et l'allégresse se font aussi éclater aux environs de nos murs.

L'agitation provinciale

Le regain de confiance fut de courte durée. La correspondance estivale de Joly évoquait en effet essentiellement les soulèvements de la province, à commencer par Lyon (lettres des 24, 27 et 30 juillet) *... ville en combustion*, avec ses magasins et boutiques fermés, ses barrières d'octroi dévastées, et le refus de payer les droits ... jusqu'à ce qu'un régiment de carabiniers y pénètre pour remettre bon ordre et bloquer 5000 émeutiers hors de la ville. Quelques semaines plus tard, Joly en épiloguant sur la situation de Lyon dont les barrières n'étaient pas encore relevées, considérait comme inéluctable la démission prochaine de Necker dont un autre compatriote briguait la succession !

7 août 1790

Ce qui est un peu apocryphe puisque la nouvelle vient de Neuchâtel, c'est que Mr. Clavière l'aîné[10] *le remplacera. Je sais de bonne part qu'il lui a été enjoint de ne pas se mêler de la politique et seulement des finances.*

L'été orageux se poursuivait avec les roulements sourds de mutinerie à la garnison de Nancy (les Suisses du régiment de Châteauvieux notamment) dont les développements ne manquaient pas d'alimenter les commentaires du Genevois évoquant le rôle joué par (ou infligé à !) certains de ses concitoyens.

17 août 1790

Toujours de mauvaises nouvelles des différentes provinces de France depuis la Fédération du 14 juillet, ce qui devrait être le contraire. Deux de nos officiers dans le régiment de Châteauvieux, Messieurs Mallet-Buttini et Fatio, arrivèrent dimanche de Nancy d'où ils sont partis, ayant craint pour leur personne. Le peuple à ce qu'ils racontent s'étant soulevé contre eux relativement à deux Genevois Emery et Delisle qui paraissent avoir intrigué pour la désobéissance à leurs supérieurs pour de l'argent, et ayant été convaincus ils ont été passés par les verges ; d'autres disent que c'est pour avoir eu le complot d'enlever la caisse militaire.

On blâme beaucoup ces jeunes officiers d'avoir abandonné le service, puisqu'ils racontent qu'à leur départ il ne s'est pas répandu de sang. Messieurs Galiffe et Falquet sont fort en peine de leurs fils qui doivent avoir pris la fuite d'un autre côté.

Deviney, leur collègue, a rencontré les Mallet et Fatio, les a blâmé et leur a dit que quant à lui, il allait rejoindre le régiment. Nous saurons des détails plus précis cet après-midi, car il n'y a pas beaucoup à compter sur de pareils poltrons.

18 août 1790

... Il paraît que le vrai vient de ce qu'il avait été défendu aux soldats du régiment Royal de sortir de la ville, et que le régiment de Châteauvieux n'ayant pas eu les mêmes défenses, il y a eu une certaine jalousie et tout de suite on leur a intimé aussi la sortie, et ces deux Genevois que je vous ai nommés ayant semé des libelles pour soulever leurs collègues, on a lu et prononcé leur peine de passer par les verges et d'être rasé. La populace a pris leur parti de telle manière que l'on a été obligé de passer le drapeau sur ce qui s'était fait, et de leur donner à chacun cent Louis de dédommagement.

Ces officiers que je vous ai nommés, on fuit dans les greniers parce qu'ils étaient assaillis de pierres, et se sont sauvés après un séjour de vingt-quatre heures déguisés ; car l'affaire est arrivée le mercredi et ils sont sortis de Nancy le jeudi. Tout cela mérite confirmation.

27 août 1790

On dit que le régiment de Châteauvieux s'est rendu et que c'est une affaire terminée...

C'était là sans pressentir encore le coup de tonnerre de l'affrontement répressif qui devait sévir quatre jours plus tard !

L'éloignement des garants de l'ordre

Le début septembre confirmait la dégradation politique des semaines précédentes.

10 septembre 1790

Vous ignorez peut-être la fâcheuse nouvelle que l'on reçut par le courrier de mercredi, que Mr. Necker a demandé sa démission. Les uns voient sa retraite en bien, d'autres en mal. La populace de Paris fait des demandes insensées : la tête des ministres et celle de Mr. de Bouillé qui a fait la fameuse expédition (punitive) de Nancy.

63

La correspondance de fin d'année était orientée vers la nouvelle émission d'assignats *... dont on est content en général*, et par diverses rumeurs sur ce qui pouvait se tramer au Palais-Royal.

13 novembre 1790

Vous savez l'histoire du religieux l'Abbé Dubois emprisonné à Chambéry, mais vous ne savez pas sa mort vendredi passé. L'on assure qu'il a déclaré à son confesseur et au premier juge du Sénat, qu'il s'était chargé de la commission d'empoisonner le Comte d'Artois et ses enfants, de la part du parti du Duc d'Orléans.

Et de souligner :

... Comme vous voyez, nous sommes dans la politique jusqu'au cou.

Avec l'année 1791, Joly se fit observateur du malaise socio-économique de Genève, se rendit compte que le continent était en train de fourbir ses armes, et bien entendu commenta des faits marquants, qui étaient autant d'intempéries délitant le bel édifice constitutionnel.

8 avril 1791

Hé bien voilà le fameux Mirabeau défunté, (le 2 ct.) qui aurait pu encore être d'une grande utilité à l'Assemblée Nationale. Il paraît même regretté des aristocrates. L'on dit que Mr. Necker convient que c'est une grande perte que tous font ; que c'est l'homme unique et impossible de trouver son semblable, sa présence d'esprit et l'influence qu'il avait.

29 avril 1791

Voilà les changes de France qui s'élèvent par la perte que les assignats font, et si l'on ne peut pas engager Mr. de La Fayette à rester et que le Roi molisse, vous verrez les fonds de France aller au diable.

La Royauté en sursis

Avant même l'interception de la lourde et voyante berline sur une route d'Argonne, la personne royale était raillée, d'où l'inquiétude des lendemains de cette malencontreuse « escapade ».

11 mai 1791

Salomon[12] est toujours le même d'une grande gaieté surprenante. Il nous fit mourir de rire un jour de la semaine passée sur le langage des Parisiens. Il paraît que les mœurs sont bien dépravées. Relativement à ce que le Roi avait changé de confesseur, ils disent hautement que peu leur importe que le Roi prenne le sacrement à la vinaigrette, cela leur est indifférent pourvu qu'il reste toujours le même.

... justement pas !

25 juin 1791

J'avais bras et jambes rompus ce matin de la fatale nouvelle qui transpirait déjà depuis hier au soir, que le Roi, la Reine et le Dauphin avaient pris la fuite le 20 ct., ce qui a été confirmé cette nuit et ce matin. Je commence à reprendre des forces parce que l'on dit qu'ils sont arrêtés avec (par) Mr. de La Fayette, les uns disent en Artois les autres en Lorraine.

28 juin 1791

J'apprenais hier de Paris, par un courrier extraordinaire de Mr. Tronchin simplement l'annonce de l'arrêt du Roi à Varennes. Monsieur l'ayant précédé (avec succès) de quatre heures.

Comme l'année passée, le 14 juillet était évoqué par Joly, mais cette fois-ci vu du voisinage.

15 juillet 1791

Avez-vous célébré (à Yverdon) l'anniversaire de la Fédération du 14 ct. comme les Lausannois, Morgiens, Aubonnois, Rolliens, Nyonnais, Coppetans ?

On en venait ensuite aux retombées politiques de l'affaire de Varennes.

30 août 1791

Les principales dispositions seront que les représentants du peuple français déclarent à toute l'Europe que Louis XVI est libre d'accepter la couronne ou y renoncer en refusant d'accepter l'acte constitutionnel purement et simplement, tel qu'il lui sera présenté.

La poudrière de l'Emigration

Ne parlait-on pas de tractations entre Léopold II et son beau-frère, pour confier la régence au Prince de Condé[12] (lettre du 17 septembre) ? C'est en tous les cas sur ce sujet que pour la première fois Joly accolera le terme *républicain* à la France.

29 novembre 1791

On dit que le plan des Princes[13], est d'essayer ce plan de Contre-Révolution, et s'il ne réussit pas, ils se mettent du côté du parti des républicains pour faire naître une guerre civile dans tout le Royaume. Il est sûr que nous sommes dans un moment de crise. Il faut espérer que nous le sauterons à pieds joints comme le précédent.

C'est dans un climat de suspicion à l'encontre du pouvoir exécutif que l'année 1791 s'achevait. Le ministre des Affaires étrangères de Lessart[14] était fort mal vu de l'Assemblée nationale autant pour son ... *air impertinent* que pour ses réponses évasives touchant au mauvais équipement (souliers, armes, logement) des troupes stationnées aux frontières. Certains députés allaient jusqu'à penser :

10 décembre 1791

... qu'on ne saurait trop se méfier du Roi et surtout de ses ministres, que l'on craint tôt ou tard ne fassent quelques coups de maître et de Jarnac, pour faire entrer les troupes (étrangères).

Toutefois, Joly ne tardait pas d'aviser son correspondant (lettre du 20 décembre) que ... *les choses avaient changé par la résolution du Roi et de ses ministres* de mettre en demeure les princes allemands de faire évacuer de leurs Etats ... *les rassemblements de contre-révolutionnaires.* Au début de 1792, beaucoup de confusion sur les changes en dents de scie, faisait écrire (lettre du 28 janvier) que ... *plus on va en avant plus il y a de margouillis* ; puis de déplorer une situation parisienne dégradée.

17 mars 1792

Je tiens par le courrier de Paris du 12 ct., qu'il y a depuis deux jours du bouleversement dans le Ministère (...). Le sieur de Lessart ayant le département des Affaires Etrangères, a été décrété d'accusation mis en état d'arrestation et conduit aussitôt à la Cour Nationale d'Orléans, pour y être jugé comme coupable de crime de haute trahison (...) L'Assemblée Nationale a été informée le 11 ct. qu'il existait un plan concerté d'affamer Paris, et qu'ils étaient environnés de canaille à la tête de laquelle étaient de ci-devant nobles ou gens de condition (...) On annonça la mort de l'Empereur, cette nouvelle inattendue et subite parvenue à Paris samedi passé, a été révoquée dans le doute, et ce n'est que le 13 que la Cour en prend le deuil pour deux mois[15].

Et le boutiquier de poursuivre en réaffirmant sa pensée politique dont il ne déviera jamais.

24 mars 1792
Si les honnêtes gens qui sont en grand nombre pour maintenir la Constitution actuelle sans en retrancher ni point ni virgule se montrent, ils viendront à bout de les détruire (les agitateurs), et de faire aller la machine.

La nomination du Genevois Clavière au portefeuille des Contributions Patriotiques, abordée par Joly (lettres des 21, 27, 28 et 31 mars) fut appréciée sévèrement par Mandrot, auquel l'écrivain répondait qu'il n'avait ... *jamais voulu le faire passer pour un homme courageux, mais pour un fin politique*[16]. Le mois suivant, l'Autriche lançait son ultimatum à la France.

24 avril 1792
La grande nouvelle de ce jour est que la Cour de Vienne qui ne veut pas retirer ses troupes des frontières, ni renoncer à la coalition, demande 1) satisfaction pour les princes possessionés en Alsace, 2) restitution d'Avignon au Pape, 3) que le gouvernement institué en France, soit assez fort pour que les autres puissances ne craignent pas d'en être troublées. Voilà bien une déclaration de guerre qui en sera suivie !...

Par lettre du 5 juin, le Genevois signalait sans plus de commentaire le licenciement de la garde constitutionnelle du Roi.

Les derniers espoirs envolés

La sagesse finirait-elle par l'emporter contre toute attente ? Et le Genevois de s'exprimer avec la même exaltation qu'aux « beaux jours » de février 1790.

11 juillet 1792
Je vous annonce une nouvelle qui sera pour vous un sujet de grande joie : que vient de recevoir notre Conseil de la part de Mr. Tronchin notre Agent à la Cour de France, qui marque qu'à la suite d'un discours très patriotique d'un évêque de l'Assemblée Nationale[17]*, que le côté droit s'est réuni au côté gauche, que le Roi s'est transporté à l'Assemblée Nale. en assurant et donnant des assurances pour le maintien de la Constitution, qu'ils ont fondu en larmes et qu'il a été transporté en triomphe, que le Maire de Paris, Mr. de Pétion, a été suspendu. C'est une excellente nouvelle pour la journée du 14 ct. que l'on redoutait. Dieu veuille que cela soit de durée ! — Il paraît que les Jacobins sont réunis aux Feuillants et qu'ils penchent tout de même pour le maintien de la Constitution, et pour se défendre contre les puissances qui voudront l'attaquer.*

Ce n'était que le mieux de la fin !

18 juillet 1792
Vous serez comme nous dans une grande consternation de la mauvaise tournure que prennent les affaires de France, par la faute des Jacobins qui se battent et mangent dans l'Assemblée Nationale. Je plains de toute mon âme ceux qui de bonne foi se sont vendus aux

deux partis extrêmes, que s'ils avaient été réunis en formant le seul et unique but de maintenir et faire cheminer la Constitution, tout cela aurait réussi lors même que toutes les puissances se seraient liguées pour la détruire.

On apprenait à Genève de Mr. Soret juste revenu de Paris, que la journée du 14 s'était bien passée malgré que l'on y eut crié davantage *Vive Pétion* que *Vive le Roi* (lettre du 21 juillet). Le jour fatidique de l'assaut final des Tuileries, le quincaillier ne pouvait qu'écrire :

10 août 1792

Je n'ai pas eu le temps de m'informer des nouvelles de ce matin du courrier de Pontarlier. Je les regarde comme perdus s'ils destituent le Roi, c'est un piège qu'on leur tend, la guerre civile en résultera et les généraux de La Fayette et Luckner[18] se retireront.

Le gâchis consommé

14 août 1792

Je commencerai par vous annoncer une très mauvaise nouvelle. Mr. de La Fayette sur l'accusation faite contre lui, avait emporté la victoire avec 194 voix, du reste on augurait que ce nombre se reporterait ensuite contre la déchéance du Roi ; mais la canaille a exterminé avec leurs piques 7 grenadiers qui voulaient les contraindre, et s'est portée au château des Tuileries, le Roi et la Reine se sont réfugiés à l'Assemblée Nale. et aussitôt ont mis le feu au château, massacré tous ceux qui s'y opposait, on saisi plusieurs membres de l'Assemblée Nale., un d'entre eux avait même la corde au cou, qu'un grenadier avec quelques autres de ses collègues sont accourus le sabre à la main, ont percé la foule et l'ont délivré. Ils ont ensuite affiché dans différents quartiers les noms de ceux qui ont voté pour Mr. de La Fayette, pour les lanterner. Grand Dieu, quel en sera le résultat ! — Il me semble que les honnêtes gens qui sont en plus grand nombre, auraient dû prévoir tout cela et se montrer ; car Courtin ne marque par le courrier de samedi passé, que cette canaille publiait ouvertement la veille de la décision de déchéance que si elle n'avait pas lieu, elle dissoudrait l'Assemblée Nale. (…) J'apprends à ce moment que le Conseil a aussi reçu la relation de ci-dessus de Mr. Tronchin notre Agent ; et que les Gardes Suisses ont été massacrés et que le Roi a demandé positivement sa démission.

15 août 1792

L'on publie que Mr. Necker a reçu de Gex un courrier extraordinaire à Coppet, qui lui confirme la fatale catastrophe. Ce qu'il y a de bon c'est que le courrier annonce la sûreté du Roi et de la famille royale. Il paraît que c'est l'affaire de Mr. de La Fayette et la déchéance du Roi soufflée de Coblence ou des puissances étrangères, qui ont occasionné ce triste événement qui a commencé par le bruit que l'on répandait la veille, que le Roi devait s'évader.

Dorénavant c'est Genève assiégée qui fera couler beaucoup d'encre à Joly, reléguant au second plan la situation française à l'exception des événements les plus choquants.

11 septembre 1792

Il paraît par les lettres de ce matin que les horreurs ont cessé, mais qu'ils ont été à Orléans pour amener sans doute à la boucherie tous les prisonniers[19]. Il faut s'attendre à mesure que les

Allemands avancent qu'il se commette toujours plus d'horreurs et qu'ils viendront à se massacrer entre eux, car les Robespierre et les Brissot se mangent ensemble.

Rien à voir en effet, entre les idées libérales, quoique insuffisamment combatives, d'un général plein de panache, et l'intolérance de la clique en place. Ce sera naturellement la mise en accusation de Louis XVI qui conclura cette année où tout avait basculé.

21 décembre 1792

Il paraît que le Roi sera sauvé, si les Cours d'Angleterre, Prusse, Autriche et Espagne, reconnaissent la République, je crois qu'on ne sera pas éloigné de la paix.

Un « Monsieur tout-le-monde » perspicace

Ce seront entre autres les diplomates des Cours partie prenante en 1792, qui ratifieront en congrès, un acte de paix (ou plutôt une répartition des cartes !) durable ; ... mais nous serons alors en 1815 au Ballhaus de Vienne. La France, humiliée comme on sait, rentrait dans le giron du concert européen avec le rétablissement d'un trône éjectable... La puissance de l'Ère Nouvelle, telle que l'avait pressentie Joly[20], passait nécessairement par un cheminement vers l'Etat constitutionnel aux mains des libéraux, implacable à terme à tous ceux qui, nombreux, seront tentés de passer outre. Une telle leçon de lucidité et de modération dans une conjoncture aussi explosive méritait bien que le quincaillier genevois sortît de l'anonymat de son arrière-boutique.

Hugues JAHIER

Notes

1. Pas n'importe lequel ! A son décès, le fonds de commerce était évalué à près de 100 000 livres courantes (équiv. approx. 960 000 FS 1980).

2. Il reconnaissait avoir eu ... *bon nez* dans cette tourmente. Des achats avaient été effectués lors de changes avantageux à Paris, Lyon, Thiers et Saint-Etienne. Il regrettait (20/12/1791) d'être pas connaisseur en draperies, toileries, mousselines, pour lesquelles il aurait bien fait le voyage de Paris, Rouen, etc.

3. *Bienheureux sont ceux comme nous le sommes, de nous être tirés de cet embargo à temps...* (2/06/1792). Les assignats avaient été liquidés avec un minimum de dommages, la spéculation incessante sur les changes ne se faisait qu'à court terme, 200 louis d'or neufs placés à Gênes (12/05/1792) étaient transférés sur un compte londonien (502 livres sterling en 1795), etc.

4. Sans compter les nouvelles reçues à l'occasion de son neveu Hentsch, gérant de la maison Picot & Fazy à Lyon.

5. Apprend-on à l'évocation déclamatoire de ce trentenaire lors de l'envoi des vœux du 3/01/1792.

6. Voir notamment *Revue Suisse d'Histoire*, vol. 36, 1986, pp. 18 à 42 ; *Musée Neuchâtelois*, n° 1/88, pp. 2 à 27.

7. Le 21/02/1792, Joly déplorait de ne pas avoir reçu son ami yverdonnois depuis près d'un lustre.

8. David-François Mandrot (fils) et Samuel Penserot (beau-frère) avaient des dizaines de clients à visiter à Genève. Les achats Joly représentaient (années 1770-80) env. 18 % du chiffre d'affaires Mandrot dans cette ville.

9. La correspondance Mandrot conservée aux Archives communales d'Yverdon (série Fb3) renferme 112 lettres où Joly (entre fév. 1790 et déc. 1792) traite dans le détail ou survole la situation française et ses incidences locales.

10. Etienne Clavière (Genève 1735 – suicidé après sa mise en accusation comme Girondin, Paris 1793), s'établit à Paris en 1782. Il s'opposa à la politique du directeur général des Finances, d'où sa *Réponse au Mémoire de Mr. Necker concernant les assignats*, Paris, 1790, 8°.

11. De la banque Garrigues & Salomon ... alors en difficulté (80 000 livres de saisie).

12. Louis-Joseph de Bourbon (1736-1818), précurseur de l'Emigration qui devint chef de l'armée portant son nom.

13. Etablis à Worms et Coblence.

14. Claude-Antoine Valdec de (1742-1792), Maître des requêtes en 1768, protégé de Necker, il fut en charge de plusieurs postes ministériels dont à partir du 20/11/1791, celui des A.E.

15. Deuil... mais autrichien, d'où le mauvais effet psychologique.

16. Entendre par là opportuniste.

17. Adrien Lamourette, évêque constitutionnel de Lyon, (guillotiné en janvier 1794) préconisait la réconciliation nationale par un embrassement général entre tous ses collègues. Cette séance du 7 juillet passera à la postérité sous le nom de « *baiser Lamourette* ».

18. Nicolas, comte de (1722 – exécuté comme suspect de trahison, Paris 1794), maréchal de France depuis décembre 1791, il commanda successivement les armées du Rhin, du Nord et du Centre.

19. Dont l'ex-ministre de Lessart sera l'une des victimes (Versailles, 9/09).

20. Avec ce bon sens inhérent à une « classe moyenne » assez instruite et aisée pour être réceptive aux arcanes de la politique, sans pour autant avoir tourné le dos aux aspirations de la masse.

69. Trois lettres de Jean-Charles Joly (?-1795) à Louis Gamaliel Mandrot (1740-1795), 12 mars 1790, 25 juin 1791 et 14 août 1792.
Manuscrits
Yverdon-les-Bains, Archives communales

70. Augustin Cosentin.
Vue de l'entrée d'Yverdon, du côté de Glaire, dédiée à la Municipalité.
1812
Dessin à la plume, aquarellé, sur vélin, 52 × 38 cm
Ville d'Yverdon-les-Bains

L'un des deux correspondants, le quincailler Louis-Gamaliel Mandrot, habitait Yverdon ; on distingue sa maison sur cette ancienne vue de la ville (première habitation à gauche), réalisée par un élève du peintre Louis Ducros.

S. W.

70

Vue de l'entrée d'Yverdon, Du côté de Glaire, Dédiée à la Municipalité
Par Augustin Cosentin, élève de Ducros, en 1812.

69

Troubles révolutionnaires en Valais

La Bagarre du 8 septembre 1790 et la Conjuration des Crochets, découverte et réprimée en 1791, sont, avant 1798, les deux épisodes les plus connus des troubles révolutionnaires qui agitent le Bas-Valais, pays sujet de la République des VII Dixains du Haut-Valais. L'historiographie valaisanne a opposé, en une antithèse presque parfaite, la Bagarre et la Conjuration des Crochets[1]. En septembre 1790, ce serait une révolution politique, qui a pour but l'émancipation du Bas-Valais, qui utilise tous les moyens légaux de revendication. Marquée par l'expulsion des gouverneurs (l'épisode du Gros-Bellet), elle se termine par la soumission solennelle des personnes impliquées et une amnistie générale. En revanche, la Conjuration des Crochets serait une action criminelle dont le but est le pillage et qui utilise des moyens inavouables. Aucun événement spectaculaire ne l'illustre, mais ses principaux meneurs sont décapités ou pendus.

Les pendus sont bien pendus, ou plutôt tant pis pour les pendus s'ils ont été mal pendus. La sentence du chanoine Anne-Joseph de Rivaz a été reprise à leur compte par la plupart des historiens valaisans. Pourtant, à regarder de plus près les dossiers exhumés par Pierre Devanthey, il semble bien qu'ils aient surtout été punis pour *servir de salutaires exemples aux méchants dans ces tristes temps pleins des plus désastreuses révolutions*[2]. Ces révolutionnaires qui menacent l'ordre établi ont participé aux troubles de la Bagarre. Mais ils n'ont pas renoncé à leurs revendications alors que les notables, qui ont prêté leur voix au mouvement, les abandonnent quand ils n'écrivent pas aux « Magnifiques Seigneurs » leurs regrets et leur amertume de se voir déconsidérés aux yeux du souverain.

Il y a donc bien deux révolutions distinctes, mais la césure n'est pas chronologique. Il faut la chercher dans les milieux différents qui participent aux troubles. La Bagarre et les événements qui la suivent recouvrent des mouvements complexes ayant des origines et des finalités diverses, voire opposées. Sur fond de malaise économique, de tensions sociales et de conflits intercommunautaires (bourg-campagne), l'éventail des revendications est large : réforme de l'administration, de la justice, suppression des inégalités et de quelques abus choquants, correction du prix du sel, du tabac... Aux aspirations des notables locaux qui souhaitent surtout des aménagements valorisant leur rôle, s'opposent les revendications plus radicales de ceux qui mettent déjà en cause une forme de pouvoir, sinon l'organisation sociale. Fait significatif, les futurs décapités et pendus de 1791 sont les seuls à ne pas être amnistiés en 1790. Ce n'est pas un hasard. Avec l'appui de l'élite locale menacée, le pouvoir haut-valaisan, contraint à l'indulgence en 1790, déguise en criminels des hommes qui, s'inspirant de l'exemple français, veulent que les choses changent.

Dans cette problématique, le rapport entre la Révolution française et les troubles valaisans devient important. Après beaucoup d'historiens, Pierre Devanthey, qui a étudié tous les dossiers de cette époque, n'a pas découvert de relation positivement établie entre les deux événements. Il précise, par exemple, qu'aucun document ne mentionne une action directe et active du club révolutionnaire de Paris. Si la participation de *meneurs et agents stipendiés* est controuvée, en revanche, la diffusion des idées révolutionnaires est évidente. Leur influence se manifeste par des comportements, des chants, des lectures, des pensées. Les interrogatoires des principaux conjurés offrent des exemples frappants qui ouvrent de nouvelles perspectives pour l'étude de la diffusion des idées.

Dès le lendemain de l'expulsion de Schiner par le Gros-Bellet, les premières cocardes blanc, rouge, vert, emblèmes de la révolution, apparaissent aux chapeaux des Montheysans. Les bien-pensants se plaignent d'avoir tous les jours *les oreilles rebattues des troubles politiques sociaux et religieux qui désolent la France.* Partisan de « *l'anarchie ou nouvelle constitution française* » et formulant le souhait que Dieu donne de la force à la France, Barthélémy Guillot va lire les gazettes dans les cafés où se tiennent maintes réunions. On parle de la liberté des peuples, on chante des refrains révolutionnaires. Un témoin dépose qu'il a entendu plusieurs fois des chansons comme *à la lanterne... qu'on pendra*. Plus grave, dans la vallée d'Illiez, des veillées secrètes ont lieu. Autour du fourneau et d'un verre, un officier lit à plusieurs reprises un livre interdit, *L'Aristocratie suisse dévoilée*, qu'un Vaudois lui a remis. Fait anodin ? Pour avoir manifesté du plaisir à ces lectures, un conjuré sera sévèrement puni. Par ailleurs, les rumeurs, les fausses nouvelles, circulent et ne sont pas sans incidences sur les événements. Des bruits de complots, des projets d'assassinats et d'incendies mettent en émoi les petites bourgades de Monthey ou de Collombey. De petites peurs se diffusent dans la région : à plusieurs reprises, les privilégiés empaquettent leurs affaires et franchissent le pont de Saint-Maurice.

En définitive, la diffusion des idées nouvelles demeure limitée. Elle se heurte à un solide barrage mental dressé par les représentants du pouvoir haut-valaisan, du clergé et de l'élite locale. Il faudra attendre 1798 et une intervention de l'extérieur pour que les idées d'égalité et de liberté commencent à modifier l'ordre des choses.

Jean-Henri PAPILLOUD

Notes

1. Pierre Devanthey, *La Révolution bas-valaisanne de 1790*, Martigny, 1972. Voir aussi Groupe valaisan de sciences humaines, *Histoire de la démocratie en Valais (1798-1914)*, Sion, 1979 et Jean-Henri Papilloud, « De l'Ancien Régime à la modernité » dans *Sion, la part du feu*, Sion, 1988, pp. 35-64.

2. Pierre Devanthey, « Dossier du procès relatif à la conjuration dite " des Crochets " à Monthey, 1791 », dans *Vallesia*, t. XXV, Sion, 1970, p. 344.

71. Gabriel Walser (1695-1776).
Carte du Valais. Planche extraite de l'*Atlas Republicae Helveticae*, Nuremberg, 1769.
Eau-forte, 47,5 × 57,5 cm
Saint-Maurice, Musée militaire cantonal
Bibl. : Anton Gattlen, *L'Estampe topographique du Valais*, Martigny-Brig, 1987, n⁰ˢ 54-57 ; *Sion — La part du feu. Urbanisme et société après le grand incendie*, Sion, 1988, n° 2

72. Joseph-Anton Milesi (?).
Portrait de Hildebrand Schiner (1754-1820)
1783
Huile sur toile, 77 × 62 cm
Collection particulière
Bibl. : Devanthey, 1972, pl. V ; *Sion — La part du feu. Urbanisme et société après le grand incendie*, Sion, 1988, n° 12.

73. Emmanuel Chapelet (1804-1866) (attribué à).
Portrait de Pierre-Maurice Rey-Bellet, dit le Gros-Bellet (1754-1834)
Huile sur toile, 57,8 × 47,3 cm
Sion, Musée cantonal des beaux-arts
Bibl. : Reymond, 1933, t. 3, p. 16 ; Devanthey, 1972, pl. II ; *Sion — La part du feu. Urbanisme et société après le grand incendie*, Sion, 1988, n° 112

Le 8 septembre 1790, Pierre-Maurice Rey-Bellet, dit le Gros-Bellet, chassa du château de Monthey le gouverneur Hildebrand Schiner (1754-1820), sous les acclamations de la foule. Cette expulsion est à l'origine des émeutes populaires qui agitèrent le Valais jusqu'à la fin de la même année.
S. W.

74. **Gazette universelle ou papier-nouvelles de tous les Pays et de tous les jours**, seconde année, 18 février 1791.
BCU

La *Gazette universelle* donnait régulièrement des nouvelles de la Suisse à ses lecteurs. L'extrait proposé ici, lettre d'un informateur bernois, insiste sur la politique de neutralité observée par la Confédération : *Tout est tranquille dans ce pays, & ne craignez pas que le sage peuple helvétique prenne jamais quelque part à des projets qui tendroient à contrarier la révolution françoise.*
S. W.

75. **Gebeth für Frankreich, von dem paebstlichen Stuhle bestättiget und mit Ablässen beschenket.**
Sion, 1792, 12 p.
Sion, Bibliothèque cantonale du Valais
Bibl. : Cordonier, 1984, n° 289

Cet ouvrage est un recueil de prières et d'indulgences instituées pour que Dieu pardonne les crimes de la Révolution française et épargne le reste de l'Europe. On y trouve notamment une « prière pour le roi » composée sur le psaume 19, bénédiction prononcée sur le roi de Jérusalem : *Que le Seigneur réponde à Louis notre roi, au jour de la détresse, qu'il est sous la protection du Dieu de Jacob : que le Seigneur, de son sanctuaire, lui envoie de l'aide, et le protège depuis Sion. Nous nous réjouirons de ta victoire et nous triompherons au nom de notre Dieu. Amen.* (traduction de l'allemand).
S. W.

76. **Ordonnance de la Diète du 20 mai 1794**, 1 p.
Sion, Archives cantonales
Bibl. : Cordonier, 1984, n° 316 ; *Sion — La part du feu. Urbanisme et société après le grand incendie*, Sion, 1988, n° 14 a

Contrairement au gouvernement bernois, les dirigeants du Valais utilisèrent peu l'imprimé pour faire connaître leurs décisions. Le placard du 20 mai 1794 contient plusieurs ordonnances destinées à lutter contre l'infiltration des idées révolutionnaires : contrôle des voyageurs, surveillance des assemblées et interdiction des clubs, censure des journaux étrangers.
S. W.

77. Joseph-Anton Blatter (1740-1807).
Mandement du 2 mars 1795 : « Quam anno elapso diem Dominicam mensis martii tertiam una cum tota foederata Helvetia publicis precibus... » Sion. 4 p.
Sion, Bibliothèque cantonale du Valais
Bibl. : Cordonier, 1984, n° 324

Joseph-Anton Blatter fut évêque de Sion de 1790 à sa mort, en 1807. Par le mandement du 2 mars 1795, il institua des actions de grâce et des prières publiques pour lutter contre l'influence révolutionnaire dans son diocèse.
S. W.

L'affaire du pasteur Martin de Mézières

Jean-Rodolphe Martin (1737-1818) est pasteur à Mézières (village du Jorat proche de Lausanne) dès 1779. Sous l'Ancien Régime de LL.EE. de Berne, l'assistance des pauvres est l'une des tâches dévolues aux ministres du culte réformé. En 1790, le pasteur Martin intervient, dans ce cadre, en faveur des nécessiteux pour demander qu'on les exempte de la dîme des pommes de terre. Cet impôt est trop lourd à supporter notamment lorsqu'il s'agit des terrains de peu de rendement donnés en charité. Alors que Jean-Rodolphe Martin négociait cet objet avec Bernard de Diesbach, seigneur de Carrouge, une dénonciation parvient au Conseil des Deux-Cents à Berne, accusant le pasteur d'inviter les paysans à la rébellion et de fomenter une révolte car *c'est le moment, voyez la France !*. LL.EE. croient à la conspiration et, le 28 décembre, en pleine nuit, font arrêter le pasteur dans sa cure et saisir ses papiers. Un officier bernois et quelques hommes l'emmènent à Berne où il est emprisonné. Après une instruction de plusieurs mois, le pasteur Martin peut se disculper. Le gouvernement doit reconnaître son innocence et le rétablir dans ses fonctions. Il lui alloue en outre une indemnité de 100 louis.

L'affaire avait fait beaucoup de bruit dans tout le pays et les réactions de solidarité qui parviennent à LL.EE. tant de la part des Conseils de plusieurs villes (Nyon, Morges, Cossonay, Moudon, Aubonne, Yverdon) que de la part des Classes de pasteurs (Lausanne et Vevey, Morges, Payerne et Moudon, etc.) montrent, par leur ton respectueux mais très ferme, que les Vaudois sont dès lors bien décidés à manifester une liberté d'expression retrouvée.

P. C.

Litt. : Maillefer, 1892, pp. 96-113 ; Eugène Mottaz, « Une lettre du pasteur Martin », *RHV*, 1902, pp. 218-221 ; Emile Butticaz, « Les pasteurs de la Classe de Lausanne et le pasteur Martin, de Mézières », *RHV*, 1902, pp. 361-368 ; Louis Junod, « L'opinion publique vaudoise lors de l'Affaire Martin, en 1791 », *Histoire et sociologie*, études et travaux offerts par l'Association Internationale Vilfredo Pareto à Monsieur le Professeur Jean-Charles Biaudet à l'occasion de son 60e anniversaire, Lausanne, 1970, pp. 25-44

Ils le bénissent et il est consolé...

78. Daniel-François Chatelanat.
Le Retour du pasteur Martin, 12 avril 1791.
Inscr. : « Ils le bénissent et il est consolé... »
Plume et lavis d'encre de Chine sur papier vergé
37,2 × 55 cm
Lausanne, Musée de l'Elysée (collections iconographiques vaudoises)

Cette pièce exceptionnelle est le seul document iconographique qui nous soit parvenu représentant un épisode des troubles survenus dans le Pays de Vaud au début des années 90. L'auteur du dessin est en outre un témoin oculaire : il s'agit du docteur Chatelanat (1755-1797), médecin à Moudon, qui s'était courageusement engagé dans la campagne de soutien pour la libération du pasteur Martin des geôles bernoises. Le docteur Chatelanat a choisi de représenter un des épisodes qui marquent le retour de Jean-Rodolphe Martin, lorsque, le 12 avril, le cortège quitte Moudon, où le pasteur avait passé la nuit, pour se rendre dans sa paroisse de Mézières. Près de Bressonnaz, une centaine de patriotes l'arrêtent pour lui témoigner, dans un discours enflammé, que *Jeunes et vieux, nous sommes tous prêts à verser jusqu'à la dernière goutte de notre sang pour la conservation de notre digne Pasteur*. Ses paroissiens ont fait venir de Lausanne un groupe de musiciens, la musique Hoffmann (voir n° 101) qui ont pris place dans un char, conférant un caractère de fête spontanée à ce retour triomphal.

Dès son origine, la Révolution française s'était donné des héros, notamment par l'intermédiaire du célèbre *Recueil d'actions héroïques et civiques des républicains*. Ils seront officiellement reconnus et popularisés par la gravure politique. Dans le cas du pasteur Martin, le processus est assez semblable : il est rapidement présenté comme un exemple de vertu patriotique par un écrit imprimé qui dut être largement diffusé [voir n° 79]. Dans son dessin, le docteur Chatelanat le désigne comme un héros : le pasteur est au centre de la composition, les spectateurs autour de sa voiture se tournent vers lui avec emphase et un vieillard, à l'extrême droite, invite sentencieusement un jeune garçon à s'inspirer de ce modèle. Le filet noir qui entoure le dessin, l'inscription qui figure dans la partie inférieure et la technique adoptée, tout porte à croire que ce dessin était destiné à être gravé pour une plus large diffusion. Mais nous n'avons pas trouvé d'estampe qui confirme cette hypothèse.

P. C.

Litt. : Eugène Olivier, *Médecine et santé dans le Pays de Vaud au XVIIIe siècle, 1675-1798*, Lausanne, BHV XXXII, 1962, p. 883 [notice sur le docteur Chatelanat] ; *Au peuple vaudois, 1803-1903, souviens-toi !*, Lausanne, Payot, 1903, pl. IV [reproduction] ; *Encyclopédie illustrée du Pays de Vaud*, t. 4, p. 162 [reproduction d'un détail]

79. Précis de l'arrivée de Monsieur le Pasteur Martin à Mézières bailliage de Moudon, qui plaira à tout bon Patriote [...]. S.l.n.d. [1791], 14 p.
BCU

A première vue cette brochure est avant tout destinée à réhabiliter le pasteur Martin : elle s'ouvre sur deux documents de LL.EE., datés du 4 avril 1791, qui blanchissent le pasteur de toutes les inculpations dont il avait été l'objet. Mais le corps principal du texte est la chronique de son retour et de son triomphe. Sur un ton emphatique, l'auteur relate heure après heure les étapes du voyage de retour du héros : Lucens, Moudon, Bressonaz, Mézières. Aucun détail n'est épargné au lecteur afin de lui communiquer l'enthousiasme et l'émotion des paroissiens qui accueillent leur pasteur. *Quel spectacle que celui de tout en Peuple qui venge l'humanité opprimée, et rend hommage au mérite persécuté* ; les nombreux commentaires de ce style qui parsèment le texte contribuent évidemment à faire de l'événement une action exemplaire, et du pasteur Martin un véritable héros. Les patriotes vaudois (J.-J. Cart et F.-C. de La Harpe en particulier) en feront un précurseur qui s'est courageusement élevé contre les abus de pouvoir de LL.EE. et les historiens vaudois prendront le relais jusqu'aux fêtes du centenaire du canton de Vaud en 1903 lorsque René Morax fera de l'affaire Martin le sujet de *La Dîme*, pièce qui est à l'origine du Théâtre du Jorat. P. C.

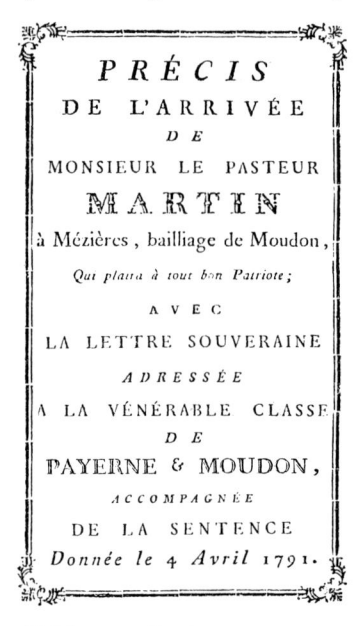

80. Pierre Bel (1742-1813).
Carte topographique de la Grande Route de Berne à Genève [...].
Eaux-fortes, 17 pages, 1er février 1783
MHAE

81. Anonyme.
Portrait du pasteur Martin [1737-1818].
Huile sur toile, 79×63,5 cm
Lausanne, Musée de l'Elysée (collections iconographiques vaudoises)
Bibl. : *Au peuple vaudois, 1803-1903, souviens-toi !*, Lausanne, Payot, 1903, pl. XLI

Jean-Rodolphe Martin, de Rossinières, est pasteur à Cotterd de 1771 à 1779, puis il s'installe dans la paroisse de Mézières de 1779 à 1792. Il n'existe pas de biographie du pasteur Martin et les dictionnaires sont très laconiques sur sa vie. Il semble bien être l'homme d'une seule action et, pour la postérité, sa personne se confond avec l'« affaire Martin ». P. C.

82. Lettre souveraine adressée à la Vénérable Classe de Moudon et de Payerne avec la copie de la sentence du 4 avril 1791. Manuscrit, 3 p.
Actes du Conseil secret, t. XIV, nº 103
Berne, Archives de l'Etat

83. Gazette universelle, ou papier-nouvelles de tous les Pays et de tous les jours, seconde année, 14 janvier, 18 janvier et 17 mai 1791.
BCU

Ces divers extraits de la Gazette universelle montrent que l'affaire Martin est un événement qui a des répercussions internationales dans le contexte de l'époque. Nous pouvons en outre constater, une fois de plus, que les nouvelles vont vite et que tout un réseau d'informateurs plus ou moins clandestins permet une diffusion rapide et efficace de la moindre information qui pourrait servir à la cause révolutionnaire. P. C.

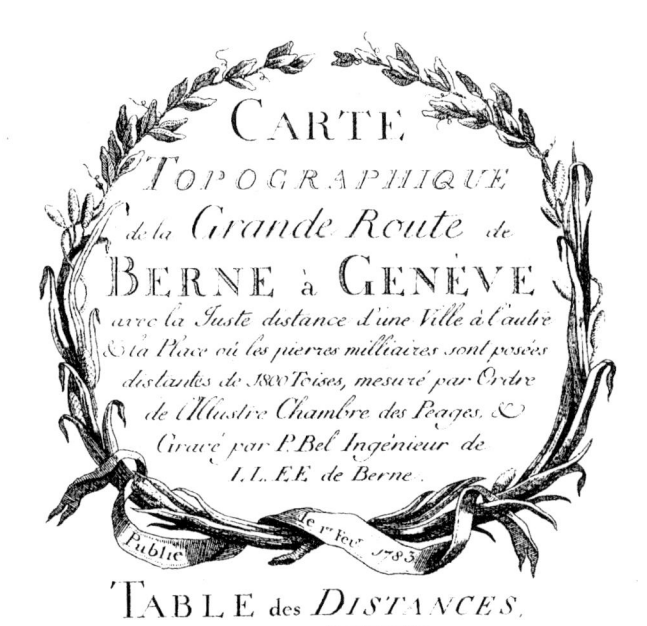

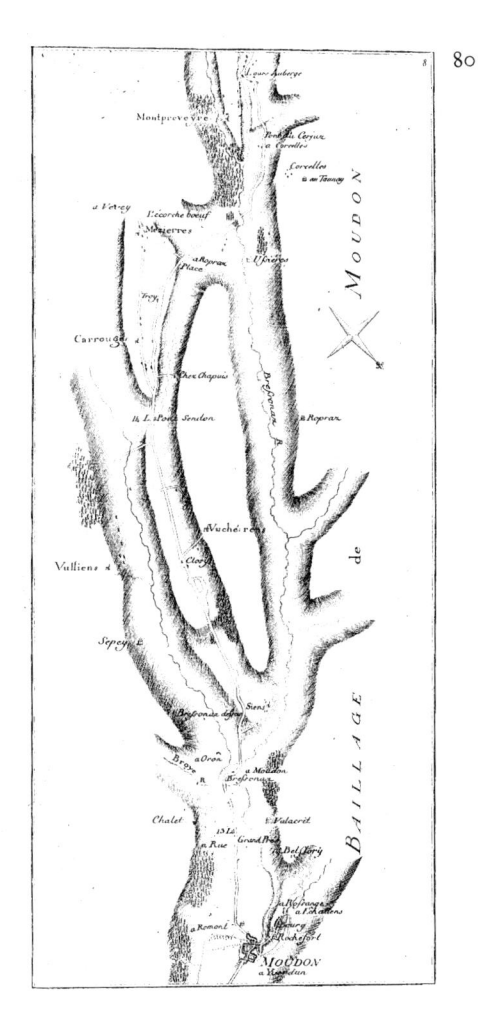

« Allons-enfants de la patrie ! »
La chanson, l'hymne et la fête révolutionnaires

De tout temps, la chanson et la fête ont été des formes fondamentales de l'expression populaire ; mais c'est l'élan révolutionnaire de 89 qui leur a donné une place et une fonction qu'elles n'avaient pas auparavant, car elles se prêtaient à être utilisées à fins politiques, idéologiques et sociales, c'est-à-dire qu'elles pouvaient devenir dans certaines conditions, un instrument de propagande.

Dans la chanson révolutionnaire et dans l'hymne patriotique donc, se lisent à partir de 1789 les sentiments et les émotions d'un peuple qui veut faire entendre sa voix dans les affaires publiques. Plus de trois mille chansons et un grand nombre d'hymnes venus jusqu'à nous expriment les rêves patriotiques et civiques, les espoirs, les explosions de joie ou de colère de la nation française, comme l'écho populaire des événements et des idées qui dominaient la scène révolutionnaire.

La chanson

La musique, en elle-même, ne présente qu'un intérêt relatif ; en effet, le plus souvent, les airs étaient empruntés au répertoire traditionnel de la chanson populaire, à la musique de salon et même au théâtre lyrique. En revanche, les paroles ont conservé un intérêt documentaire certain car elles révèlent la complexité des courants de pensée, la richesse des images et la diversité des aspirations et des revendications. En revanche, les paroliers étaient généralement des personnes possédant un certain degré d'instruction : parmi eux on relève des médecins et des avocats, des fonctionnaires de bas rang, des officiers et des soldats, mais aussi des chanteurs de cabaret et de rues et des artistes d'opéra. Bon nombre de chansons sont restées anonymes.

Il serait difficile d'établir ici une thématique raisonnée de la chanson révolutionnaire, tant les sujets sont variés et circonstanciels. On distingue des chansons consacrées à la patrie, à l'humanité, aux martyrs de la liberté ; nombre d'entre elles, parfois en termes orduriers, sont dirigées contre le roi et la reine, contre la noblesse et le clergé et, surtout, contre la tyrannie sous toutes ses formes. Le répertoire paraît illimité puisque s'y trouvent des thèmes aussi divers que l'actualité sociale et économique[1], les péripéties de la politique, ou encore la gloire de la guerre révolutionnaire.

De ce répertoire, l'histoire a retenu deux chansons qui, à bien des égards, peuvent être considérées comme des prototypes de la chanson révolutionnaire. La plus connue[2] est le *Ça ira* (1790) dont les paroles sont attribuées à Ladré, un chanteur de rues, la musique étant *Le Carillon national*, une contredanse de Bécourt. La deuxième est *La Carmagnole* (1792) dont les origines paraissent provenir de milieux populaires, mais dont l'auteur et le compositeur demeurent inconnus.

Les grands hommes de tous les temps, héros et martyrs de la liberté, victimes de la tyrannie et défenseurs des causes populaires, occupent une bonne place dans le répertoire de la chanson révolutionnaire. Il y a là une tentative délibérée des autorités de diriger le peuple à s'inspirer de l'exemple des grands hommes. A cet effet, le 2 août 1792, le Comité de salut public invite la Convention nationale à promulguer une loi sur les spectacles qui aurait pour effet de *former de plus en plus, chez les Français, le caractère et les sentiments républicains*. L'article premier précise que sur certaines scènes parisiennes, trois fois par semaine, seront représentées *les tragédies de Brutus, Guillaume Tell, Caius Gracchus et autres pièces dramatiques qui retracent les glorieux événements de la Révolution, et les vertus des défenseurs de la liberté*. Guillaume Tell occupait une place de choix dans l'esprit des idéologues, et sa popularité s'étendait à la rue comme le rappelle la *Romance historique sur Guillaume Tell*. La musique est de Gaveaux, un compositeur d'ariettes, et les paroles du citoyen Drouin. Il s'agit d'une sorte de ballade où, en vingt-six couplets, on fait le récit de la geste du héros tutélaire des Suisses dans la lutte contre le tyran autrichien. On retrouvera cette image dans des chansons composées à la même époque en Suisse.

L'hymne révolutionnaire

Si la chanson fut principalement circonstancielle et populaire ; l'hymne révolutionnaire, en revanche, était la création de musiciens chevronnés et de poètes cultivés. Dans la majorité des cas, ces œuvres étaient commandées par l'Etat ou par des institutions placées sous son contrôle, à l'occasion de fêtes, de célébrations ponctuelles et autres manifestations pouvant servir la cause républicaine.

La plupart des hymnes nous paraissent très abstraits, voire ésotériques, notamment ceux consacrés à des principes politiques (la Fédération, l'Union, etc.) ou ceux associés au culte de la Raison, de l'Etre Suprême, de la Nature, de l'Agriculture, de la foi conjugale et d'autres vertus républicaines. Ces œuvres grandioses sont bien oubliées de nos jours. Cela n'est pas le cas, toutefois, de certains hymnes patriotiques qui doivent à leurs qualités musicales et poétiques de figurer dans les annales de l'histoire. L'hymne patriotique composé en 1792 par Rouget de Lisle sous le titre *Chant de guerre pour l'armée du Rhin*, connu très tôt sous le nom de *La Marseillaise*, devient, au XIXe siècle l'hymne national des Français[3] et le chant de ralliement des révolutionnaires dans le monde entier ; il était connu en Suisse quelques semaines après son succès parisien. Le *Chant du départ* (paroles de M.-J. Chénier, musique de Méhul), composé en 1794, est resté un modèle de musique patriotique et fait partie du répertoire des orchestres et fanfares militaires.

La fête révolutionnaire[4]

En appelant les citoyens à participer à des fêtes civiques et à des commémorations nationales, la République a créé le modèle de la fête démocratique, parfois démagogique, destinée à rallier le peuple autour de symboles, de mythes et de rites illustrant l'unité de la Nation et de l'Etat[5]. Rien n'était spontané dans ces festivités fort coûteuses pour lesquelles on faisait appel à toutes les formes d'expression artistique : la rhétorique et la poésie, la musique et la danse, et aussi l'architecture, la sculpture, la peinture ; le tout étant placé sous la direction d'un maître de cérémonies. Le peintre officiel de la République, J.-L. David, a été l'ordonnateur de plusieurs grandes fêtes des années quatre-vingt-dix.

Il n'est pas question de rappeler ici toutes les fêtes de la Révolution ; mais la Fête de la Liberté, également désignée comme *Fête de Châteauvieux*, mérite que l'on s'y arrête car elle est très représentative de l'esprit du temps[6] et elle intéresse les Suisses. En effet, elle a été motivée par un geste généreux de la Révolution à l'égard de mercenaires suisses de la monarchie, condamnés aux galères à la suite d'une mutinerie en 1790 que l'on voulait réhabiliter et honorer publiquement. La fête de Châteauvieux se déroula le 15 avril 1792 sur un scénario relativement simple : un cortège de la place de la Bastille au Champ-de-Mars et diverses cérémonies. Cortège très typique de ces défilés festifs mêlant symboles et allégories les plus diverses, il était ouvert par des hommes portant de lourdes pierres sur lesquelles étaient gravés les articles de la Déclaration des droits de l'homme ; venaient ensuite les bustes des précurseurs de la Révolution dont Voltaire, Rousseau et

86

Première fête de la Liberté à l'occasion des quarante soldats de Château-Vieux, arrachés des galères de Brest.

Franklin ; deux sarcophages à l'antique commémoraient les victimes du massacre de 1790, tandis qu'une galère miniature rappelait le châtiment des mutins ; puis, *précédés de leurs chaînes suspendues à des trophées*, les quarante Suisses du régiment de Châteauvieux mêlés à des volontaires et des soldats de ligne ; et en queue le char de la Liberté. Le cortège s'arrêta au Champ-de-Mars où se déroulèrent cérémonies et rites ponctués par des discours et des chants. M.-J. Chénier et Gossec avaient collaboré à cette occasion à un *Chœur à la liberté* et une *Ronde nationale*. Et en ville des chansons populaires moins solennelles étaient chantées à la gloire de la liberté et des mutins suisses[7].

La Liberté trônait sur un char *modelé sur l'antique* pour lequel David avait conçu un décor allégorique sur les panneaux latéraux où étaient représentées des scènes de la vie de Brutus l'Ancien et de Guillaume Tell. Ce dernier était dépeint *dirigeant un javelot, dont le but était une pomme placée sur la tête de son fils ; mais à ses pieds on aperçoit le fer d'un autre javelot qui doit rendre l'indépendance à la Suisse, en punissant à mort le gouverneur autrichien*[8]. D'autres images et symboles décoraient le char dans la meilleure tradition antique et républicaine.

Le modèle de la fête républicaine mis au point sous la Révolution n'a pas véritablement trouvé des imitateurs ; mais la conception même de la fête-spectacle nationale et populaire s'est dès lors inscrite dans la conscience politique de l'Etat moderne, quels que soient les régimes du moment[9].

☆

La culture révolutionnaire en Suisse

Les derniers dix ans de l'Ancien Régime en Suisse ont été marqués par des événements politiques, par des conflits d'idées et des actes subversifs que venait alimenter une intense propagande en provenance de France. Le ferment révolutionnaire s'est aussi manifesté dans la chanson importée de France (parfois adaptée aux circonstances helvétiques) ou composée en Suisse même sur le modèle français. En revanche, au cours de ces années troublées, la fête républicaine ne semble pas avoir influencé la fête communautaire des Suisses mais cela viendra au XIXe siècle, dans les premières fêtes nationales suisses.

La chanson et la subversion

A la fin du XVIIIe siècle, la chanson traditionnelle du peuple suisse était en voie de disparition. Depuis le XVIe siècle et la Réforme, autant les autorités civiles qu'ecclésiastiques avaient réussi à étouffer l'expression musicale populaire au profit des psaumes et des cantiques de la liturgie. Certaines formes musicales de la tradition survivaient dans les vallées alpestres où l'on chantait encore des chants de travail, tel le ranz des vaches, nécessaire pour « gouverner » le bétail, et dans des hymnes d'origine religieuse, telle la prière du soir *(Alpensägen)* qu'aucun interdit ne pouvait chasser des consciences. Par ailleurs, un répertoire de chants populaires d'origine étrangère subsistait et se renouvelait parmi la jeunesse et les enfants.

La musique instrumentale n'était pas plus développée. Dans les milieux populaires, l'accompagnement musical des fêtes publiques et privées était assuré par des musiciens ambulants, des petites formations orchestrales et des amateurs. Musique plutôt banale, au goût du jour, qui n'a laissé que peu de traces si ce n'est sous la forme de citations et de variations dans des œuvres savantes. Au sein de la haute société, la musique figurait en bonne place : elle faisait partie des grâces sociales et du train de vie des familles privilégiées. Elle était en tout point conforme aux modes des milieux aisés des pays voisins, mais à une échelle plus modeste !

C'est dans ce climat musical plutôt aride que déferle, à partir de 1789, le flot de la chanson révolutionnaire. Dès 1790, on entend le *Ça ira*, plus tard *La Carmagnole* et *La Marseillaise*, souvent sous la forme d'adaptations et de pastiches[10]. D'autres chansons venues de Paris se répandent dans tout le pays sans que nous puissions, aujourd'hui, en faire le catalogue car elles ont disparu sans laisser grand souvenir. Ce n'est qu'à partir de 1798, après la Révolution helvétique, que l'on commence à publier des chansonniers patriotiques où l'on retrouve des chansons venues de France mélangées à des chansons suisses dont certaines sont plus dans le goût populaire que révolutionnaire.

Les *Etrennes aux Vaudois, ou Recueil de chansons patriotiques*, publiées par un éditeur lausannois en 1799, sous la République helvétique, est une véritable anthologie des chansons qui circulaient en Suisse. On trouve dans ce recueil, hélas sans références musicales, le texte de chansons importées de France telle cette *Chanson républicaine* de 1793, attribuée à Rouget de Lisle[11], ainsi que des paroles écrites en Suisse, comme la *Chanson des démocrates suisses* qui figurait au répertoire patriotique de 1791 déjà, quand on l'avait chantée au banquet des Jordils célébrant le deuxième anniversaire de la prise de la Bastille.

Comme on peut s'y attendre, Guillaume Tell figure souvent dans le chansonnier lausannois, notamment dans la curieuse *Romance*[12] dans laquelle un parallèle est établi entre Roland de Roncevaux, le paladin de Charlemagne et Guillaume Tell, le héros helvétique, dans la défense de la patrie !

L'opposition à la Révolution, tant en France qu'en Suisse, s'exprimait par la chanson ; malheureusement nous connaissons encore très mal ce répertoire. Un des rares exemples venu jusqu'à nous, les *Couplets helvétiques*, a été entendu le 26 mai 1794 au cours d'une fête organisée par des officiers vaudois fidèles à Berne.

La censure et la répression

L'Ancien Régime, comme tout régime politique, exerçait la censure à l'égard des mouvements et des manifestations qui pourraient agiter les esprits et troubler la paix civile. Devant le flot de propagande politique provenant de France ou née au sein des milieux subversifs suisses, les autorités étaient obligées de réagir en prenant des mesures que la loi autorisait et que les usages sanctionnaient. Les archives suisses sont riches en proclamations, décrets et arrêtés à l'encontre de chants et d'airs subversifs que l'on entendait alors. Le 17 mai 1794, par exemple, le bailli de Berne à Vevey, Ch.-E. de Watteville, rappelle les citoyens à l'ordre dans une proclamation disant que *depuis quelque temps on se permet de nouveau publiquement, dans les rues, sur les places publiques et dans les cabarets et pintes de cette ville, le chant de chansons révolutionnaires française, ces chansons étant défendues...* Il conclut en menaçant les contrevenants de les punir.

L'esprit de censure était si développé qu'il pouvait verser dans l'absurdité. Ainsi en 1796, le bailli de Berne à Lausanne fit « exécuter » un merle qui sifflait le *Ça ira*, comme le rapporte F.-C. de Laharpe dans son *Essai sur la Constitution du Pays de Vaud* (Paris, 1796).

Les fêtes en Suisse

La Suisse des XIII cantons, dans sa diversité, ne se prêtait pas à l'organisation de fêtes ou de manifestations didactiques de portée nationale. A l'instar de toute société, il existait des occasions de festivités et de célébrations d'origine religieuse ou civique que la tradition endossait et que l'autorité encourageait.

La fête communautaire

Les festivités laïques avaient en Suisse un caractère essentiellement communautaire et démocratique ; elles étaient associées à des traditions locales telles les fêtes des corporations et des confréries dans les villes, les abbayes de tir un peu partout, les concours sportifs, notamment la lutte, dans les régions rurales et montagnardes. A l'intérieur de communautés et de groupes foncièrement homogènes, dans lesquels régnait une égalité de fait parmi les membres, les fêtes étaient l'occasion de rencontres, de cortèges, de divers rites et, généralement, d'agapes en célébration d'un événement marquant de la collectivité. La vie de toute société repose sur quelque mythe fondateur qui, à travers des commémorations périodiques, rappelle les origines et le caractère essentiel de la communauté ; c'est alors que l'on organise des fêtes au cours desquelles des représentations et des jeux publics illustrent le passé et légitiment le présent. Dans les cantons primitifs de la Suisse centrale, encore au XVIIIe siècle, la lutte pour l'indépendance était très présente dans les esprits. Une tradition s'était établie de commémorer les origines historiques et mythiques de la communauté à travers la geste de Guillaume Tell, le héros tutélaire des Suisses[13].

A cet égard, la fête de Guillaume Tell à Arth, dans le canton de Schwyz au cours du dernier tiers du XVIIIe siècle, est très intéressante car c'est aussi la préfiguration du *Festspiel* des XIXe et XXe siècles. En effet, on y retrouve les principaux aspects et rites de ces manifestations, c'est-à dire le rappel des événements ou des mythes fondateurs de la communauté évoqués dans un cortège symbolique, la représentation d'un drame historique, des cérémonies ad hoc et des discours exhaltant la patrie et la liberté. Ce qui est frappant dans ce genre de fêtes, c'est la participation active de la population en tant qu'acteurs et spectateurs. Un observateur français qui décrit le spectacle schwitzois avec beaucoup de détails et de citations, observait qu'*il n'y a que le Suisse qui puisse comprendre l'émotion profonde que causa ce drame national, et encore, le Suisse des montagnes...*[14].

La Fête des Vignerons, une ancienne tradition veveysanne, est un exemple de célébration locale d'origine corporative qui, au fil des ans, s'est enrichie d'éléments divers lui donnant graduellement une signification culturelle nouvelle. Tout d'abord, il s'agissait de la célébration d'une confrérie de vignerons, destinée à honorer et récompenser périodiquement les meilleurs d'entre eux. Peu à peu, la manifestation coutumière se charge de symbolisme et d'allégories associés à la culture de la vigne, aux travaux agricoles et au cycle des saisons ; des références bibliques et mythologiques, dans le goût de classicisme du XVIIe et du XVIIIe siècle, trouvent une place dans le cortège des vignerons et dans les jeux chantés et dansés selon un modeste scénario : la fête devient alors un véritable spectacle communautaire pour les habitants de la région ; ce n'est qu'à partir de 1819 qu'elle devient un événement d'importance cantonale et seulement en 1833 qu'elle acquiert une renommée nationale, voire internationale[15].

La fête de 1791 est encore une manifestation à caractère local placée sous la haute surveillance des autorités de Berne. Le bailli, comme c'était son devoir, veille à ce que rien ne vienne *causer quelque désordre ou devenir dangereux pour la paix publique*. Les documents d'époque font état de la suppression de certains couplets de chansons qui paraissaient alors subversifs, en faveur de paroles plus conformes à l'esprit de la fête[16].

L'esprit communautaire et local de ces fêtes était donc très éloigné de celui des fêtes nationales que la République organisait à Paris et en province afin d'endoctriner la Nation tout entière.

La fête subversive

La tourmente révolutionnaire qui s'abat sur la France trouve un écho immédiat parmi les sympathisants vaudois, sujets de Berne, qui voient dans les événements de 1789 l'aboutissement de leurs rêves de liberté. C'est alors qu'ont lieu des manifestations ponctuelles destinées à marquer la solidarité des Suisses à la Révolution et leur adhésion aux nouvelles idées. Pour fêter l'anniversaire de la prise de la Bastille, des partisans d'un nouvel ordre organisent le 14 juillet 1791 à Lausanne et à Vevey, le 15 à Rolle, des manifestations qui eurent un très grand retentissement sur la population et provoquèrent une vive réaction à Berne ; c'est la « campagne des banquets », fameuse dans l'histoire vaudoise. Ces manifestations essentiellement urbaines, devaient réunir au cours d'agapes amicales, un nombre restreint de convives (environ 150 à Lausanne, 71 à Vevey) ayant des intérêts communs et des revendications politiques, sociales et économiques. Parmi les participants on comptait surtout des membres des classes aisées, *un grand nombre des premières familles du pays*, dit un document, ainsi que des membres de diverses professions, des fonctionnaires, des commerçants et banquiers, des officiers, mais pas d'artisans ou d'ouvriers.

Si l'on se réfère aux rares descriptions[17] contemporaines à ces banquets, il ressort que le cérémonial était très simple, comprenant des discours, des chants (dont le *Ça ira* et, du moins aux Jordils à Lausanne, la *Chanson des démocrates suisses* déjà citée). De nombreuses « santés », c'est-à-dire des toasts bien arrosés, ont été prononcées ; elles dénotent l'orientation révolutionnaire, patriotique et civique qui dominait ces manifestations. Ainsi, à Vevey, on leva le verre *Aux amis de la liberté, qui célèbrent ce jour admirable* ainsi qu'*à la Patrie Suisse, à la Nation française, à l'Assemblée nationale* et, plus tard dans la soirée, *Aux frères et amis en fête à Ouchy*, ainsi qu'aux gardes nationales de la France, aux braves habitants de Paris, au bon peuple du pays de Vaud.

Après le banquet, à Lausanne et à Vevey, les convives se rendirent en cortège au bord du lac et montèrent dans des barques illuminées et décorées aux couleurs de la République française, tandis qu'à Rolle, le lendemain, s'organisait un cortège qui parcourut la ville précédé du drapeau de l'abbaye de l'Arc, surmonté du chapeau de Guillaume Tell, lui-même, orné de rubans tricolores, escorté d'officiers sabre au clair, comme le rapporte l'historien Verdeil. Les banquets avaient pour cadre la propriété des abbayes de l'Arc à Vevey et à Rolle, tandis qu'à Lausanne les patriotes se réunirent sous les marronniers de la propriété du banquier Charles S. Dapples aux Jordils. Des décorations conformes à l'esprit de l'heure avaient été prévues, notamment des cocardes tricoles, des emblèmes de la Révolution, le chapeau de Guillaume Tell et des guirlandes. Les participants eux-mêmes étaient décorés de cocardes et de rubans tricolores, ainsi que de fleurs et de boutons avec des slogans tels que *Vivre libre ou mourir*.

Bien que ces fêtes n'eussent rien de populaire dans leur déroulement, elles attiraient les foules qui, dans une certaine mesure, y participaient. Un correspondant de l'époque raconte un incident très révélateur qui s'est passé à Vevey après le cortège : *Une voix s'est alors écriée : 'Tout le plaisir ne doit pas être pour nous ; il faut songer à nos frères pauvres.' On a recueilli aussitôt le tribu d'humanité, qui s'est trouvé considérable, eu égard aux facultés de la plupart. Cette bonne action a augmenté la gaîté ; chacun la témoignait à sa manière, les uns par des danses, d'autres chantaient le* Ranz des vaches*, d'autres appelaient les plus pauvres spectateurs pour leur donner du vin...*[18]

Les conséquences de la campagne des banquets furent très graves pour les participants : tout le poids de la justice de Berne s'exerça contre eux ; il y eut même une punition collective pour la ville de Lausanne, tandis que les peines individuelles allaient de la réclusion prolongée, au banissement, des arrêts plus ou moins longs, aux blâmes et aux amendes.

On ne saurait comparer ces manifestations de solidarité à la cause révolutionnaire, aux fêtes traditionnelles des Suisses dont elles n'avaient pas le caractère coutumier, ni aux fêtes révolutionnaires françaises dont elles n'avaient ni l'ampleur ni les objectifs didactiques. A certains égards, on pourrait les comparer aux *happenings* du XXe siècle qui rassemblent des groupes assez homogènes décidés à « faire la fête » au nom de la liberté et d'un nouvel ordre social.

Des fêtes que connaissait la Suisse à la fin du XVIIIe siècle, seules celles de la tradition coutumière ont survécu *mutatis mutandis* jusqu'à nos jours ; certaines d'entre elles ont inspiré au XIXe siècle la tradition du *Festspiel*, véritable spectacle et fête démocratique. Les fêtes subversives de la campagne des banquets, n'ont été que des incidents ponctuels du combat en faveur de la liberté vaudoise ; elles appartiennent à l'histoire plutôt qu'à la tradition de la fête. Quant aux fêtes nationales de source républicaine qui apparaissent au moment de la République helvétique (1798-1803), elles ne sont restées qu'à l'état de projets. Toutefois, l'idée de manifestations collectives à finalités civiques et à l'échelle de la Confédération, s'est matérialisée au XIXe siècle dans les fêtes fédérales de tir, de gymnastique et de chant qui ont contribué à réveiller et entretenir la conscience nationale et l'unité morale du peuple suisse[19].

G.-S. MÉTRAUX

Notes

1. Par exemple : *Avis aux administrateurs de la Caisse d'Escompte, Chant dithyrambique pour l'entrée triomphale des objets de science et d'art recueillis en Italie, Récits des travaux faits au Champs-de-Mars.*

2. A propos du *Ça ira*, Anacharsis Cloots, un révolutionnaire originaire de Prusse, se serait exclamé : « C'est notre *Ranz des vaches.* » En Amérique du Sud, au temps des révolutions nationales, on le chantait en espagnol ; en 1848, au moment de la révolution en Hongrie, le poète Sandor Petöfi le chantait en latin !

3. C'est la Révolution française qui a inventé l'hymne national que tout Etat s'est donné au XIXe siècle. Dans les monarchies et empires de droit divin, l'Etat et le peuple étaient personnifiés par le roi ou l'empereur pour lequel on demandait la protection divine : en Grande-Bretagne l'« hymne national » est le *God save the King*, en Russie, c'était *Dieu protège le Tsar*. En Grande-Bretagne, l'anniversaire du souverain correspond à la fête nationale.

4. Il faut se rappeler que la fête révolutionnaire n'est que l'extension à l'ensemble de la nation, des fêtes de l'Ancien Régime qui, à l'exception peut-être des « joyeuses entrées », ne concernaient pas l'ensemble de la population, mais plutôt l'entourage du souverain et de la noblesse. A partir de la Renaissance, les fêtes du pouvoir s'inspirent de la tradition de la fête antique et impériale (cf. Roy Strong, *Art and Power : Renaissance Festivals, 1450-1650*, Londres, Boydell Press, 1984) que la République adaptera dans le style néo-classique.

5. La fête devient alors l'auxiliaire du pouvoir et les grands cortèges et défilés militaires symbolisent le régime politique et les idées qui le sous-tendent. Le défilé du 14 juillet est une représentation de la nation française... les citoyens en armes.

6. La Fête de la Liberté ou de Châteauvieux a fait l'objet de violentes controverses au moment même de sa célébration. Cf. Julien Tiersot, *Les Fêtes et les chants de la Révolution française*, Paris : Hachette, 1908, p. 69 ss. et Mona Ozouf, *La Fête révolutionnaire, 1789-1799*, Paris, Gallimard, 1976, p. 81 ss.

7. Trois de ces chansons populaires sont venues jusqu'à nous : *Chanson de Châteauvieux* (1792) par Boy, air : *Ton mouchoir, belle Raimonde* ; *Romance des soldats de Châteauvieux* (1792) par T. Rousseau, air : *Charmante Pastourelle* dont il existe une autre version : *Les Crimes et les forfaits de Bouillé*, mis en romance par T. Rousseau, air : *O ma tendre musette* ; *Couplets chantés au café des Prêcheurs à la réception des Suisses de Châteauvieux* (1792), air : *Pauvre Jacques*.

8. Selon une relation du périodique *Révolutions de Paris* citée dans M. Ozouf, *La Fête révolutionnaire...*, pp. 82-84.

9. Les fêtes organisées dans les années trente (et encore aujourd'hui) par les régimes totalitaires évoquent formellement l'esprit de la fête révolutionnaire : pompe et démagogie !

10. L'air de la *Marseillaise* se retrouve notamment dans la *Chanson patriotique suisse*, mais sur l'hymne des Marseillois (1793) et l'*Hymne des habitants du Pays de Vaud* (1798).

11. La *Chanson républicaine* est un appel au patriotisme, à l'égalité, à la liberté et à une « république universelle ». Elle commence par ce vers : *Où courent des peuples épars/ Quel bruit fait trembler la terre. Mourons pour la patrie* en est le refrain. La musique est de Rouget de Lisle et date de 1793.

12. Le poème est de Sedaine, auteur de *Guillaume Tell* (1791), mis en musique par Grétry et présenté à l'Opéra ; mais l'air de cette chanson serait de Rouget de Lisle.

13. Dans son *Histoire de la Suisse*, l'historien-patriote Johannes von Müller avait observé : *Il y a quelques années [vers 1776 ?] que dans les jours destinés à de grands divertissements, les jeunes gens, animés du sentiment de l'antique vertu suisse, représentèrent, avec les mœurs et les usages des anciens temps, les scènes de la liberté défendue aux lieux où chaque fait s'est passé et au milieu de joyeux concours de leurs pères et de tout le peuple. Histoire de la Confédération suisse*, trad. par Charles Monnard et Louis Vuillemin, Paris/Genève, 1837, II, p. 283. Guillaume Tell était le véritable prototype du héros de la liberté. Même en Amérique il était connu et admiré, cf. le premier opéra composé sur le territoire des Etats-Unis : W. Dunlap, *The Archers, or, Mountaineers of Switzerland*, présenté à New York en 1796.

14. Jean-Marie Jérôme de Langle, *Tableau pittoresque de la Suisse* (Paris, 1790), auquel a été emprunté la description de la fête d'Arth ci-dessus.

15. La Fête des Vignerons acquiert à cette époque une réputation qui va bien au-delà de la région veveysanne, en effet, le nombre de touristes étrangers est en augmentation et l'intérêt pour tout ce qui concerne le folklore suisse est très vif. Il appartenait à James Fenimore Cooper, l'auteur du *Dernier des Mohicans*, de donner dans un roman une description détaillée de la Fête des Vignerons et un commentaire sur ce qu'elle pouvait signifier pour les Suisses. Cooper est très frappé par le caractère communautaire et patriotique de l'événement. Voir le roman *The Headsman, or The Abbaye des Vignerons*, Londres, 1833.

16. Edouard Rod examine cette question dans *La Fête des Vignerons à Vevey. Histoire d'une fête populaire*, Lausanne, Payot et Cie, 1905, p. 22 ss.

17. Textes cités dans la *Revue historique vaudoise*, 1903, pp. 175-176.

18. Cité par Alfred Cérésole, *Note historique sur la ville de Vevey [...]*, Vevey, Loertscher, 1890, pp. 93 ss.

19. La *Fêtes des bergers d'Unspunnen* (1805 et 1808) était une fête de style communautaire traditionnelle consacrée aux jeux et aux sports alpestres et à la renaissance de la musique populaire en Suisse. Elle avait été créée par des notables bernois dans le but de promouvoir une tradition qui intéresserait tous les Suisses : c'était une fête essentiellement démocratique.

Bibliographie

Constant PIERRE, *Les Hymnes et les chansons de la Révolution française*, Paris, Imprimerie nationale, 1901.

— *Les Hymnes et chansons de la Révolution : Aperçu général et catalogue avec notices historiques, analytiques et bibliographiques*, Paris, Imprimerie nationale, 1904.

Adelheid COY, *Die Musik der französischen Revolution : Zur Funktionsbestimmung von Lied und Hymne*, Munich et Salzburg, Musikverlag Emil Katzbichler, 1978.

Les Fêtes de la Révolution, actes du colloque de Clermont-Ferrand (juin 1974), recueillis et présentés par Jean EHRARD et Paul VILLANEIX, Paris, Société des études robespierristes, 1977.

Mona OZOUF, *La Fête révolutionnaire, 1789-1799*, Paris, Gallimard, 1976.

Julien TIERSOT, *Les Fêtes et les chants de la Révolution française*, Paris, Hachette, 1908.

Jacques BURDET, *La Musique dans le pays de Vaud sous le régime bernois, 1536-1798*, Lausanne, Payot, 1963.

— *Les Origines du chant choral dans le canton de Vaud d'après des documents inédits*, Lausanne, Association vaudoise des directeurs de chant, 1946.

AH! ÇA IRA, DICTUM Populaire

Air du Carillon National

[notation musicale : Ah! ça ira ça ira ça ira le peuple en ce jour sans cesse répète ah! ça ira ça ira ça ira malgré les mutins tout réussi ra Nos ennemis confus en restent la et]

84. Ah! ça ira, Dictum Populaire, air du Carillon National. Chez Frere, Passage du Saumon.
Imprimé (paroles et musique)
Paris, Bibliothèque nationale
Reproduction Bulloz

85. Chanson des Marseillois, chez Goujon, grande Cour de l'Egalité.
Imprimé (paroles et musique)
Paris, Bibliothèque nationale
Reproduction Bulloz

86. Anonyme.
Première fête de la Liberté à l'occasion des quarante soldats de Château-Vieux, arrachés des galères de Brest.
Vers 1792
Eau-forte, t. c. 9,2×14,7
Planche n° 145 des *Révolutions de Paris, dédiées à la Nation et au District des Petits-Augustins*
Berne, Bibliothèque nationale suisse
Bibl. : Pupil, 1976, n° C 5 ; Biver, 1979, n° 23

87. Chœur à la liberté, paroles de M.-J. Chenier, musique de Gossec. Extrait du *Récit exact de ce qui s'est passé à la fête de la liberté le 15 avril 1792 [...]*. Paris, imp. du Cercle social, s. d. [1792].
Paris, Bibliothèque nationale
Bibl. : Tourneux, 1890-1908, t. 1, n° 3187 ; Pierre, 1899, n° 75 (transcription) ; Pierre, 1904, n° 149 et cat. n° 12

88. Ronde nationale, chantée à la fête de la Liberté [...], le dimanche 15 avril 1792, paroles de M.-J. Chenier, musique de Gossec. Extrait du *Récit exact de ce qui s'est passé à la fête de la liberté le 15 avril 1792 [...]*, Paris, imp. du Cercle social, s. d. [1792].
Paris, Bibliothèque nationale
Bibl. : Tourneux, 1890-1908, t. 1, n° 3187 ; Pierre, 1899, n° 74 (transcription) ; Pierre, 1904, n° 149 et cat. n° 13

89. Chanson de Châteauvieux, par Boy. Air « Ton mouchoir, belle Raimonde ». Extrait des *Détails de la fête de la liberté qui a eu lieu le dimanche 15 avril, l'an IV de la liberté*. S.l.n.d. [1792], 20 p.
Paris, Bibliothèque nationale
Bibl. : Tourneux, 1890-1908, t. 1, n° 3186 ; Pierre, 1904, n° 148 et cat. n° 616.

90. Romance des soldats de Châteauvieux, par T. Rousseau, air « Charmante pastourelle ». Se trouve au Palais Royal et chez les marchands de nouveautés, 1792
Paris, Bibliothèque nationale
Bibl. : Pierre, 1904, cat. n° 617

(26)

91

ROMANCE
HISTORIQUE,
Sur GUILLAUME TELL.

Paroles du Citoyen DROUIN.

Musique du Citoyen GAVEAUX.

Du brave TELL chantons la gloire,
Vrai héros de la Liberté,
Il est au temple de mémoire,
Il vit dans l'immortalité.

Ennemi de la tyrannie,
De la vertu le défenseur,
GUILLAUME affranchit sa patrie,
D'un GESLER, barbare oppresseur.

CHŒUR.

Amour, amour de la patrie,
Et toi, qui fais notre bonheur,
Liberté, Liberté chérie !
GUILLAUME-TELL fut ton vengeur.

La Suisse est soumise et tremblante
Sous un infame gouverneur
Dont l'ame cruelle, insolente,
Par-tout imprime la terreur.

91. Romance historique, sur Guillaume Tell. Paroles du Citoyen Drouin. Musique du Citoyen Gavaux. Extrait de *Discours prononcés les jours de décade dans la section de Guillaume Tell.* Paris, Massot, t. 3, pp. 26-30.
Paris, Bibliothèque nationale
Bibl. : Pierre, 1904, n° 371 et cat. n° 1501

Du brave Tell chantons la gloire,/ Vrai héros de la Liberté,/ Il est au temple de mémoire,/ Il vit dans l'immortalité. Cette romance fut chantée à l'inauguration du buste de Guillaume Tell dans le temple de la section qui portait son nom, le 18 juillet 1794.

92. Anonyme.
Chansons a faire sur l'Air qu'on voudra – Nach einer beliebigen Weise zu singen.
1798
Eau-forte, T. c. 24,5 × 18 cm
Berne, Bibliothèque nationale suisse

Pendant la Révolution, c'est par l'intermédiaire de chanteurs ambulants et de colporteurs que les nouvelles et la propagande circulaient parmi les populations rurales et le peuple d'artisans et d'ouvriers des villes. La scène de rue très réaliste représentée par un artiste anonyme vers 1798 quelque part en Suisse, résume graphiquement les éléments marquants de la diffusion d'un message patriotique au moment où s'établissait la République helvétique. C'est là un remarquable témoignage de propagande politique où chaque détail est soigneusement calculé.
— Le cadre de la scène est une petite place publique, devant un bâtiment officiel orné du drapeau de la République.
— Les auditeurs se composent, au premier plan, d'un citadin habillé au goût du jour, d'un soldat, d'un ouvrier et d'une paysanne en costume traditionnel.
— Le chanteur et le musicien sont perchés sur un tonneau renversé et décoré d'une affiche qui promet des *merveilles en chansons*.
— Une vieille femme vend des feuilles volantes.
— Aucune référence musicale n'est fournie ; comme cela est souvent le cas à l'époque, on chantera *sur l'air qu'on voudra*.
— La scène est dominée par un tableau didactique, surmonté d'un chapeau révolutionnaire à plumes, et raconte l'histoire de la Suisse, du XVe siècle à la Révolution helvétique ; les six panneaux allégoriques expriment les idées force de la Révolution : (1) l'appel à l'union des Suisses (référence au passé historique et à Nicolas de Flüe, héros tutélaire); (2) les vices et la tyrannie des oligarchies (le mal, l'Ancien Régime) ; (3) l'intervention des armées françaises (le souffle des idées nouvelles ; la fraternité universelle) ; (4) la vaine réaction des oligarchies (la fin de l'Ancien Régime) ; (5) la guerre entre les cantons (la lutte fratricide) ; (6) devant le temple de la Concorde, l'apothéose du nouveau régime (union, égalité, indépendance, bonheur). L'artiste s'est arrangé pour donner la place d'honneur, en haut à droite, au panneau 6, le temple de la Concorde.

Utilisant le jargon, l'imagerie et le symbolisme révolutionnaires, les allégories ainsi que le texte sont très clairs et directs.

G.-S. Métraux

93. Ode sur le massacre des Gardes Suisses à Paris le 10 Août 1792. (Dédié aux Parens de ces Martyrs de la bonne foi Helvétique.) Feuillets supprimés des *Etrennes helvétiennes* pour l'an 1793.
ACV

Cette ode raconte, en quinze couplets, le massacre de la garde suisse aux Tuileries. Comme le *Chant de guerre* suivant, elle était destinée à paraître dans les *Etrennes helvétiennes* pour 1793 ; les deux chansons, violemment contre-révolutionnaires, auraient été supprimées de l'almanach, selon une annotation manuscrite qui figure au bas des feuillets conservés aux Archives cantonales vaudoises.

S. W.

94. Chant de guerre d'un Volontaire du Canton de Fribourg venu au secours de Bâle en 1792. Feuillets supprimés des *Etrennes helvétiennes* pour l'an 1793.
ACV
Bibl. : Michaud, 1978, p. 469

Le *Chant de guerre d'un volontaire de canton de Fribourg* [...] fut composé lors de la mobilisation des troupes suisses à Bâle, en 1792 ; la même année, il parut en français et en allemand chez l'éditeur bâlois Freyler.

S. W.

95. Couplets helvétiques chantés le 26e Mai 1794 au repas du Corps d'Officier des quatre Bataillons du Régiment de Morges. Sur l'air « Ecoute la France & la Gloire ». Extrait d'un recueil manuscrit intitulé *Mélanges*, pp. 96-98.
Fin du XVIIIe siècle.
AVL, dépôt de l'Association du Vieux-Lausanne
Bibl. : Burdet, 1963, p. 524

96. Hymne des habitants du Pays-de-Vaud. Sur l'Air : Allons, enfans de la patrie. S.l.n.d. [1798], 4 p.
ACV
Bibl. : Pierre, 1904, cat. n° 2009*

On connaît plusieurs adaptations vaudoises de la *Marseillaise* ; elles furent généralement imprimées sour la République helvétique. La version présentée ici parut dans le *Moniteur* du 26 janvier 1798.

S. W.

Litt. : Burdet, 1963, pp. 523-524

Chansons a faire sur l'Air qu'on voudra *Nach einer beliebigen Weise zu singen*

1. Nicolas de Flüe exhorte ses freres à etre toujours unis à ne re: cevoir ni Marques d'honneurs ni pensions des Roix et Princes étrangers.
2. Nicolas dort en paix, ses freres oublient ses conseils, le Diable leur donne des marques d'honneurs, des pensions, de l'Argent et fait naitre des abus dans leurs Gouvernements.
3. les mécontens s'adressent à la Grande nation qui envoit du monde à pied et à cheval pour mettre l'ordre, donner un gouvernement qui des 13 n'en fasse qu'un, et prend sous sa protection le 9.e et le 12.e des 13 freres.
4. les Oligarches veulent se defendre, ils sont trop foibles n'ayant point d'union entre eux, chacun ne pensant qu'à soi aussi sont ils obligés de ceder à la force, d'abandonner leur dignités et de donner tout leurs argent.
5. les plus vieux et les plus petits des 13 freres ne veulent d'abord point de nouveau gouvernement, fiers de la gloire de leurs ancêtres ils sont têtus se battent comme des lions, mais ils cedent à la Raison.
6. enfin les 13 freres se r'assemblent au temple de la Concorde, font un gouvernement fondé sur la liberté l'égalité et l'indépendance, et travaillent à la Gloire et au Bonheur de l'Helvetie.

1. Niclaus v. Flüe ermahnt seine brüder immer in Einheit zu leben, und weder Ehrenzeichen noch Gnadengehalte von auswärtigen Königen und Fürsten anzunehmen.
2. Niclaus schlaft in Frieden, seine brüder vergeßen seiner Rathschläge, der Teufel gibt ihnen Ehrenzeichen, Gnadengehalte und brav Geld. Daher Misbräuche in ihrer Regierungsart.
3. die unzufriedenen wenden sich an der Große Nation, sie schickt Reiterey und Fußvolk, um Ordnung und eine Regierung einzuführen welche aus 13 nur eine macht, und nimmt den 9.ten und 12.ten bruder unter ihren Schutz.
4. die Oligarchen wollen sich vertheidigen, sie sind zu schwach weil sie nicht zusammen stimmen, jeder denkt nur an sich. Drum mußen sie der Starke weichen, ihre würden ablegen und all ihr Geld hergeben.
5. die ältern uď kleinern der 13 brüder schlagen anfänglich die neue Regie: rungsart, stolz auf den Ruhm ihrer vorältern würden sie widerspenstig uď fechten wie Löwen aber sie wißen der Vernunft nachzugeben.
6. Endlich versammeln sich die 13 brüder im Tempel der Eintracht, ma: chen eine auf Freyheit Gleichheit und Unabhängigkeit gegründete Regie: rung und arbeiten zum Ruhm und Glück Helvetiens.

La campagne des banquets

Les banquets qui s'organisèrent les 14 et 15 juillet 1791 dans tout le Pays de Vaud pour fêter l'anniversaire de la prise de la Bastille et l'arrestation de Louis XVI à Varennes suscitèrent de telles réactions que l'on parla très vite de l'*Affaire des banquets*. Que des Vaudois célèbrent les événements de France en portant des « santés » à la Liberté, qu'ils évoquent les Etats de Vaud et leurs anciens droits, qu'ils chantent des airs subversifs et cherchent à créer des sociétés secrètes, en voilà trop pour les Bernois qui réagirent avec vigueur à ce qu'ils considéraient comme des provocations. Une Haute Commission fut chargée de l'instruction de cette affaire et on leva des troupes dans tout le pays. Le dossier de l'enquête devait être particulièrement explosif et compromettant pour des personnes haut placées : mentionné dans les archives sous le nom de *Grosse Prozedur*, il disparut peu avant la chute de l'Ancien Régime en 1798, ce qui oblige les historiens à reconstruire patiemment les faits à l'aide de documents incomplets et souvent dispersés. La complexité de cette affaire des banquets provient en outre de ce que leur origine est difficile à cerner. On peut, en effet, distinguer trois sources à ces manifestations :
— La tradition maçonnique des banquets bisannuels pour la célébration des fêtes de l'Ordre, qui semble remonter à l'Antiquité.
— La tradition des fêtes organisées en Suisse depuis la fin du XVIIe siècle à l'occasion des réunions annuelles des abbayes de tir à l'arc et à l'arquebuse.
— La grande vogue dont jouissent les banquets civiques en France depuis 1789, ces fameux repas publics qui se faisaient en pleine rue et qui se prolongeaient souvent fort tard par des « santés » et des chants patriotiques.

Si l'on parle de *campagne* des banquets, c'est que, durant les mois de juin et juillet 1791, plusieurs « repas » eurent lieu sous divers prétextes (abbayes, noces, etc.), sans doute parce que ces agapes étaient un moyen commode pour se réunir et discuter politique sans attirer l'attention de LL.EE. Vers le 15 juin, une vingtaine de patriotes se réunirent pour un souper à la Razude à Lausanne et, à l'instigation d'Amédée de La Harpe, on y jeta les bases d'un *club* ; vers le 25 juin, nouveau repas chez Jean-Gabriel Secretan, châtelain d'Ecublens ; le 10 juillet enfin, banquet chez Jacques-Antoine Lardy, bourgeois de Rolle et commissionnaire à Ouchy. D'après les procès-verbaux des interrogatoires effectués par les enquêteurs bernois (Archives d'Etat, Berne, Actes du Conseil secret XIV), il s'avère que ces réunions préparaient le fameux banquet des Jordils du 14 juillet et celui de l'abbaye de Rolle le jour suivant. Les fêtes qui eurent lieu tant à Lausanne qu'à Rolle, Vevey, Yverdon, Bex, Moudon ont donc un aspect organisé, mais elles se prolongèrent ensuite, dans la plupart des cas, en une manifestation plus spontanée à laquelle se joignit la population. Les autorités bernoises prirent rapidement quelques mesures : elles interdirent les fêtes dès le 25 juillet 1791, à l'exception toutefois de la fête des Vignerons de Vevey considérée comme une manifestation coutumière. Puis elles nommèrent un tribunal d'exception, la Haute Commission, qui s'installa à Rolle le 28 juillet. Le 29 août les autorités arrêtèrent deux notables qui avaient pris une part active aux banquets : le lieutenant baillival Ferdinand Rosset de Rochefort et Georges-Albert de La Mothe, tous les deux membres du Conseil des Deux-Cents de Lausanne, qui va d'ailleurs protester contre cet acte arbitraire. Entre-temps, les troupes qui avaient été mises sur pied s'étaient rapprochées de la capitale ; elles entrèrent dans la ville le 16 septembre. La Haute Commission quitta Rolle pour Lausanne quelques jours plus tard et s'installa au Champ de l'Air le 19 septembre. Elle convoqua pour le 30 septembre des délégués des villes de Vevey, Lausanne, Morges, Yverdon, Cossonay, Rolle, Nyon et Moudon, choisis avec soin par LL.EE. parmi les patriotes. Ceux-ci durent se rendre, sous l'escorte des troupes bernoises et tête nue, jusqu'au château où les attendait la Haute Commission. Le sénateur Fischer leur lut alors une adresse souveraine qui était une verte admonestation destinée *à faire passer aux sujets les grimaces démocratiques*, selon les termes utilisés par le trésorier bernois Frisching, membre de la Haute Commission. L'humiliation infligée aux Vaudois durant cette cérémonie, ainsi que la lourdeur des peines prononcées quelques semaines plus tard contre les responsables de la campagne des banquets ramenèrent provisoirement l'ordre public dans cette partie du pays, mais ce ne fut qu'un sursis pour les patriciens bernois. P. C.

Litt. : Juste Olivier, « La Révolution helvétique (1780-1830) », *Etudes d'histoire nationale*, Lausanne, Ducloux, 1842 ; Auguste Verdeil, *Histoire du Canton de Vaud*, t. III, Lausanne, Martignier, 1852, pp. 339-401 ; Paul Maillefer, *Le Pays de Vaud de 1789 à 1791*, Lausanne, Viret-Genton, 1892, pp. 114-167 ; *Rapport présenté au Conseil communal de Lausanne par M. Louis Monnet au sujet [...] de l'érection au carrefour des Jordils d'un monument commémoratif du banquet du 14 juillet 1791*, Lausanne, Pache, 1897, 32 p. ; Louis Junod, « La Loge des " Amis Unis " de Morges et les événements révolutionnaires de 1791 au Pays de Vaud », *RHV*, 1949, pp. 161-176 ; Silvio Spahr, *Studien zum Erwachen helvetisch-eidgenössischen Empfindens im Waadtland*, Zurich, Juris-Verlag, 1963, pp. 45-67 ; Richard Feller, *Geschichte Berns*, t. IV, Berne/Francfort, 1974, pp. 33-47 ; Marie-Claude Jequier, « La Révolution », *Histoire de Lausanne*, sous la dir. de Jean-Charles Biaudet, Lausanne/Toulouse, 1982, pp. 247-249

Le Chateau de Chillon vû du côté d'Orient & en partie de celui du Nord; Deßiné depuis le grand Chemin allant à Ville-Neuve, l'année 1792.

97. Le Sueur.
Repas républicain.
Gouache
Collection particulière
Reproduction Bulloz

98. Plan de la ville de Lausanne [...] par L. Emery.
1806.
65 × 49 cm
Lausanne, Musée de l'Elysée

On peut distinguer sur ce plan du début du XIXe siècle les points cardinaux de la campagne des banquets de 1791 : la propriété du banquier Charles-Samuel-Jean Dapples aux Jordils et la villa de la Razude dans les vignes qui séparent Lausanne et Ouchy, ainsi que le Champ de l'Air où se réunirent les membres de la Haute Commission bernoise chargée de l'instruction de l'affaire.   P. C.

99. La campagne des Jordils.
Photographie de la fin du XIXe siècle
19,6 × 24,6 cm
MHAE

Les marronniers de la campagne des Jordils sous lesquels eurent lieu les agapes des patriotes vaudois le 14 juillet 1791, avant qu'ils se rendent en cortège au port d'Ouchy pour le feu d'artifice. Ce domaine fut sacrifié en 1907 pour construire l'Hôtel Royal (aujourd'hui Royal-Savoy).   P. C.

100. Dépences faites pour la fête du 14 juillet suivant les comptes règlés et arrêtés par le Comité.

Au Sr Reber, traiteur	L. 445	16
Aux Srs Creux, Marcel et De L'Isle, pour pain et vin	» 184	2
Aux Srs Hoffmann, pour la musique	» 130	5
Au Sr Chapuis, pour verrerie	» 43	16
Barque, Chaloupes, Artillerie, Feux d'artifice et Flambeaux	» 276	18
Au Sr Corbaz, charpentier et charrettiers	» 76	»
Décoration de la Salle et menus fraix	» 51	13
	L. 1208	10

Recette.
134 souscrivants à 9 L. 4 1/2 d. .... L. 1208 10

Liste des payants. [suit une liste de 136 noms]

Manuscrit, 1 folio
MHAE

Ce document provient des archives de la famille d'un des organisateurs du banquet, Jacob Francillon. C'est une source importante pour l'histoire des banquets ; elle prouve que cette manifestation avait un comité d'organisation et qu'on n'y laissa rien au hasard, ni le repas, ni la musique, ni le feu d'artifice. Elle nous indique en outre qui étaient les participants à ce repas : magistrats, négociants, banquiers, artisans, médecins, officiers, notaires, avocats et tous ceux dont nous ne connaissons pas les professions. Aux 136 souscripteurs certainement présents au banquet lui-même, viendront s'ajouter près de trois mille personnes, selon un témoignage contemporain, descendues de la ville à Ouchy pour admirer les feux d'artifice. Dans un pamphlet probernois intitulé *Du gouvernement de Berne [...]* un tel enthousiasme apparaît suspect :

C'est dans ces fêtes que l'on arbora sans aucun scrupule les signes et les couleurs qui servent de ralliement chez nos voisins, que l'on chanta avec éclat leurs chansons de cannibales, que l'on insulta manifestement notre Souverain. C'est dans l'une de ces fêtes que deux ou trois particuliers, courant les rues, cherchaient à échauffer l'esprit du peuple, comme pour voir s'il ne serait point tenté d'essayer des charmes d'une révolution, tandis qu'heureusement ce peuple sage ne les envisageait que comme des yvrognes ou comme des fous.   P. C.

101. Daniel-François Chatelanat.
Détail du retour du pasteur Martin représentant la musique Hoffmann.
Voir n° 78
Reproduction

Installée à Lausanne dès le début du XVIIIe siècle, la famille des musiciens Hoffmann, originaire de Wurzbourg en Bavière, proposait ses services aussi bien pour des bals de salon que pour des concerts de promotion ou des repas de noce. Déjà mise à contribution quelques mois plus tôt par les paroissiens du pasteur Martin de Mézières pour un cortège qui eut un grand retentissement parmi les patriotes vaudois, la musique Hoffmann fut engagée par le comité du banquet des Jordils pour animer le repas. Un témoignage contemporain nous le décrit ainsi :

quatre tables pouvant recevoir environ 160 convives, disposées en forme de croix de Malte, au centre une estrade pour la musique était couronnée d'un mât surmonté d'une énorme cocarde tricolore, ombragée de feuilles de laurier. Le dîner fini et malgré les averses, on a dansé la farandolle, puis le temps étant devenu meilleur, nous sommes descendus, avec la musique Hoffmann, au port d'Ouchy.
      P. C.

Litt. : Georges-Antoine Bridel, « Une famille de musiciens lausannois : les Hoffmann », *RHV*, 1940, pp. 203-207

102. Chanson des démocrates suisses chantée à Ouchy le 14 juillet 1791. Sur l'air : Je pars enfin,

c'est le destin qui me l'ordonne. Tirée de : *Etrennes aux Vaudois, ou recueil de chansons patriotiques*. Lausanne, Luquiens cadet, 1799, pp. 1-3.
MHAE

103. Bouton avec emblème révolutionnaire français.
Laiton, diamètre 2,8 cm
MHAE

Ferdinand Rosset et Georges-Albert Muller, qui avaient été les premiers arrêtés après la campagne des banquets, furent accusés par les autorités bernoises d'avoir *porté et distribué dans notre pays des signes séditieux qu'ils avaient apportés de Pontarlier*. Deux pièces à conviction : un ruban tricolore et un bouton avec des emblèmes révolutionnaires français. Muller, dans un mémoire justificatif, prétendit les avoir achetés à Morges et en avoir donnés, lors du banquet de Rolle, à diverses personnes qui lui en avaient demandés.

[...] *Qu'est-ce que ces boutons ?... Ces boutons portent l'emblème de la liberté des Suisses. C'est une épée avec la représentation de ce chapeau à jamais mémorable de Guillaume Tell, entouré d'une couronne de chêne et de cette devise : Vivre libre ou mourir. C'est enfin le bouton devenu cher à la nation française.*

On trouve des emblèmes quasi identiques sur des en-têtes et des vignettes de sociétés populaires françaises dès 1789. « Vivre libre ou mourir » entouré d'une couronne de chêne figure par exemple sur une vignette de la *Société des Amis de la Constitution*, future société des Jacobins. D'autres clubs révolutionnaires adopteront ces mêmes emblèmes jusqu'au moment de la chute des Sans-culottes (Vovelle, 1986, t. 4, pp. 298-301). Frédéric-César de La Harpe, dans son *Essai sur la Constitution du Pays de Vaud* (2e partie, pp. 224-225), dit qu'il s'agit de *boutons à la nation* et que c'était *un objet nouveau, un objet de mode, assez convenable à des Suisses*, laissant entendre par là que l'article

103

provenait de France ; il commet pourtant la même « confusion » que Muller en parlant de *chapeau de Tell*. L'interprétation du bonnet phrygien sur une épée, que Muller veut faire passer pour le chapeau de Gessler sur une perche, est bien sûr destinée à le disculper aux yeux de LL.EE. Elle est néanmoins révélatrice de la contagion qui existe alors entre les divers symboles de la Liberté, et de l'utilisation qu'on en fait.

P. C.

Litt. : Eugène Mottaz, « Un prisonnier d'Etat sous le régime bernois, Muller de la Mothe, *RHV*, 1897, pp. 41-43

104. Anonyme.
Amédée-Emmanuel-François de La Harpe.
Miniature à la gouache sur carton, 5,2×4,5 cm
Collection particulière

Amédée de La Harpe (1754-1796) était seigneur de Yens et des Uttins. Après avoir servi quelques années dans un régiment mercenaire en Hollande, il revint dans le Pays de Vaud où il reçut le commandement d'une compagnie de milices. Il fut l'un des principaux protagonistes de la campagne des banquets. Organisateur du repas de la Razude, animateur du banquet des Jordils et de Rolle, il ne pouvait manquer de se faire arrêter par les Bernois. Il dut fuir en France et LL.EE. le condamnèrent à mort par contumace et dépouillèrent sa famille de ses biens. Engagé volontaire au service de la France, il gravit rapidement les échelons de la vie militaire : général de brigade en 1793, général de division en 1795, il fit la campagne d'Italie sous les ordres de Bonaparte qui le tenait en très haute estime.

101

Wer des Gesetzes Zügel bricht, Sein Vaterland mit Kennt,
und Kühnen trotz, im angesicht, nach Falscher Freyheit rennt

La Chass

Ours Marquée

Der ist nicht Bruder uns! Er ist der ächten Freiheit feind
Selbst wen er mit Erborgten Lid, es gut zu meinen scheint

Il fut tué le 18 mai 1796 à Codogno, non sans avoir auparavant rendu service, grâce à ses relations politiques en France, à son cousin Frédéric-César de La Harpe qui deviendra le principal artisan de la Révolution vaudoise de 1798.   P. C.

Litt. : Ed. Secretan, *Le général Amédée de La Harpe*, Lausanne, 1899, pp. 22-26 ; Cécile-René Delhorbe, « Retouches à la biographie d'Amédée Laharpe », *RHV*, 1959, pp. 24-37 ; Silvio Spahr, *op. cit.*, 1963, pp. 50-52.

105. Benjamin Bolomey [1739-1819].
Jean-Jacques Cart.
Pierre noire sur papier, 10 × 7,4 cm (ovale)
Lausanne, Musée de l'Elysée (collections iconographiques vaudoises)

Jean-Jacques Cart (1747-1813) de Morges fit ses études de droit à Genève. Après des séjours en Angleterre et en Amérique (Boston, New York), il revint exercer sa profession d'avocat à Morges dès 1773 où il lui arriva de servir la cause de grandes familles de Berne qui appréciaient ses talents de juriste. Mais il était sévère à l'égard de la politique bernoise et rappela opportunément à LL.EE., dans une *consultation* pour la ville de Morges relative à l'affaire du « grand chemin », l'existence du droit public du Pays de Vaud (1790). Il intervint en faveur du pasteur Martin au printemps 1790, puis participa en été de la même année à la campagne des banquets, notamment chez Secretan le 25 juin et le 10 juillet chez Lardy. Obligé de fuir pour éviter l'arrestation, il se rendit en France, d'où il écrivit un violent réquisitoire contre le gouvernement bernois dans des *Lettres à Bernard de Muralt trésorier du Pays de Vaud* qui eurent un grand retentissement. Après un nouveau séjour en Amérique, devenu depuis lors les Etats-Unis d'Amérique, il revint dans sa patrie en 1798. Il prit une part active aux gouvernements de la République helvétique, puis du canton de Vaud dès 1803.   P. C.

Litt. : de Montet, I, pp. 128-129 ; Silvio Spahr, *op. cit.*, pp. 57-58 ; Emile Kupfer, « L'Affaire du Grand Chemin à Morges de 1782-1792 », *Mélanges Charles Gilliard*, Lausanne, 1944, pp. 459 sq.

106. Anonyme.
Gabriel-Antoine Miéville.
Gouache sur papier, 12,3 × 12,5 cm (ovale)
MHAE

Gabriel-Antoine Miéville (1766-1852) était le fils du receveur baillival de Grandson. Il devint notaire en 1785, puis docteur en droit en 1791. Il se fixa à Lausanne et participa au souper de la Razude et au banquet des Jordils. La Haute Commission retint contre lui le complot contre

106

l'autorité pour avoir participé à la formation d'une « société fermée ou club » selon les termes du jugement. Il fut condamné par le Conseil bernois le 1er juin 1792 à une peine de détention de cinq ans dans l'Hôpital de l'Isle à Berne. Il passa deux ans au bord de l'Aar, puis sa peine fut commuée en arrêts à domicile, peine qu'il purgea à Grandson jusqu'au 1er juin 1797. Elu à l'Assemblée provisoire lors de la Révolution vaudoise de 1798, Miéville créa le *Bulletin officiel*, première manifestation de la presse politique vaudoise à Lausanne, qui devint en 1804 la *Gazette de Lausanne*.   P. C.

Litt. : Pierre Grellet, *Reflets de cent cinquante années. La Gazette de Lausanne de 1798 à 1948*, 1948, pp. 17-30.

107. Benjamin Bolomey.
Jean-Samson-Louis Reymondin.
Pierre noire, sanguine et rehauts d'aquarelle sur papier 14,7 × 11,8 cm (ovale)
Lausanne, Musée de l'Elysée (collections iconographiques vaudoises)

Jean-Samson-Louis Reymondin (1769-1830) de Pully, est représenté ici par Bolomey avec ses habits de chef de brigade de l'armée helvétique vers 1800. L'artiste vaudois nous a laissé une série de 28 petits portraits des patriotes de l'époque de la République helvétique (1798-1803).

Commis dans une librairie genevoise (Barde et Manget), le jeune Reymondin fréquentait des patriotes et, sans qu'il eût participé directement aux banquets, il fit partie du groupe des Romands pris dans la vague d'arrestations qui suivit les manifestations de juin-juillet 1791 : arrêté le 14 septembre à Genève, il fut remis aux autorités bernoises qui l'enfermèrent à l'Hôpital de l'Isle à Berne d'où il tentera de s'enfuir, mais sans succès. Il fut condamné le 11 mai 1792 à vingt ans de fers, reconnu coupable d'avoir répandu une chanson irrespectueuse à l'égard de LL.EE... ! Il s'évadera une année plus tard et se réfugiera à Genève. De retour au pays après 1803, il participera à la vie politique du nouveau canton de Vaud.

P. C.

Litt. : J. Desonnaz, *Histoire du patriote Reymondin pendant sa détention dans les différentes bastilles du canton de Berne [...]*, Genève, 1793 ; Béatrice Reymondin, « Jean-Samson-Louis Reymondin », *RHV*, 1930, pp. 90-106.

108. Ordonnance bernoise du 18 août 1791. 1 folio
MHAE

A la suite de la campagne des banquets, des troupes furent mises sur pied pour maintenir l'ordre public et protéger le travail de la Haute Commission bernoise chargée de mener l'enquête.

109. Citation édictale bilingue du 12 septembre 1791 concernant Amédée de La Harpe, 1 fol.
Berne, Archives de l'Etat

Peu avant de quitter Rolle où elle s'était installée dès le 28 juillet 1791, la Haute Commission cite Amédée de La Harpe à comparaître devant elle. Il lui est reproché, entre autre, d'avoir comploté contre l'Etat, d'avoir été l'instigateur d'un parti subversif et *l'ordonnateur d'une fête à laquelle nombre de personnes ont pris part sans mauvaises intentions, mais où d'autres, sous les dehors trompeurs d'une réjouissance, ont arboré des décorations séditieuses et contracté des engagements qui tout au moins sont très suspects.* (point 7 du document).

110. Abram-David Pilet.
Le château de Chillon vu du côté d'Orient [...] l'année 1792.
Aquarelle, 20,6 × 30,2 cm
Lausanne, Musée de l'Elysée (collections iconographiques vaudoises)

A la suite des banquets de 1791, vingt-sept personnes furent jugées par LL.EE., sans avoir pu présenter leur défense. Entre juin et août 1792, les accusés furent tous condamnés à des peines très sévères allant de la mort aux arrêts à domicile, en passant par le bannissement, la détention, la destitution, etc. Un mandat de prise de corps fut en outre envoyé aux baillis contre onze patriotes qui avaient pris la fuite. Plusieurs autres partirent en exil durant ces dragonades. Deux notables, Ferdinand Rosset et Georges-Albert Muller de la Mothe avaient été les premières victimes de la répression bernoise, bien avant les condamnations de 1792 : le 31 août 1791, alors qu'ils comparaissaient devant la Haute Commission à Rolle, ils furent arrêtés par surprise. Immédiatement transférés par barque au château de Chillon, ils restèrent huit mois enfermés dans la forteresse, jusqu'à leur transfert au château d'Aarbourg en mai 1792. Entre-temps, ils avaient été condamnés à vingt-cinq ans de prison, sans avoir été entendus par le Conseil bernois. Quelques mois plus tard, le 30 octobre 1792, ils réussirent à s'évader et quittèrent le pays. Rosset mourut à Philadelphie en 1795 et Muller de la Mothe, après une période d'exil en Angleterre, revint dans sa patrie, bénéficiant de l'amnistie qui fut accordée le 15 juin 1797, sous la pression de la France et de son ambassadeur Barthélemy, à toutes les personnes impliquées dans les procédures instruites en 1791 et 1792.

P. C.

Litt. : Verdeil, 1852, pp. 382-399 ; Eugène Mottaz, *op. cit.*, 1897 ; A. de Molin, « Les Mémoires de Muller de la Mothe », *RHV*, 1905, pp. 97-104 et 129-138.

111. Balthasar-Anton Dunker (attr. à).
La chasse des ours, manquée.
Eau-forte, mine de plomb et aquarelle, 23,3 × 31,2 cm
MHAE
Bibl. : *Collection de M. le Dr. B.[orgeaud], catalogue de la vente aux enchères à Lausanne*, Lausanne-Palace, 11-12 avril 1930, n° 16

Cette allégorie contre-révolutionnaire de provenance bernoise fait allusion de manière très explicite aux événements survenus en 1791 dans le Pays de Vaud. Au bas de la feuille, de part et d'autre du titre (lui-même très clair) figure un texte allemand qui ne laisse planer aucun doute sur les intentions de l'auteur :

Wer des Gesetzes zügel bricht, Sein Vaterland mis Kennt,
Und Kühnen trotz im angesicht, nach Falscher Freyheit rennt
Der ist nicht Bruder uns ! Er ist der ächten Freiheit feind
Selbst wo er mit Erborgter List, es gut zu meinen Scheint.
(Celui qui outrepasse les bornes de la loi, méconnaît sa patrie
et court à la fausse liberté avec un entêtement téméraire,
celui-ci n'est pas notre frère ! Il est l'ennemi de la vraie liberté
même si, sous le couvert de la ruse, il semble de bonne foi.)

Au premier plan à gauche figurent des patriotes avec leurs cocardes tricolores au chapeau. Trois d'entre eux élégamment habillés sont en grande discussion, symbolisant les *clubs* ou les sociétés secrètes interdites par les ordonnances bernoises. Deux autres, à l'extrême gauche, tiennent le drapeau tricolore de la France révolutionnaire entre leurs mains et composent quelque libelle. Ils sont assis sur deux placards aux textes subversifs : *Chasson [sic] nous les ours* et *C'est une honte/pour la nation/d'être gouverné/par des allemands.*

Der Lüge Prophet

Sur la droite de l'estampe, un autre patriote est pris à partie par deux ours, dont l'un lui fait lâcher son épée ainsi que deux pamphlets sur lesquels on peut lire : *Avis au peuple/du Pays de Vaud* et *Plan de nouveau/gouvernement/national*.

Au second plan à gauche, au bord du lac, des troupes bernoises sont en marche et, sur la droite, quelques ours poursuivent les « chasseurs ». Sur l'eau, une barque battant pavillon bernois (rouge et noir), se dirige vers la silhouette caractéristique du château de Chillon que l'on distingue au loin, allusion à l'arrestation de Rosset et de Muller le 31 août 1791 et à leur détention en ces lieux. P. C.

112. Balthasar-Anton Dunker (attr. à).
Der Lüge Prophet (le faux prophète).
Eau-forte et lavis, 23,5 × 32,5 cm
Zurich, Musée national suisse

Cette œuvre de Dunker faisait sûrement pendant à *La chasse des ours* (n° précédent) : mêmes dimensions, même thème et texte d'accompagnement sur le même modèle :

Wer falsche Freiheit lehrt, ist nicht der ächte fründ,
Er ist des Vatterlands — er ist dein grösster Feind!
Horch falscher Zunge nicht, las nicht von ihr dir rathen,
Sie wird die erste sein, dich selbsten zu verrathen.
(Celui qui enseigne la fausse liberté n'est pas ton vrai ami,
Il est ton plus grand ennemi et celui de la patrie.
N'écoute pas la langue fausse, ne suit pas ses conseils,
elle sera la première à te trahir toi-même.)

En relation avec les troubles du Pays de Vaud de 1791, l'estampe illustre un des banquets des 14 et 15 juillet, probablement celui de Rolle si l'on considère le paysage représenté par l'artiste helvético-suédois (il avait obtenu la bourgeoisie de Rolle en 1777 devenant ainsi Bernois). Un autre indice nous renvoie au banquet de Rolle : il coïncida avec le *tirage* annuel de l'abbaye de l'Arc. Or Dunker a représenté, derrière les tables dressées, une estrade avec un drapeau sur un mât qui est certainement la bannière de l'abbaye exposée traditionnellement pour la remise des prix. Et l'on sait que les autorités bernoises avaient reproché aux participants de Rolle d'avoir planté au sommet de la bannière un chapeau de la liberté, qui figure également sur l'estampe.

Ces deux gravures n'étaient vraisemblablement pas destinées à la diffusion à seule fin de propagande probernoise en Pays de Vaud, sinon le texte eût été en français ; elles pourraient constituer un premier essai de Dunker dans le sens des caricatures et des rébus qu'il réalisera quelques années plus tard pour son *Moralisch-politischer Kurier* (voir n° 270). P. C.

113. Lettre de remerciement de l'Avoyer de Berne aux quatre paroisses de Lavaux, 25 juillet 1791, 1 folio
Cully, Archives de la commune

Tous les habitants du Pays de Vaud n'avaient bien sûr pas approuvé les fêtes et les banquets des 14 et 15 juillet 1791. Les quatre paroisses de Lavaux envoyèrent le 23 juillet déjà une adresse à LL.EE., remise au bailli à Lausanne, dans laquelle elles blâmaient les manifestations et proposaient de célébrer plutôt l'anniversaire de la fondation de Berne. Le ton de l'adresse est très soumis :

Illustres, Hauts, Puissants et Souverains Seigneurs. Les Conseils des quatre Paroisses de Lavaux, Vos très soumis et très fidèles sujets, ayant appris, avec surprise, que plusieurs individus de diverses villes du Pays de Vaud, ont affecté, par des Fêtes publiques, les 14 et 15 de juillet courant, de célébrer l'époque de faits étrangers à ce pays, avec des démonstrations capables de troubler la tranquillité publique, dont les détails n'auront pas manqué d'être mis sous les yeux de Vos Excellences, prennent humblement la liberté de Les assurer que dans les quatre Paroisses de Lavaux, il n'existe aucun esprit de faction, de licence et d'indépendance.

Le conseiller Cuénoud exprima, peu de temps après l'envoi de l'adresse, son mécontentement contre les auteurs qui s'étaient exprimés au nom du Conseil : *De quel droit dix individus de Lavaux prétendent-ils s'ériger en censeur et en juges de tout le pays et de choses dont ils n'ont même pas été les témoins ?* Pour cet éclat, Cuénoud sera convoqué par le bailli, admonesté et suspendu de ses fonctions durant six mois. D'autres adresses sur le même ton servile seront envoyées par diverses paroisses vaudoises durant les mois qui suivirent l'arrivée des troupes bernoises. P. C.
Litt. : Maillefer, 1892, pp. 131-133.

114. Pérignon/Masquelier
Vue du fond du lac de Genève prise au-dessus de Cully.
Eau-forte tirée de Beat Fidel Anton von Zurlauben, *Tableaux de la Suisse, ou Voyage pittoresque fait dans les treize cantons du Corps Helvétique.* [...], Paris, Lamy [1780-86].
MHAE

115. Déclaration solennelle de LL.EE. à leurs fidèles sujets du 21 décembre 1792, 1 folio
ACV

LL.EE. manifestent leur contentement, une fois l'affaire des banquets liquidée, et remercient les habitants du Pays de Vaud de leur confiance. Elles n'ont qu'un seul souci, le bonheur de leurs chers sujets : *Un des soins les plus importants dont nous devons nous occuper pour assurer votre bonheur, est celui de vous prémunir contre les pièges dont on cherche à vous environner : on emploie des suggestions perfides pour tenter d'égarer votre raison, d'ébranler votre fidélité et d'introduire au milieu de vous cet esprit d'innovation si funeste à la tranquillité publique. Des ennemis de votre repos tâchent de vous corrompre par tous les moyens de séduction [...] : mais votre loyauté, le sentiment de la prospérité générale que vous ne pouvez méconnaître, nous donnent l'assurance qu'ils échoueront dans leurs coupables desseins.* P. C.

La fête des vignerons

116. Troisième Manual de la loüable Société des Vignerons de Vevey. Séances du 11 août 1791 et du 10 juillet 1797.
Volume manuscrit
Vevey, Musée de la Confrérie des Vignerons

Les événements révolutionnaires ne furent pas sans incidence sur la fête des Vignerons qui se tenait à Vevey tous les six ans. Ainsi, la cérémonie prévue pour 1789 fut repoussée deux années de suite à cause, entre autres, des bouleversements voisins. En 1791, la Confrérie des Vignerons parvint à organiser sa fête, malgré la réticence du bailli de Vevey. Tout en craignant l'influence des récents banquets révolutionnaires vaudois, on voulait éviter l'amalgame avec les grandes fêtes célébrées en France, où l'on glorifiait les divinités antiques (Hercule, etc) : il ne fallait pas que les Veveysans investissent des mêmes valeurs Cérès et Bacchus. En 1791 comme en 1797, on trouve trace de ces préoccupations dans le Manual de la Confrérie des Vignerons. Le 11 août 1791, le Conseil de police demande que l'on change certains couplets, et que l'on veille *à ce qu'il ne soit rien chanté d'étranger à la fête, singulièrement* Ça ira. Dans la séance du 10 juillet 1797, on précise à *tous les Maîtres qui peignent en Couleurs* que *rouge bleu & blanc sont deffendus*. S. W.
Litt. : Edouard Rod, *La Fête des Vignerons à Vevey. Histoire d'une fête populaire*, Lausanne, Payot, Vevey, Société Klausfelder, 1905 ; Emile Gétaz, *La Confrérie des Vignerons et la Fête des Vignerons*, Vevey, Klausfelder, 1969

117. Description de la Société des Vignerons (suivi du détail de la fête du 17 août 1791). 1791, 32 p. + un dépliant
Vevey, Musée de la Confrérie des Vignerons

118. Dépliant du cortège de la fête des Vignerons de 1791.
Rouleau, dessin à la plume aquarellé, 16×82 cm
Vevey, Musée de la Confrérie des Vignerons

A la fin du XVIIIe siècle, la fête des Vignerons était encore une « parade », c'est-à-dire un cortège qui s'arrêtait de place en place pour chanter et danser. Ce document présente, sous la forme d'un rouleau, la procession de 1791. S. W.

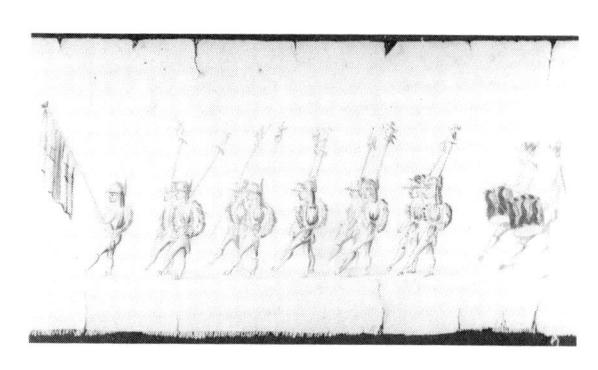

119. Groupe de trois marmousets : un vendangeur, une moissonneuse, un conseiller.
1615, 1750, 18e siècle
Bois sculpté peint à l'huile
20 cm, 36 cm, 30 cm
Vevey, Musée de la Confrérie des Vignerons

Les « marmousets » sont de petites figurines en bois sculpté, représentant les personnages du monde vigneron. On les sortait de fête en fête ; les participants les promenaient dans la ville, fixés à un bâton. On reconnaît très bien les porteurs de marmousets sur le rouleau détaillant le cortège de 1791. S. W.

120. Drapeau représentant Bacchus enfant, assis sur un tonneau.
1791
Huile sur soie
66×75 cm (verso du drapeau, décollé)
Vevey, Musée de la Confrérie des Vignerons

121. Discours prononcé par l'Abbé au couronnement des Vignerons, suivi de l'Ordre de Parade (livret de la fête du 9 août 1797). Vevey, 1795 [sic], 25 p
Vevey, Musée de la Confrérie des Vignerons

Service de France 1789-1792

Au XVIIIᵉ siècle, le service militaire étranger, métier traditionnel des Suisses, perdit peu à peu de son importance. Le service de la France restait le plus prestigieux : au début de la Révolution, il y avait dans le pays 12 régiments suisses (sans compter la compagnie des Cent-suisses, licenciée le 16 mars 1792). Leur situation devint très vite difficile ; aux yeux des patriotes français, les troupes suisses incarnaient la fidélité à la monarchie. Toutefois, quelques manifestations de révolte contre l'autorité militaire montrent que les soldats ne restèrent pas toujours insensibles aux nouveaux principes. En 1789 puis en 1790, les officiers vaudois servant dans les régiments bernois en Hollande, en Sardaigne, et surtout dans le régiment d'Ernst en France, protestèrent contre les inégalités du système militaire qui favorisait l'avancement des Bernois. L'affaire mobilisa les Conseils de nombreuses villes vaudoises : ils envoyèrent à LL.EE. des pétitions pour appuyer la requête de leurs natifs, attaquant ainsi les privilèges de l'aristocratie bernoise. Ces revendications ne furent pas satisfaites. D'autres troubles éclatèrent en France, qui compromirent toujours plus les relations entre les deux pays. A Nancy, la rébellion des soldats de Châteauvieux contre leurs supérieurs, le 31 août 1790, fut sévèrement réprimée. Mais deux ans plus tard, l'Assemblée nationale réhabilita les mutins que l'on fêta comme des héros, au grand mécontentement du Corps helvétique. Le 27 février 1792, le régiment d'Ernst, en garnison à Aix, fut désarmé par des patriotes et des gardes nationaux venus de Marseille. Aussitôt, le gouvernement bernois le rappela en Suisse. La Diète demanda au mois de mai de la même année que les régiments capitulés ne fussent pas employés dans la guerre contre l'Autriche. Cette mesure renforça l'impopularité des troupes, symbole du pouvoir royal et de la coalition avec l'ennemi. Le massacre de la garde suisse aux Tuileries, le 10 août 1792, mit fin au service de France : quelques jours plus tard, tous les régiments suisses furent licenciés et rentrèrent au pays. S. W.

Litt. : Maillefer, 1892, pp. 46-50 ; Albert de Montet, « Les troupes suisses au service de France depuis les derniers temps de l'ancienne monarchie jusqu'à aujourd'hui », *RHV*, 1893, pp. 256-273 et pp. 289-305 ; *DHBS*, t. 3, article « France », t. 10, article « service militaire étranger » ; Paul de Vallière, *Honneur et Fidélité. Histoire des Suisses au Service étranger*, Neuchâtel, F. Zahnd [1913] (un « classique » très orienté)

122. Proclamation du Corps Municipal, pour la restitution des Armes du Régiment Suisse d'Ernest. Du 15 Mars 1792. [...] Fait à Aix [...], 1 p.
Zurich, Musée national suisse

123. Réaction des autorités bernoises à l'affaire d'Aix, 30 mars 1792. Manuscrit, 3 p.
ACV

Le gouvernement annonce à ses baillis la mésaventure arrivée au régiment d'Ernst à Aix et les informe de ses résolutions : *Nous avons requis de Sa Majesté de lui faire rendre des armes qui formaient sa propriété, et qui lui ont été enlevées d'une manière aussi outrageante ; de lui accorder une retraite sûre & honorable, et de lui assurer enfin la route la plus convenable pour son retour dans sa patrie.* S. W.

La mutinerie de Nancy

Au mois d'août 1790, Nancy fut agitée par des troubles qui prirent tout de suite une ampleur considérable. Les soldats et sous-officiers de la garnison formée du régiment genevois Lullin de Châteauvieux, du régiment d'infanterie du Roi et du régiment Mestre-de-Camp n'étaient pas satisfaits de leur solde. Ils manifestèrent leur mécontentement en exigeant des comptes de leurs supérieurs. A plusieurs reprises les corps de troupes emprisonnèrent les officiers qui ne réagissaient pas assez vite à leurs exigences et la situation alla s'aggravant jusqu'à la mutinerie. Pour rétablir l'ordre, l'Assemblée envoya sur place les troupes royales du marquis de Bouillé (auxquelles appartenaient, paradoxalement, deux régiments suisses). L'affrontement eu lieu le 31 août devant la porte de Stainville. Après la soumission des mutins, Bouillé entra dans la ville; la répression fut alors terrible. Un Suisse subit le supplice de la roue, 22 furent pendus; on envoya 41 soldats aux galères de Brest. Hormis quelques voix isolées, la violence du châtiment ne provoqua sur le moment aucune protestation. Mais un an après les événements, sous la pression des Jacobins, l'opinion se renversa complètement. Les Suisses de Châteauvieux devinrent le symbole de la rébellion contre une autorité aristocratique et abusive, les victimes d'un pouvoir royal impitoyable. Les 41 galériens furent grâciés par l'Assemblée nationale le 31 décembre 1791. Cette réhabilitation, *très habilement orchestrée* (Pupil, 1976, p. 90), culmina avec la fête de la Liberté, organisée le 15 avril 1792 pour accueillir les nouveaux martyrs. Le Corps helvétique condamna la conduite du régiment et s'opposa en vain à l'amnistie des galériens.   S. W.

Litt. : Albert de Montet, « Les troupes suisses au service de France depuis les derniers temps de l'ancienne monarchie jusqu'à aujourd'hui », *RHV*, 1893, pp. 256-273 et pp. 289-305 ; DHBS, t. 2, article « Châteauvieux » ; Pupil, 1976 (remarquable étude sur l'iconographie relative à Châteauvieux) ; Vovelle, 1986, t. 2, pp. 178-181

124

HÉROÏSME DU JEUNE DESILLES

124. Abraham Girardet (1764-1823), gravé par François Godefroy (1745-1819).
Héroïsme du jeune Desilles.
Vers 1791
Eau-forte et burin, 12,3 × 16,75 cm
Nancy, Musée historique lorrain
Bibl. : Boy de La Tour, 1928, p. 49 ; Pupil, 1976, p. 86 et n° A 21

L'affaire de Nancy suscita une abondante production d'images. Un épisode particulièrement émouvant est à l'origine de cet engouement : les soldats mutins, stationnés à la porte de Stainville, s'apprêtaient à tirer sur les troupes de Bouillé lorsque Desilles, un officier servant dans le régiment du Roi, se coucha sur les canons pour éviter les effusions de sang. Son geste courageux n'empêcha pas le combat ; Desilles mourut presque immédiatement. L'acte héroïque du jeune homme, aussitôt exploité par la gravure, émut vivement l'opinion et accrut l'hostilité envers les Suisses de Châteauvieux, auteurs du tir fratricide. L'eau-forte de Godefroy d'après Girardet illustre ce moment fameux. Le ton de la légende est symptomatique de la perception immédiate de l'événement :

[...] Cet acte du plus sublime dévouement ne put toucher ces monstres [les rebelles]. Ils firent une décharge de mousqueterie sur ce jeune héros, qui rival de Curtius et du chef d'Assas, tomba couvert de gloire et de blessures mortelles [...]

S. W.

Litt. : Pupil, 1976 ; Claude Langlois, « Les dérives vendéennes de l'imaginaire révolutionnaire », *Annales ESC* n° 3, mai-juin 1988, pp. 771-797 (analyse du phénomène d'héroïsation populaire en Vendée)

125. Abraham Girardet (1764-1823).
Service funèbre fait au champ de la Fédération, pour les Patriotes morts à Nancy le 31. Août 1790.
Vers 1790
Eau-forte et burin, 16,2 × 25,6 cm
Le Locle, Musée d'Histoire
Bibl. : Pupil, 1976, n° B3 ; *L'art de l'estampe et la Révolution française*, 1977, n° 252

Deux cent mille personnes se réunirent au Champ-de-Mars pour assister, le 20 septembre 1790, au service funèbre offert à la mémoire des soldats morts à Nancy. On distingue, sur la gravure de Girardet, l'autel de la patrie, au sommet de l'édifice. Au premier rang, les gardes nationales forment la base de cette composition pyramidale. Le Champ-de-Mars avait été rebaptisé champ de la Fédération depuis la Fête de la Fédération du 14 juillet 1791.

S. W.

Litt. : Pupil, 1976 ; Starobinski, 1979, pp. 61-64

SERVICE FUNEBRE
fait au champ de la Fédération pour les Patriotes morts à Nancy le 20 Août 1790.

126. Labrousse (actif en France pendant la 2ᵉ moitié du XVIIIᵉ siècle).
Philippe, soldat du Régiment de Chateau-vieux et Elise. Infortuné revois ton père !
1790
Eau-forte et aquatinte, 12,8 × 18,15 cm
Château de Penthes, Musée des Suisses à l'étranger

La signification de cette estampe populaire reste obscure. Elle met en scène trois personnages : *Philippe*, soldat du régiment de Châteauvieux, son père, et *Elise* ; tous trois semblent réunis dans un grenier. On peut imaginer que le soldat s'est enfui après l'affaire de Nancy et a trouvé refuge auprès d'Elise ; la jeune fille le réunit à son père. La date inscrite au bas de la gravure (11 novembre 1790) exclut en tout cas l'hypothèse de retrouvailles après la grâce accordée aux galériens. Elle indique en revanche que la planche parut dans un journal ou un ouvrage où on trouvait certainement tous les détails de cette histoire émouvante ; il s'agit vraisemblablement du recueil de Jean-Marie Mixelle, *Scènes populaires. Traits de bienfaisance*, auquel Labrousse collabora.

S. W.

127. Dessiné par Jean-Louis Prieur (1759-1795), gravé par Pierre-Gabriel Berthault (1748-1819).
Première fête de la liberté à l'occasion des Suisses de Château-Vieux le 15 avril 1792.
Eau-forte et burin sur papier vergé
28,8 × 36,2 cm [t. c. 19,6 × 27 cm]
59ᵉ tableau de la *Collection complète des tableaux historiques de la Révolution française*, 1798
Zurich, Musée national suisse
Bibl. : Tourneux, 1890-1908, t. 1, nᵒˢ 280 et 282 ; Pupil, 1976, C 1 (dessin préparatoire) et C 2 ; Ozouf, 1976, pl. 3 ; Biver, 1979, pl. 22 (dessin préparatoire) ; Antoine Schnapper, *David témoin de son temps*, Fribourg, Office du livre, 1980, pl. 76 ; *La Révolution française — le Premier Empire*, 1982, n° 130 (dessin préparatoire) ; Vovelle, 1986, t. 2, p. 140

127

La fête de la Liberté fut la première cérémonie entièrement organisée par le peintre Jacques-Louis David (1748-1825). Le 15 avril 1792, un long cortège se déroula à travers Paris depuis la place de la Bastille jusqu'au Champ-de-Mars. Le char de la Liberté, dessiné par David, fermait la procession. Sa décoration nous intéresse particulièrement : l'un des côtés du char montrait Brutus condamnant ses fils ; sur l'autre, Guillaume Tell visait la pomme placée sur la tête de son fils. Le héros de la liberté helvétique était, à cette date, un symbole bien intégré dans l'imagerie révolutionnaire. Toutefois, sa présence ici prend un sens particulier : comme le note Philippe Bordes, [...] *elle souligne la dimension " suisse " de l'affaire des soldats de Châteauvieux et, de ce fait, déplace la réflexion politique loin de Paris (op. cit., p. 81).*

Les *Tableaux historiques de la Révolution française* forment la plus prestigieuse des collections de gravures racontant l'histoire de la Révolution. Annoncée en 1791 (mais amorcée bien avant cette date), l'immense entreprise connut cinq éditions successives ; la dernière parut en 1817. Chacune apporta des additions à l'œuvre ; suivant les changements de régime, on remania les textes qui accompagnaient les images. De nombreux graveurs et dessinateurs collaborèrent à la série et parmi eux figure l'artiste neuchâtelois Abraham Girardet. Berthault et Prieur (guillotiné le 6 mai 1795 pour avoir siégé au tribunal révolutionnaire) réalisèrent ensemble les tableaux 1 à 68. Leur vue de la fête de la Liberté illustre l'arrivée du cortège sur la place Louis-XV ; on voit au loin la statue du roi profanée par la foule.

S. W.

Litt. : David Lloyd Dowd, *Pageant-master of the Republic. Jacques-Louis David and the French Revolution*, University of Nebraska Studies, New Series n° 3, juin 1943 ; Daniel et Guy Wildenstein, *Documents complémentaires au catalogue de l'œuvre de Louis David*, fondation Wildenstein, Paris, Bibliothèque des Arts, 1973 ; Pupil, 1976 ; Ozouf, 1976 ; Antoine Schnapper, *David témoin de son temps*, Fribourg, Office du livre, 1980
Sur les *Tableaux historiques de la Révolution française* : Tourneux, 1890-1908, t. 1, p. 33 sq ; *La Révolution française – le Premier Empire*, 1982, p. 127 ; Vovelle, 1986, t. 1, pp. 254-269

128. Détails de la fête de la liberté qui a eu lieu le dimanche 15 avril, l'an IV de la liberté. Extrait du *Courrier des LXXXIII départements*. S.l.n.d. [1792], 20 p.
Paris, Bibliothèque nationale
Bibl. : Tourneux, 1890-1908, t. 1, n° 3186 ; Pierre, 1904, n° 148

129. Récit exact de ce qui s'est passé à la fête de la liberté, le 15 avril 1792, l'an IV de la liberté, pour la réception des soldats de Château-Vieux, unis aux gardes-françaises. Paris, imp. du Cercle social., s d. [1792], 8 p.
Paris, Bibliothèque nationale
Bibl. : Tourneux, 1890-1908, t. 1, n° 3187 ; Pierre, 1904, n° 149

130. Anonyme.
Les loups ne se mangent point. Les Jacobins lavent leurs confrères galériens, soldats de Château Vieux.
Aquatinte, 19×24,3 cm [t. c. 12,3×17,9 cm]
Château de Penthes, Musée des Suisses à l'étranger
Bibl. : Marcel Reinhard, *La Chute de la Royauté. 10 août 1792*, Paris, Gallimard, 1969, n° 21 ; Pupil, 1976, n° C 6 ; Langlois, 1988, n° 113

La réhabilitation publique des Suisses rebelles ne déplut pas seulement aux autorités helvétiques. *Les Jacobins lavent leurs confrères galériens, soldats de Château Vieux* illustre l'intense polémique que suscita, en France, l'annonce de la fête d'avril 1792. Cette caricature contre-révolutionnaire prend pour cible les organisateurs de la cérémonie. Elle montre les galériens arrivant au club des Jacobins, où ils sont accueillis par diverses personnalités nommées dans la légende. L'un des soldats brandit un papier sur lequel on peut lire *nous avons volé la Caisse du Regiment lavez nous* (allusion à l'une des accusations portées contre les soldats). Les Jacobins s'activent autour d'une grande bassine pleine d'eau bouillante et ornée des *Martyrs de la revolution* : c'est la lessive purificatrice. Au mur, telle une relique, une roue rappelle le supplice auquel fut soumis l'un des condamnés. Comme le montre Claude Langlois, la parution de cette caricature fut annoncée dans la presse deux jours après la fête de la Liberté. S. W.
Litt. : Pupil, 1976, p. 107 ; Langlois, 1988, pp. 186-187

131. Lettre de Etienne Charles de Loys à LL. EE. de Berne, 18 avril 1792. Manuscrit, 1 p.
Actes du Conseil secret, vol. 11 A, n° 78
Bernes, Archives de l'Etat

Etienne-Charles de Loys (1748-1802), capitaine aux gardes suisses, écrivit au gouvernement bernois le 18 avril 1792 pour lui annoncer la célébration de la fête. Tout en soulignant qu'elle ne fit pas l'unanimité, il rassure LL.EE. sur la conduite de sa troupe : *[...] aucun soldat des gardes suisses n'y a assisté malgré les invitations nombreuses adressées aux officiers, sous-officiers et soldats du Régiment.*

130

LES JACOBINS LAVENT LEURS CONFRERES GALERIENS, SOLDATS DE CHATEAU VIEUX
1. Soldats chateau Vieux 2. S. Huruge 3. Fauchef 4. Villette. 5. Brissot 6 Chabot.

Massacre des Suisses, 10 août 1792

Au matin du 10 août 1792, les gardes nationaux et les sans-culottes parisiens envahissent les Tuileries. Le combat s'engage avec les défenseurs du roi, principalement les gardes suisses. Louis XVI a déjà quitté les lieux pour se réfugier à l'Assemblée nationale ; sur son ordre, les Suisses cessent le combat à dix heures et rendent les armes. La plupart d'entre eux sont alors tués tandis que la foule met à sac les Tuileries. Cette journée marqua la chute de la monarchie, mais c'est le massacre des gardes suisses qui provoqua la consternation dans la Confédération. L'enthousiasme pour les idées révolutionnaires s'atténua dès lors considérablement. Le 20 août, l'Assemblée nationale licencia tous les régiments suisses et au mois de septembre, la Diète, réunie à Aarau, rompait ses relations officielles avec le gouvernement français. S. W.

Litt. : *DHBS*, t. 3, articles « France » et « Gardes-suisses (régiments des) », t. 10, article « Service militaire étranger » ; Paul Maillefer, « Le massacre du 10 août », *RHV* 1894, pp. 236-245 ; Marcel Reinhard, *La Chute de la Royauté. 10 août 1792*, Paris, Gallimard, 1969 ; Vovelle, 1986, t. 3, pp. 134-155

133

Blutscene am 10. August 1792.

132. Villeneuve.
Journée du 10. Aoust 1792. Aux Braves sans Culottes. Suivi d'une légende.
1792
Aquatinte, 34×40 cm
Zurich, Zentralbibliothek, Graphische Sammlung
Bibl. : Marcel Reinhard, *La Chute de la Royauté. 10 août 1792*, Paris, Gallimard, 1969, n° 28

133. Anonyme, d'après Charles Monnet.
Blutscene am 10. August 1792.
Fin du xviiie siècle
Burin, t. c. 15×20,5 cm
Copie allemande de la planche n° 6 de la *Collection de quinze estampes sur les principales journées de la Révolution*, gravées par Helman d'après les dessins de Monnet
Berne, Bibliothèque nationale suisse
Bibl. : Tourneux, 1890-1908, t. 1, n° 292 (série originale) ; *Illustrierte Geschichte der Schweiz*, 1971, t. 3, p. 13 ; *Vovelle*, 1986, t. 3, p. 145 (gravure originale) ; *Chronik der Schweiz*, 1987, p. 311

L'iconographie du 10 août est, comme celle du 14 juillet, extrêmement riche : l'importance symbolique de la journée n'échappa pas aux chroniqueurs de la Révolution. Les deux gravures présentées ici illustrent le même moment, tout en variant le cadrage de la scène : après la première décharge des Suisses, les patriotes passent à l'attaque. Charles Monnet (1732-1808 ?) est l'auteur des dessins utilisés pour la *Collection de quinze estampes sur les principales journées de la Révolution*, lancée en 1793 mais entreprise en 1790. Dès la fin du siècle, les séries françaises de gravures historiques furent abondamment copiées, notamment en Allemagne et en Hollande. Ce phénomène contribua beaucoup à la diffusion de l'imagerie révolutionnaire en Europe. On changeait parfois au passage quelque détail ; dans notre exemple, le copiste a tronqué la composition à gauche et à droite, et modifié la légende de la planche, plutôt neutre : « Journée du 10 août 1792 » devient « Blutscene am 10 August 1792 ».
S. W.

134. Lettre de la ville de Morges à LL. EE. de Berne.
Manuscrit, 1 p.
Actes du Conseil secret, vol. 11 A, n° 139
Berne, Archives de l'Etat

Comme beaucoup de villes, Morges écrivit au gouvernement bernois pour lui témoigner son affliction après le 10 août et l'assurer de sa soumission.

135. Les Crimes du 10 Août dévoilés par les Patriotes Suisses & les efforts qu'ils ont fait pour les prévenir.
S.l.n.d., 16 p.
Actes du Conseil secret, vol. 11 B, n° 193
Berne, Archives de l'Etat
Bibl. : Tourneux, 1890-1908, t. 1, n° 3403 ; Méautis, 1969, p. 204

Les membres les plus fervents du Club helvétique, dissout en août 1791, se retrouvèrent dans une nouvelle société, créée au début de l'année suivante : le club des Allobroges. Son fondateur fut Jean Desonnaz (1772-1798), révolutionnaire genevois exilé à Paris en 1791. Voici comment, selon ses propres paroles, s'organisa le nouveau club : *Je proposai à cette Société, dont j'étais membre, le plan d'une république des Allobroges, qui aurait compris la Savoye, le Valais, Genève et le Pays de Vaud. Cette idée fut applaudie et notre Société, dès cette époque, s'appella la Société des Allobroges.* Les clubistes formèrent, avec l'accord de l'Assemblée nationale, une légion composée de volontaires « Allobroges » qui participa à l'attaque des Tuileries. Desonnaz est l'auteur des *Crimes du 10 août*, brochure écrite pour être diffusée dans les 13 cantons. Dans ce violent pamphlet, il entend rétablir la vérité sur la fameuse journée : les vrais coupables du massacre sont les officiers des gardes suisses ; ce sont ces aristocrates qui ont forcé les soldats à tirer sur les Français. Le Genevois termine en appelant les Suisses à se libérer de leurs tyrans et à rejoindre l'armée des Allobroges : *Rappelez-vous que le sang de Guillaume Tell circule encore dans vos veines ! Venez combattre sous les drapeaux Allobroges, venez augmenter cette légion qui a juré la mort des tyrans & une haine éternelle à tous les rois !*
S. W.
Litt. : *Correspondance de Grenus et Desonnaz, ou Etat politique et moral de la République de Genève*, Genève, 1794, t. 3, p. 6, cité par Méautis, 1969, p. 202

136. Certificat de Licenciement du Régiment Suisse de Diesback, fait à Lille le 9 septembre 1792, l'an 4.me de la Liberté, 1.er de l'Egalité.
Imprimé sur papier vergé, formulaire rempli et signé à la plume, 25×18,5 cm
Zurich, Musée national suisse

137. Congé militaire au nom de Etienne Monnin, sergent au régiment de Lullin de Châteauvieux, 20 septembre 1792.
Gravure sur bois, formulaire rempli et signé à la plume
22×29 cm
Bâle, Historisches Museum

Ces deux formulaires de congé militaire furent signés à la suite du licenciement général des régiments suisses prononcé le 20 septembre 1792 par l'Assemblée nationale.

138. Peter Vischer-Sarasin (1751-1823).
Caricature sur le licenciement des soldats suisses au service de France, 1792
Eau-forte coloriée, 22,5 × 18,3 cm
Bâle, Oeffentliche Kunstsammlung, Kupferstichkabinett
Bibl. : Daniel Burckhardt-Werthermann, 1903, pp. 23-24

Le Musée national suisse conserve dans ses collections un curieux panneau, daté du début du XVIIe siècle (voir fig. 138a). Cette œuvre restée anonyme évoque allégoriquement la dépendance financière de la Confédération, liée aux puissances européennes par le biais du service mercenaire. Un hallebardier suisse, enchaîné, garde à ses pieds un sac plein d'or ; autour de lui, on reconnaît les dirigeants de l'Europe (le pape, le roi d'Espagne, etc.). Quelques vers inscrits dans un cartouche avertissent la Confédération qu'elle est en train de perdre sa liberté.

Selon François de Capitani, Peter Vischer-Sarasin utilisa en 1792 cette allégorie à des fins satiriques. Reprenant l'ancienne composition et son inscription légèrement modifiée[1], l'artiste bâlois y ajoute une date, 1592. En contraste, il rappelle par deux petites scènes le récent licenciement des régiments au service de France : *Retour des Suisses en 1792* et *Leur Entrée à Basle*. Entre les deux vignettes, cette constatation : *Die Zeit bringt Aenderung in 200 Jahren* (en 200 ans les choses changent). Peter Vischer-Sarasin employa à une autre reprise ce procédé de réactualisation d'une œuvre ancienne, mais cette fois sans intention caricaturale[2].   S. W.

1. *O : Eignoschafft durch Penseyon/ Wirst um dein Alt Lob wider Lohn/ must Fürsten, Herren gffangen seyn/ Wass brüst dich nuhr der Frÿheit dein.*
(*O Confédération les pensions/ ont ruiné ton ancienne réputation/ tu es prisonnière des princes et des seigneurs/ comment peux-tu te vanter de ta liberté.*)
2. *Eydsgenössische Tagsatzung zue Baden...*, eau-forte, 1793-1794 (le Musée national suisse en conserve un exemplaire, reproduit dans *Schweizerisches Landesmuseum im Zürich, 101. Jahresbericht*, 1952, p. 37).

138a. Anonyme.
Allégorie sur la liberté vacillante de la Confédération.
Vers 1610-1620
Huile sur bois, 71,5 × 54,5 cm
Zurich, Musée national suisse

139. Charles Pfyffer d'Alitshofen (1771-1840).
Récit de la Conduite du Régiment des Gardes Suisses à la journée du 10 Aout 1792. Lucerne, 1824, 68 p.
Collection particulière

L'émotion provoquée par la mort des gardes suisses subsista jusqu'à la Restauration, où les circonstances politiques permirent diverses manifestations en l'honneur des héros antirévolutionnaires. En 1817, la Diète décida la distribution d'une médaille aux survivants du 10 août. L'année suivante, sous l'impulsion de Karl Pfyffer von Alitshofen, rescapé du massacre, on lança une souscription nationale pour l'élévation d'un monument à la mémoire des innombrables soldats morts aux Tuileries. C'est le célèbre Lion de Lucerne, créé par l'artiste danois Bertel Thorwaldsen (1768-1844), et réalisé par le sculpteur Lukas Anhorn (1789-1856), de Constance. On l'inaugura le 10 août 1821. Le *Récit de la Conduite du Régiment [...]*, écrit par Pfyffer von Alitshofen, se vendait sur place, aux visiteurs du monument.   S. W.
Litt. : Beat Wyss, *Löwendenkmal in Luzern*, Schweizerische Kunstführer, Gesellschaft für Schweizerische Kunstgeschichte, Basel, 1977 ; Im Hof, 1984, p. 101 et p. 112

Chronique d'une mort héroïque
Georges de Montmollin, victime de lui-même

Dans une lettre qu'elle adresse à Benjamin Constant le 29 mars 1790, Isabelle de Charrière[1] décrit, avec sa verve coutumière, quelques-uns des personnages qui fréquentent pour lors son salon :

> *Me de Trémauville a de l'esprit et du sens en petite monnoye courante et de tous les jours. Cela m'ennuye déjà un peu : il n'y a ni melodie dans sa voix ni elegance dans son ton. Sa fille est jeune, pale sans idée, mais elle est amoureuse c'est quelque chose & l'objet est un bel indolent qui joue du violon comme un ange, & qui a tous les talens possibles. Si les ressorts de cette elegante machine etoient moins foibles, il en resulteroit les plus belles choses, mais, quoique sa musique soit son fort, à peine lit-il les notes dans une clef ; il peint joliment, cependant je ne pense pas qu'il ait jamais dessiné une figure entière. C'est sans remede, car voyant combien on s'extasie de ce qu'il fait sans effort, il commence à être glorieux de son étonnante paresse. Vrayment, un violon, dès qu'il le touche, rend des sons aussi doux qu'éclatans. Je n'ai rien entendu de pareil. Il m'a dit qu'il avoit fait un tour de promenade avec vous à Neuchâtel ; il s'appelle de Montmollin, c'est un grand jeune homme avec une jolie petite tête brune : peut-être vous en souviendrez-vous*[2].

On ignore si Benjamin Constant, à la lecture de cette lettre familière, se rappela la promenade qu'il avait faite avec Georges de Montmollin (1769-1792) mais, avec le recul du temps, on peut dire que, sans le savoir, Mme de Charrière venait de planter là toute la distribution d'un authentique drame héroïque et amoureux qui devait se terminer le 10 août 1792 à Paris, dans le bain de sang inutile et cruel du jardin des Tuileries.

Du mariage de Jean-Frédéric de Montmollin (1740-1812), conseiller d'Etat et maire de Valangin, avec Anne-Marie Deluze naquirent en tout et pour tout deux fils dont les destinées, fort différentes, allaient marquer, chacune à leur manière, l'histoire et la tradition neuchâteloises. Le cadet Frédéric-Auguste (1776-1836) (que nous laisserons ici) suivit son père dans la carrière de Conseiller d'Etat et de maire de Valangin en lui succédant à cette double fonction dès 1803 ; député à la Diète fédérale dès 1814, il fut l'un des trois signataires neuchâtelois du pacte fédéral du 7 août 1815, qui sanctionnait définitivement l'entrée de Neuchâtel dans la Confédération.

Quant à Georges (1769-1792) il devait connaître un destin beaucoup plus tragique et laisser, par là même, dans la mémoire collective des Neuchâtelois un souvenir beaucoup plus marqué que celui très empreint d'officialité de son cadet. Tous les témoignages connus s'accordent à faire de Georges un être d'exception et celui d'Isabelle de Charrière vient à propos nous confirmer dans l'idée que cette louange universelle ne doit rien à l'auréole du martyre puisque sa lettre est largement antérieure au drame de 1792. On peut donc sans crainte accréditer les lignes que Magdeleine de Perregaux (1838-1919), née de Montmollin, et petite-fille de Frédéric-Auguste, nous livre dans ses *Mémoires*[3], qui viennent de paraître intégralement...

> *Ce Georges dont on possède plusieurs portraits était beau, aimable, rempli de talents, un charmeur. Il était à la fois la gloire et le tourment de ses parents. A l'université de Heidelberg, il ne fréquentait que des princes, et partout où il allait était l'enfant gâté de chacun. Il était fiancé avec une jeune de Trémauville, réfugiée française de la société de Mme de Charrière...*
>
> *Beaucoup de choses parlaient de lui à la maison du haut de la Borcarderie. La petite chambre des amours où j'habitais dans mon enfance (ainsi nommée parce que sa tapisserie gris bleu est parsemée de petits amours rouge feu qui, deux à deux, élèvent en l'air une énorme pensée rouge aussi) était ornée de ses œuvres, un chien de chasse dessiné à la plume et une sainte famille au crayon. On a de lui des eaux-fortes qui témoignent d'un vrai talent. Il était aussi très musicien. Dans la chambre de mes parents, il y avait une petite esquisse en pied d'oncle Georges jouant du violon et sous laquelle est ce quatrain :*
>
> *" Au triste sort d'un bon fils, d'un bon frère*
> *Qui pourrait refuser des pleurs*
> *Il ne parut qu'un instant sur la terre*
> *Et cet instant lui gagna tous les cœurs*[4] *".*

Ces quelques lignes mêlent apparemment la légende dorée et la vérité historique. En effet, désireux de connaître dans quelle faculté de l'Université de Heidelberg Georges de Montmollin avait étudié, force nous a été de constater que celui-ci n'avait jamais été immatriculé dans aucune des sections de cette prestigieuse institution[5]. Il faut donc croire que, conformément à la réputation de facilité et de dilettantisme qui était la sienne, il ne fit en Allemagne qu'un séjour de plaisance dont on ignore à la fois les dates et les buts. On comprend dès lors mieux qu'il ait pu n'y fréquenter que des princes... Il semble donc bien qu'il ait opté très rapidement pour la carrière militaire.

Faute de documents originaux, rapportons-nous à la sobre évocation de sa brève existence que fait son père, le 9 août 1796 dans une supplique qu'il adresse à François Barthélemy[6], futur membre du Directoire, pour lors ambassadeur de France en Suisse, auprès de qui il intercède en faveur de la famille d'Estièvre de Trémauville, soupçonnée, à tort semble-t-il, d'avoir émigré en Suisse à l'aube de la Révolution :

> *Mon fils Georges servait depuis quelque temps dans le régiment Suisse de Salis-Samade : il fit en 1789 la connaissance de Mlle Julie de Trémauville qui était dans sa quinzième année ; il se forma entre eux un attachement réciproque : l'assurance qu'il eut peu après de l'obtenir lorsqu'elle aurait dix-huit ans ; la perspective de passer ensuite une partie de sa vie en Normandie*[7] *renouvellèrent ensuite le dézir d'entrer au Régiment des Gardes Suisses ; Le Cte d'Affry lui promit la première place, mais cette promesse, souvent répétée dès lors, resta sans effet jusqu'au mois de juillet 1792. Alors il écrivit à mon fils*

qu'étant authorisé de nommer à dix-huit places vacantes, il lui offroit la première l'invitant, s'il acceptait cette offre, à partir incessamment. L'agitation qui régnait à Paris m'engagea à conseiller un refus : mes représentations, celles de Mesdames Trémauville ne purent le dissuader ; entraîné par sa funeste Etoile, mon malheureus fils accepta, partit le 3 août, arriva le 7 à Paris, fut reçu le 9 et le lendemain 10 aoust... Votre Excellence me permettra de ne pas achever un récit déchirant ! mais je n'ay jamais compris et je ne saurais pardonner à un vieux militaire[8], bien instruit de tout ce qui se passait, d'avoir sacrifié inutilement un jeune homme pour prix de la confiance qu'il lui avait toujours témoignée. Mon fils n'était âgé que de vingt-trois ans et demy, il venait d'en passer une à Neufchâtel, uniquement occupé des nœuds qu'il allait former, en sorte que ni luy, ni la famille Trémauville ne sauraient être soupçonnés d'avoir trempé dans aucune conspiration ou complots qui peuvent avoir existé contre la Constitution pour lors établie[9].

Au-delà d'une douleur paternelle bien compréhensible, on relèvera dans cette lettre deux éléments fort intéressants ; d'abord une nouvelle condamnation sans équivoque de l'incurie du comte d'Affry, le sénile et octogénaire commandant de la Garde suisse, considéré par quasiment tous les historiens militaires comme responsable de l'inutile massacre des Tuileries, survenu, on le rappellera, après la reddition du roi ; ensuite l'attentive suppression de la particule nobiliaire de la famille Trémauville qui n'était plus de mise sous la Convention.

A défaut du témoignage du père, brisé par l'émotion, c'est à son cousin Ostervald[10] que nous emprunterons le récit de la mort du jeune enseigne Montmollin. Le 8 octobre 1792, après avoir épuisé tous les espoirs de retrouver vivant et caché le jeune officier, il adresse ces mots pathétiques au père du jeune martyr :

Il n'est que trop vrai qu'il n'est plus... Il a succombé sous le nombre dans la place Vendôme. Si quelque chose pouvait vous consoler de la perte d'un tel fils, c'est la manière dont il est mort. Il s'est battu avec la fermeté d'un homme de cœur et il est mort comme un héros. Oui, mon cher cousin, il a conservé jusqu'au bout le drapeau qui lui était confié, et qui lui a coûté la vie, car s'il l'eût abandonné, il pouvait peut-être échapper comme le soldat qui a fait le récit de sa fin. Après avoir tué plusieurs de ces assassins, il est tombé dans les bras d'un caporal qui voulait l'entraîner et qui se perdait pour le sauver.

— Laissez-moi mourir, lui a-t-il dit, sauvez-vous et déchirez le drapeau[11].

D'autres témoignages sont encore plus précis, sans pour autant qu'on connaisse exactement leurs sources.

La synthèse de l'abbé Jeanneret dans sa *Biographie Neuchâteloise*[12] : *Le caporal qui le soutenait ayant reçu lui-même un coup mortel, Monmollin s'enveloppa dans son drapeau et ses meurtriers ne purent s'en emparer qu'après sa mort en le déchirant*[13].

Ou encore le récit de Richard Feller dans l'*Histoire militaire de la Suisse*[14] : *Cependant 200 Suisses avaient réussi à se frayer un chemin par le jardin. Assaillis de tous côtés par une fusillade nourrie, ils parvinrent à la place Louis-XV (place Vendôme) et se groupèrent autour de la statue équestre de ce prince ; le lieutenant de Montmollin se tenait au milieu, portant le drapeau du premier bataillon. Des cavaliers foncèrent sur eux et se mirent à les sabrer. Montmollin tomba, frappé à mort ; mais en tombant il arracha le drapeau de sa hampe et le roula autour de son corps criblé de blessures. Le régiment de la garde périt glorieusement au pied de la statue*[15].

A ces deux versions, empreintes de ferveur patriotique, nous préférons l'émouvante sobriété de Magdeleine de Perregaux : *Georges (fut) tué avec la garde suisse aux Tuileries le 10 août 1792 ; il mourut enveloppé dans le drapeau blanc à fleurs de lys des Bourbons*[16].

La mort de Georges de Montmollin ne serait en fait qu'une péripétie relativement banale, noyée dans le sombre destin de plus de 400 soldats et officiers du régiment de la garde dont le sacrifice inutile est commémoré depuis 1821 par le célèbre « Lion de Lucerne », si des circonstances très remarquables ne venaient lui donner un relief tout spécial. En effet, les trente derniers jours de la courte vie de Georges de Montmollin offrent à l'historien un de ces raccourcis existentiels saisissants dans lesquels les événements paraissent s'enchaîner de manière inexorable vers une issue fatale. Examinons-les sur la foi de documents privés, conservés dans la famille Montmollin et que seul Philippe Godet a eu le privilège de consulter jusqu'à ce jour pour son article de 1904[17].

On se souvient que Georges de Montmollin entre en 1786 au régiment de Salis-Samaden au sein duquel il accède en 1789, l'année de ses vingt ans, au grade de sous-lieutenant. Son régiment étant stationné à Rouen, le jeune officier y fait la connaissance de Julie de Trémauville et acquiert bientôt le droit de faire officiellement sa cour à la jeune adolescente. Ses sentiments étant partagés, il obtient des Trémauville l'assurance de recevoir la main de leur fille lorsque celle-ci aura atteint ses dix-huit ans. En juin 1789, la famille de Trémauville[18] au grand complet entreprend donc le voyage de Neuchâtel pour faire la connaissance des parents Montmollin et négocier du même coup les clauses du mariage de leur fille et de son soupirant. Ainsi que l'atteste le Manuel du Conseil de ville de Neuchâtel[19], ils louent la Grande Rochette dès le 28 septembre 1789. Quelques mois plus tard, ils déménagent à Colombier où *ils ont loué la maison de Melles du Paquier*[20] comme l'écrit Mme de Charrière à Chambrier d'Oleyres le 27 janvier 1790. La négociation du mariage était-elle l'unique raison de leur départ de France ? Ou bien l'agitation qui troublait la session des Etats généraux réunis depuis un mois à Paris engagea-t-elle les Trémauville à profiter de l'occasion pour quitter momentanément une patrie qui menaçait de devenir peu sûre pour la noblesse, comme l'affirmèrent plus tard les Conventionnels chargés d'enquêter sur les émigrés ? Une telle hâte n'était manifestement pas de mise à ce stade des événements révolutionnaires.

Nous pensons que le motif premier et réel du départ des Trémauville est bien celui qu'allèguera le marquis au cours de son interrogatoire devant le comité de Sûreté générale le 25 ventôse an III (15 mars 1796), à savoir qu'*il a été en Suisse en 1789 ... pour marier sa fille et le prétendu étant mort*[21] *à l'époque où ils auraient pu rentrer, sa fille en a été si affectée qu'elle a laissé passer l'occasion favorable*[22] ; mais on est en droit d'imaginer que l'évolution de la situation en France révolutionnaire ne l'ait guère incité à précipiter le retour de sa famille vers ses terres patrimoniales. Pourtant, deux lettres de Mme de Charrière à Jean-Pierre de Chambrier d'Oleyres en février et mars 1792[23] nous décrivent un Trémauville violemment aristocratique et nous apprennent qu'après de nombreuses hésitations il s'est décidé à rentrer au pays avec le fils aîné qu'il avait d'un premier mariage, laissant en sécurité à Neuchâtel son épouse et leurs deux enfants communs, Emmanuel et Julie, dans l'attente du fameux mariage dont l'échéance approchait. Une lettre écrite le 28 mai 1792 par Marie-Anne-Jeanne Saurin[24] à Isabelle de Charrière semble prouver que Mme de Trémauville rejoignit temporairement son époux à Paris dans le courant du printemps, confirmant ainsi l'avis de la dame du Pontet[25] qui écrivait le 23 mars à Chambrier d'Oleyres : *J'ai peu de loisirs parce que j'attens Me de Tremauville. Elle a passé un assez long tems dans les angoisses de l'incertitude. Faut-il retourner en France ou ne pas y retourner ? M. de Tremauville s'est décidé quant à lui. Il est parti avant hier & je crois Me decidée à le suivre s'il ne revient pas mais sans ses enfans*[26]. Disons pour conclure brièvement sur les Trémauville que leur destin mouvementé se poursuivit jusqu'en 1802, date à laquelle toute la famille fut enfin réunie à Sahurs, non sans que le père ait été emprisonné un an sous la Convention et que la mère et ses enfants aient connu l'exil à Constance où ils s'étaient installés en quittant Colombier au début de 1793.

Quant à Georges de Montmollin que nous retrouvons au début de l'été 1792, il vit dans l'attente de deux événements : son mariage avec Julie et l'obtention d'une place d'officier au régiment suisse de la garde. Malheureusement pour lui, la précipitation enthousiaste qu'il va mettre à poursuivre sa carrière militaire le privera des douceurs de l'hymen.

Dans une lettre écrite le 25 juillet 1792 à son cousin Jean-Pierre de Chambrier d'Oleyres, alors chambellan de Frédéric-Guillaume II (roi de Prusse et prince de Neuchâtel, rappelons-le), Jean-Frédéric de Montmollin nous apprend que l'avenir de son fils est en train de se décider, non sans lui créer quelques inquiétudes paternelles bien naturelles :

Il y aura bientôt une année que mon fils obtint de M. le Cte d'Affry la promesse de la première place vacante dans le Rt des Gardes suisses ; mais les circonstances survenues dès lors ayant rendu très incertaine la conservation de ce corps, le Roi ne voulut pas permettre qu'il s'expédiât aucun brevet. Cela n'a pas empêché mon fils de donner sa démission dans le régiment de Salis-Samade où il avait servi quelques années, persuadé comme on l'était assez généralement, qu'un nouvel ordre de choses aplanirait dans peu les obstacles qu'il avait rencontrés pour son entrée aux Gardes suisses. Effectivement, je reçus le 13 de ce mois une lettre de M. le Cte d'Affry datée du 8, dans laquelle il m'annonçait que... le Roi l'avait autorisé de nommer aux places vacantes dans le Rt des Gardes, et que si mon fils voulait courir les risques de l'incertitude où était ce corps par rapport à son sort futur, il se ferait un plaisir de réaliser actuellement la promesse qu'il lui avait faite l'année dernière.

...mon fils a accepté, mais l'inaction où sera probablement ce régiment à Paris ne s'accordant guère avec le désir de s'avancer, si naturel à un jeune homme, il a pris le parti d'écrire à M. le Cte d'Artois, colonel général, pour le prier de l'employer partout où ses services pourront lui être le plus agréable. Il ne serait donc pas impossible qu'il reçût l'ordre de se rendre en Allemagne plutôt qu'à Paris...[27]

Le Comte d'Artois ayant informé Georges de Montmollin que le régiment était destiné à escorter la personne même du roi, celui-ci, n'écoutant aucun avis, partit pour Paris dans les premiers jours d'août, non sans avoir averti le comte d'Affry, par une lettre du 31 juillet, qu'il avait dû différer son départ pour *des circonstances impérieuses et quelques arrangements de famille*[28].

111

Le 8 août 1792, il arrive à Paris et s'empresse d'écrire à son père pour le rassurer sur les circonstances de son voyage ; voici le texte de cette lettre émouvante entre toutes puisqu'elle sera le dernier message du jeune homme :

Paris, ce 8 août 92

Je ne vous écris que quelques lignes, mon cher père, afin de vous rassurer sur mon compte et sur mon arrivée à Paris...

Je fais mes visites ; je serai reçu jeudi dans la cour du château... Ce jour est un grand jour pour la France et pour nous ! L'on doit décider la déchéance du Roi, peut-être pis... L'on doit nous désarmer et nous chasser ; tout notre régiment sera aux Thuileries ce jour-là !

Nous sommes détestés des Faubourgs, surtout des Marseillais qui sont ici, et qui sont les plus grands scélérats que jamais la terre ait produit ; ils commettent impunément et ouvertement des assassinats dans les rues ! Pour aller au château, nous sommes obligés de faire porter nos uniformes ; nous serions insultés si nous passions dans les rues avec lui ! Nos soldats ont l'ordre de n'aller plus que cinq ou six ensemble, afin de n'être pas maltraités ! Adieu, je vous embrasse tous... Pardonnez mon griffonage, mais comme vous n'êtes pas l'unique personne à qui j'ai été obligé d'écrire, et que j'ai beaucoup d'occupation, je suis obligé de finir[29].

On est en droit de supposer que Julie de Trémauville comptait parmi les personnes à qui Georges donna de ses nouvelles ce jour-là ou le suivant. Mais où est l'ultime billet qui relia les deux amants ? On n'en entendit jamais parler, même si Julie porta longtemps encore le chagrin de cette séparation, au point qu'elle ne pouvait voir un Neuchâtelois sans verser des larmes, si l'on en croit Camille de Malarmey de Roussillon[30] qui la fréquenta assidûment pendant son séjour à Constance.

Georges de Montmollin mourut le 10 août dans les circonstances que nous avons relatées plus haut ; mais la nouvelle de sa mort probable, parvenue à Neuchâtel six jours plus tard, laissait encore planer quelques doutes que viennent attester divers passages de la correspondance de Mme de Charrière. Ainsi écrit-elle le 17 août à Chambrier d'Oleyres :

C'est d'une lettre de son oncle Frederic de Luse que l'on conclut qu'il est tué. Après avoir fait entendre qu'il est lui même legerement blessé il dit dans une de ses lettres pour mon neveu... dans une autre il dit qu'il ne sait pas ce que son neveu est devenu. Vous voyez sous quel joug ils sont ! Ils n'osent pas dire qu'on les blesse qu'on les tue ! »

Samedi au soir[31].

Me de Montmollin a écrit de la Borcaderie a sa mere au Bied que son fils avoit été tué. Il n'en faut donc plus douter. La petite de Tremauville est au desespoir. Ce n'est pas trop dire au desespoir. Son amant n'etoit aux gardes que de la veille...[32]

Effectivement le doute va planer encore longtemps sur la mort de Georges de Montmollin, et ceci bien que divers documents soient rapidement venus confirmer la triste nouvelle. Ainsi cette lettre, que rapporte Philippe Godet dans l'article essentiel déjà cité, signée Dano ou Daro et datée de Paris le 10 septembre 1792[33].

On y découvre la liste émouvante des effets personnels du lieutenant Montmollin retrouvés après sa mort : son cabriolet[34], sa chatouille[35], son violon, ses hardes et son linge. Avec cette précision : *Le grand habit, qui est neuf, est entre les mains du tailleur...* En effet, les archives familiales conservent un relevé de compte, établi à Paris par le banquier Rougemont chargé de liquider les affaires de Georges, dans lequel on remarque la facture d'un tailleur, portant la date même de la tragique journée :

1792, août 10
Fourni du drap bleu pour revers, collets et parements	*15 L*
Fourni la broderie argent	*165 L*
Pour l'épaulette	*35 L*
Façon de l'habit et veste uniforme	*24 L*
[...][36]	

On apprend en outre dans la même lettre qu'ayant perdu 25 louis d'or au jeu le 8 août au soir, Georges de Montmollin aurait eu cette parole sibylline et désabusée : *Qu'importe ! je n'en aurai peut-être plus besoin dans peu !*[37] Une fois de plus c'est au style dépouillé et efficace de Magdeleine de Perregaux que nous revenons pour nous voir confirmer, en trois phrases, les faits que nous venons d'évoquer : *Il fit beaucoup de dettes, s'engagea en France et y mourut dès le lendemain de son arrivée dans un uniforme emprunté à un ami*[38]. *On dit que ses parents brûlèrent tous les papiers qui auraient montré à quel point il les avait ruinés. Son frère même ne sut jamais les chiffres de ses folles dépenses et on ne garda de lui qu'un souvenir attendri*[39].

Malgré donc une avalanche d'informations concomitantes, certaines personnes de l'entourage de Georges (et particulièrement Mme de Trémauville) continuèrent de faire crédit aux bruits les plus invraisemblables, affirmant que le jeune enseigne, après s'être fait passer pour mort, se serait réfugié dans le faubourg Saint-Honoré où on l'aurait vu chez une mystérieuse veuve B. qui aurait pris soin de lui. En février 1793 encore, Marie-Claude de Trémauville fait part de ses doutes à Mme de Charrière : *... on pourrait, sans inquietter la femme qui a gardé G. l'engager a parler : l'or est un puissant motif... Si on pouvait savoir ou demeure la femme en question : je repondi que l'argent ne seroit pas epargné, avec cela on sait tout ! on est maître de presque tout... si nous restons dans le doute ma conduite sera bien embarrassante avec j... ou plutot elle sera facheuse car je ne voudrois pour rien l'engager dans une dèmarche dont elle pourrait me reprocher les suites...*[40]

C'est finalement l'avis de Pierre-Alexandre Du Peyrou dans une série de lettres à Isabelle de Charrière qui, pour nous en tout cas, vient mettre un terme à toutes ces spéculations avec un réalisme et une ironie qui ne nous étonnent guère. S'il se moque des recherches entreprises dans les bois au-dessus de Colombier en précisant : *C'est la decouverte du nouveau monde qu'entreprennent vos heros dans le bois de Rochefort ; mais du moins qu'ils ne se tiennent pas tout à fait sur la lisière. Il faut chercher un lieu qui ne soit pas à la vue des passans !*[41], il finit par classer l'affaire le 13 mars 1793 dans les termes suivants :

Je dis encore que ce pauvre M. qui ne faisoit que d'arriver manquoit nécessairement d'une foule de renseignements que devoient avoir ceux qui habitoient Paris depuis longtems, et que sauvé du premier choc, il auroit eû peine à échapper aux poursuites subsequentes ne s'etant ouvert à personne de sa connoissance, ce qui paroit incroyable. Le suposant echapé au massacre du 10, il paroit impossible que personne, parmi tant de camarades, de parens même qu'il avoit à Paris, n'en ait eu aucun renseignement, tandis que des etrangers affirment sa mort, et meme des circonstances. Pour moi, sans rejetter une chance possible à la rigueur, je la reduis non pas comme d'une à cent, à mille, mais à un milliard et plus[42].

Après l'opinion réaliste d'un homme qui n'avait pas coutume d'employer les chiffres à la légère, il ne reste plus qu'à citer, pour servir de conclusion à cet épisode héroïco-romantique des relations franco-neuchâteloises, les termes tout empreints de fatalisme dans lesquels le père du jeune officier martyr écrit à M. de Trémauville le 29 août 1792 :

Mme de T. vous a mandé, monsieur le marquis, la profonde affliction dans laquelle nous sommes tous plongés depuis quinze jours par la perte de notre cher George ; une destinée inévitable l'a fait courir à grands pas à cette affreuse journée du 10, *et avec lui se sont évanouies pour toujours ces espérances de bonheur qu'il aurait dû à vos bontés*[43].

Seul et mélodieux témoin putatif de cette belle aventure d'amour et de sang, il reste au musée de Neuchâtel un superbe clavecin Rückers récemment restauré et qui aurait été apporté de France par les Trémauville... mais ceci est une autre histoire !

Jean-Pierre JELMINI

Notes

1. Isabelle de Charrière (1740-1805), née Belle de Zuylen, vécut à Colombier près de Neuchâtel de 1771 à sa mort. De sa belle propriété du Pontet, elle entretint une abondante correspondance avec des personnages de tout premier plan au nombre desquels on compte Benjamin Constant. Son œuvre comprend des romans, des essais, du théâtre et même un opéra et quelques pièces de musique. Elle est un témoin irremplaçable de la vie intellectuelle et sociale de la Principauté de Neuchâtel dans le dernier quart du XVIIIe siècle.

2. Isabelle de Charrière, *Œuvres complètes*, 10 volumes, éditions G. van Oorschot, Amsterdam, 1979-1981. Edition critique publiée par Jean-Daniel Candaux, C. P. Courtney, Pierre-H. Dubois, Simone Dubois-De Bruyn, Patrice Thompson, Jeroom Vercruysse et Dennis M. Wood, tome 3, pp. 216-217.

3. *Souvenirs de Magdeleine de Perregaux, née de Montmollin (1838-1919)*, publiés par la Caisse de famille Montmollin en 1988, sans indication de lieu d'édition.

4. Magdeleine de Perregaux, *op. cit.*, pp. 38-39.

5. Lettre de la Ruprecht-Karls-Universität Heidelberg, du 9/11/1988, signée Dr Weisert, Universitätsarchivar. Archives de la Ville de Neuchâtel, AVN 518/88.

6. François Barthélemy (1747-1830), diplomate et homme politique français, ambassadeur en Suisse, membre du Directoire, sénateur et comte d'Empire puis ministre d'Etat et marquis sous Louis XVIII.

7. La famille de Trémauville à laquelle Georges de Montmollin était lié par ses fiançailles était possessionnée à Rouen et Sahurs (cf. note 18).

8. Louis d'Affry (1713-1793), colonel du régiment des gardes suisses dès 1767. Son attitude indécise lors de l'émeute du 10 août a largement terni le souvenir de sa longue et brillante carrière antérieure.

9. Lettre publiée par Philippe Godet dans son article : « Georges de Montmollin, enseigne aux gardes suisses, et la famille de Trémauville », *Musée Neuchâtelois*, 1904, p. 11.

10. Probablement un des descendants de Jean-Frédéric Ostervald, dont la fille Barbe avait épousé Jean-Henry de Montmollin en 1708.

11. Philippe Godet, *op. cit.*, pp. 16-17.

12. F.-A.-M. Jeanneret (1864-1862), *Biographie neuchâteloise*, ouvrage publié à titre posthume par J.-H. Bonhôte.

13. F.-A.-M. Jeanneret, *op. cit.*, vol. 2, pp. 104-105.

14. *Histoire militaire de la Suisse*, publiée sur l'ordre du chef de l'Etat-major général, le colonel commandant de corps Sprecher von Bernegg, sous la direction du colonel M. Feldmann et du capitaine H. G. Wirz, Berne, 1915-1921.

15. Richard Feller, *op. cit.*, vol. 3, cahier 6, pp. 49-50.

16. Magdeleine de Perregaux, *op. cit.*, p. 38.

17. Cf. note 9.

18. « Pierre-Bruno-Emmanuel d'Estièvre de Trémauville (1729-1822) accompagné de sa femme Marie-Claude de Grieu et de leurs enfants Emmanuel et Julie, avaient émigré dès l'été de 1789 » selon les commentateurs des *Œuvres complètes* de Mme de Charrière, *op. cit.*, vol. 3, p. 678. Fuite réelle ou voyage familial pour conclure un

mariage, c'est là un des aspects demeurés obscurs de toute cette histoire.

19. *Manuel du Conseil de Ville*, vol. 28, fo. 211, recto, Archives de la Ville de Neuchâtel (AVN).
20. Isabelle de Charrière, *op. cit.*, vol. 3, p. 182.
21. On notera avec quel soin M. de Trémauville évite de narrer les circonstances exactes de la mort du fiancé de sa fille.
22. Procès-verbal d'interrogatoire rapporté par Philippe Godet, *op. cit.*, p. 21 (cf. note 9).
23. Isabelle de Charrière, *op. cit.*, vol. 3, pp. 340 et 348.
24. Marie-Anne-Jeanne Saurin, née Sandras (1734-1795/6), veuve du poète dramatique Bernard-Joseph Saurin et fidèle correspondante de Mme de Charrière qui avait fréquenté son salon à Paris. Isabelle de Charrière, *op. cit.*, vol. 3, p. 830.
25. Cf. note 1.
26. Isabelle de Charrière, *op. cit.*, vol. 3, p. 348.
27. Philippe Godet, *op. cit.*, p. 14.
28. *Ibid.*, p. 15.
29. *Ibid.*, p. 15.
30. Pierre-Louis Malarmey de Roussillon (1770-1802) ; émigré dès 1793, il vécut successivement à Neuchâtel, à Orvin-sur-Bienne, à Champittet près d'Iverdon puis à Constance. Isabelle de Charrière, *op. cit.*, vol. 4, p. 916.
31. La lettre est écrite sur deux jours.
32. Isabelle de Charrière, *op. cit.*, vol. 3, pp. 404 à 407.
33. Philippe Godet, *op. cit.*, p. 16.
34. Littré donne trois sens parmi lesquels il est impossible d'opérer un choix : corde, couteau, fauteuil ?
35. Le mot est ignoré de Littré, Larousse et Robert ; Philippe Godet lui assigne le sens de « casquette ou nécessaire », *op. cit.*, p. 16.
36. Philippe Godet, *op. cit.*, p. 16.
37. *Ibid.*, p. 16.
38. Le major Forestier selon Philippe Godet, *op. cit.*, p. 16.
39. Magdeleine de Perregaux, *op. cit.*, pp. 38-39.
40. Isabelle de Charrière, *op. cit.*, vol. 3, pp. 499-500.
41. Isabelle de Charrière, *op. cit.*, vol. 3, p. 568.
42. Isabelle de Charrière, *op. cit.*, vol. 3, p. 552.
43. Philippe Godet, *op. cit.*, p. 18.

140. Anonyme.
Portrait de Georges de Montmollin (1769-1792).
Fin du XVIIIe siècle
Médaillon, émail sous verre, au dos monogramme JG en cheveux, diam. 5 cm
Neuchâtel, Archives et Estampes historiques

141. Anonyme.
Portrait de Julie de Trémauville.
Fin du XVIIIe siècle
Dessin colorié
11 × 10 cm
Neuchâtel, Archives et Estampes historiques

LES GENERATIONS
AURONT PEINE A LE CROIRE
DIX SIECLES DE VERTUS
D·M·
Gme FUZIÉ CAYLA
Jb Fois PREVOST
DE ROCHEMONT
J·F·Marc DES COMBES
PIERRE CHENAUD
PHILIPPE MEUNIER
VIVIEN–DECORT
INNO
CENTE
TAMEN
ARMIS
PERIE
D·M·
FRANÇOIS
ANDRE
NAVILLE
FONDATEUR
DE LA
CHAMBRE des
CURATELLE

COMITÉ DES VII
ADMINISTRATION DE 1794
TRIBUNAL
REVOLUTIONNAIRE
RAPORT Diplomatique
Bourdillon au Grand Club

Genève en révolution

Dans la séquence des événements de l'époque révolutionnaire qui ont frappé la Suisse, Genève, à l'instar de l'évêché de Bâle, occupe une place à part. Une longue tradition de discussion politique avait conduit les bourgeois de la ville, puis les natifs (ces descendants d'immigrés, plus nombreux que les bourgeois, mais totalement dépourvus de droits politiques) à de nombreux soulèvements armés contre les Conseils patriciens. Ces Conseils, imbus de principes aristocratiques, avaient peu à peu confisqué tout le pouvoir à leur profit, ne laissant à l'ancienne bourgeoisie, théoriquement souveraine, qu'un *simulacre de liberté* (le mot est de Rousseau) en matière d'élections et un droit de « représentation » (soit de remontrance, ou de pétition) sans consistance.

Au milieu d'une prospérité économique qui attire sans cesse de nouveaux venus, les insurgés obtiennent, au fil des ans, quelques satisfactions. Si bourgeois et patriciens s'appliquent à barrer l'accès des natifs à la bourgeoisie, ceux-ci finissent par obtenir, sinon l'égalité politique, du moins l'égalité économique, en particulier l'accès à toutes les maîtrises des métiers. Aux bourgeois, une codification écrite des lois est promise mais constamment ajournée.

Le rebondissement le plus spectaculaire des « troubles » genevois se produit en 1782, quand la bourgeoisie, appuyée (et peut-être précédée) par des natifs, prend les armes et épure de force les Conseils restreints pour leur imposer son programme. Cette « Révolution » provoque l'intervention armée de la France, de Berne et de la Sardaigne. La ville est assiégée, les chefs de la bourgeoisie se rendent, au grand dépit du petit peuple. Un régime sévère est imposé aux Genevois, qui n'ont plus d'espoir de changer leur « Constitution » sans l'accord de Versailles. Beaucoup d'opposants émigrent, de gré ou de force.

Le climat de 1789 va permettre aux bourgeois et natifs de reprendre leur combat. En janvier, une émeute suit l'augmentation du prix du pain : le gouvernement cède, et doit faire des concessions pour tenter de se concilier une bourgeoisie hostile, face au danger populaire. Les émigrés politiques peuvent rentrer, les cercles fermés après 1782 (ils avaient été les foyers de discussion politique durant tout le siècle) sont à nouveau autorisés, la garde bourgeoise est timidement reconstituée : alors que les idées embrasent l'Europe, les Genevois vont ainsi retrouver leurs armes, leurs lieux de délibération et leurs chefs.

L'année 1790 marque le début de l'offensive. Les pamphlets politiques, étouffés depuis 1782, foisonnent avec une vigueur nouvelle. Aux arguments propres à l'histoire institutionnelle de la cité se superposent l'exemple du grand pays voisin, ses Droits de l'homme, son Assemblée nationale, bientôt sa Constitution. Dès 1790, les natifs et les « sujets » de la campagne, appuyés en particulier par les avocats Jacques Grenus et Alexandre Bousquet, revendiquent l'égalité politique ; les bourgeois progressistes, rassemblés dans le nouveau Cercle de l'Egalité, réclament une nouvelle constitution consacrant le principe de la séparation des pouvoirs et de l'amovibilité des magistrats, la révocation des jugements politiques rendus durant tout le siècle (en particulier à l'encontre de Rousseau), des garanties contre l'arbitraire de la justice, et la liberté d'expression.

Trois journées d'émeutes, en février 1791, où paysans et natifs, appuyés par le cercle de l'Egalité, se donnent la main, ébranlent le gouvernement. Trahissant le mouvement, la majorité de la bourgeoisie, conduite par Du Roveray (le procureur général lors de la Révolution de 1782) négocie son appui armé au gouvernement en échange des desiderata de tout un siècle. Le gouvernement accepte, les bourgeois s'arment, l'émeute est maîtrisée. Les négociations, dont les natifs sont exclus aboutissent à cette compilation écrite, tant désirée par la bourgeoisie depuis plus d'un demi-siècle, des lois de la petite République. Ouvrage de compromis, le nouveau *Code genevois* entre en vigueur à la fin de 1791. Les bourgeois du Cercle de l'égalité demeurent pourtant hostiles au gouvernement, de même que les natifs, dont la majorité n'ont pas obtenu l'égalité politique qu'ils réclamaient.

C'est l'irruption des troupes françaises en Savoie, puis leur présence aux portes de Genève, qui va donner au mouvement des égaliseurs l'impulsion nécessaire à une Révolution intérieure. Menacées par la France, honnies par les bourgeois de l'Egalité et par les natifs, les troupes suisses appelées en renfort quittent Genève assez piteusement, au grand dépit des magistrats de la cité. Un décret de la Convention nationale du 19 novembre 1792, promettant aide et assistance aux peuples qui désireraient se libérer, décide les Conseils restreints, apeurés, à accorder à tous les Genevois, sans distinction, l'égalité politique. Sans en attendre le jour, les natifs s'insurgent le 4 décembre. Les points stratégiques sont envahis de révolutionnaires en bonnets rouges et partout dans la cité l'on plante des arbres de la liberté. Le gouvernement est contrôlé par un Comité des quarante nommé par les différents cercles de Genevois.

De nouveaux différends conduisent les natifs révolutionnaires à provoquer, le 28, une seconde insurrection qui met fin aux Conseils patriciens. Du Comité des quarante sort un gouvernement provisoire plébiscité au suffrage universel. On se hâte d'élire une Assemblée nationale législative, qui élabore une constitution démocratique, respectant strictement le principe de la séparation des pouvoirs et l'amovibilité annuelle des magistrats. La justice et l'administration sont réorganisées. Un système d'instruction publique éclairé, obligatoire et largement gratuit, est prévu par la loi, de même qu'un système d'assistance sociale généreux et tolérant. Mais le manque d'argent ne permettra pas leur réalisation.

La Révolution du 28 décembre 1792 consacre la rupture avec « l'Ancien Régime ». Berne et Zurich interrompent leurs relations diplomatiques avec Genève,

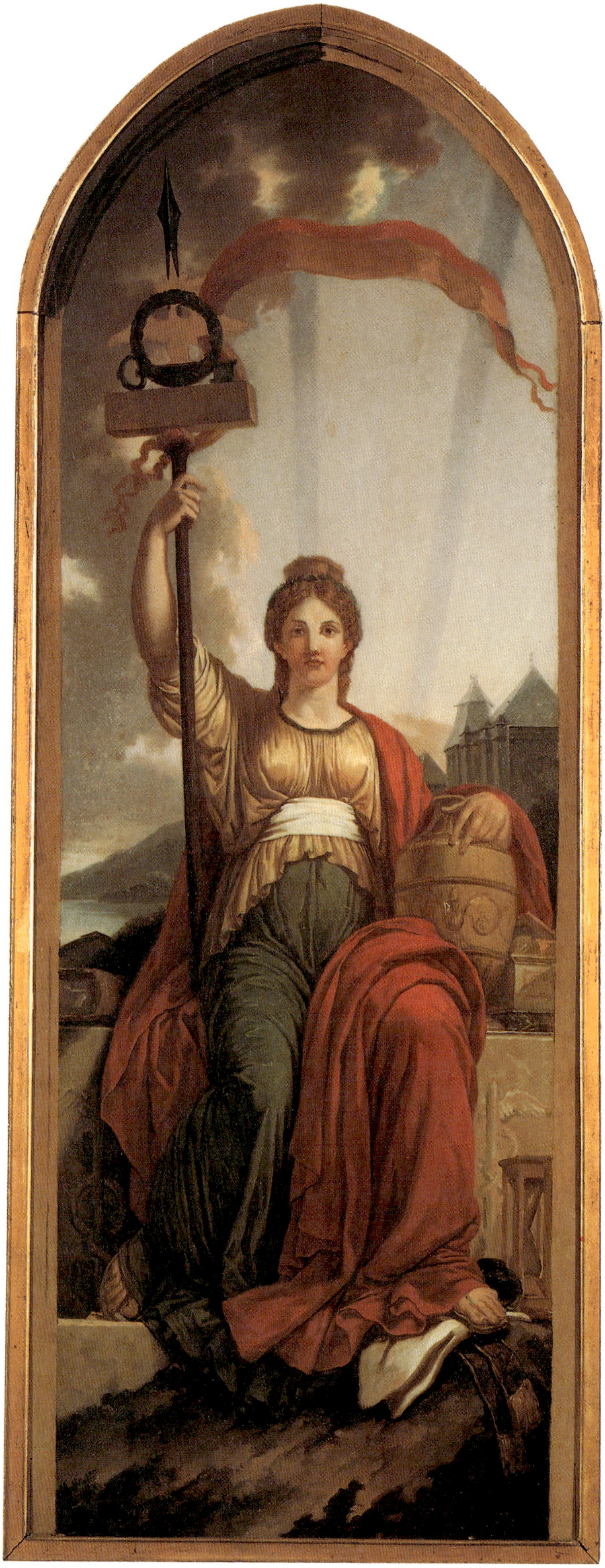

143

jusqu'à l'installation du gouvernement constitutionnel en avril 1794. Mais l'alliance de Genève avec ces cantons préserve la cité d'une annexion à la France. A l'intérieur, les opposants manifestent leur mécontentement, méprisent les nouvelles autorités, raillent les « patriotes », et appellent de leurs vœux une défaite militaire des Français qui ramènerait l'ancien ordre de choses à Genève également. Il s'ensuit une rude répression populaire à coups de bâton et de nerfs de bœuf contre ceux que les patriotes appellent des « englués ». Les difficultés économiques et la précarité du ravitaillement exaspèrent les conflits, qu'attise l'exemple très proche de la France jacobine (Carouge n'est qu'à un quart d'heure de marche de Genève). Coppet et Nyon deviennent des lieux d'exil, alors qu'à Genève, le pouvoir est descendu dans la rue : un Grand Club rassemble tous les patriotes et dicte ses volontés au nouveau gouvernement.

La tension culmine lors de l'été 1794. La rumeur que le nouveau système d'impôts, très allégé et beaucoup plus démocratique, va être boycotté une seconde fois par la faute des « aristocrates », et qu'un « complot » menace la Révolution genevoise, conduit à une nouvelle insurrection des cercles « patriotes », rebaptisés Clubs. Au moment où la Terreur connaît ses derniers jours à Paris, un tribunal révolutionnaire est établi à Genève. Onze Genevois, « aristocrates » ou « englués », sont fusillés sous la pression des extrémistes. Un second tribunal punira de la même peine les chefs d'une société convaincue d'avoir comploté contre l'indépendance de la République. Une lourde taxe extraordinaire sur les fortunes est décrétée. Le retour à l'ordre constitutionnel s'effectue peu à peu. L'été suivant, un « acte d'oubli » est plébiscité par les Genevois des deux partis. La constitution est amendée sans perdre ses principales attributions. Les émigrés rentrent au pays. Mais la France resserre son étreinte autour de Genève pour la forcer à demander son annexion.

En avril 1798, alors que Berne vient de tomber, Genève est occupée et négocie, sous la contrainte, un traité de réunion. Ainsi, au moment même où tout commence pour le Pays de Vaud, Genève, fatiguée par huit ans de bouleversements, va connaître le sort d'une préfecture de province sous le Consulat et l'Empire.

De ces événements colorés ne demeure qu'une iconographie assez pauvre. Les vives scènes d'émeutes n'ont apparemment jamais été croquées, à la différence des « journées » parisiennes. On ne possède guère de gravure de ces nombreux arbres de la liberté, surmontés d'un bonnet de fer blanc, qu'on avait dressés un peu partout. La cérémonie d'installation de l'Assemblée nationale genevoise, berceau de la première Constitution moderne de la cité, n'a pas été immortalisée par le crayon. L'anniversaire de la naissance de Rousseau, célébré dès 1793, n'a laissé qu'une modeste gravure du monument que les Genevois lui ont dédié. La commémoration de l'Escalade, devenue fête de l'indépendance et de l'Egalité, n'a laissé aucune trace. Cocardes révolutionnaires et en-têtes des documents officiels témoignent le plus souvent d'une imagination assez pauvre et de dons médiocres. Genève ne manquait pourtant pas d'artistes de talent, même dans le parti de la Révolution. La carence est-elle due à l'étroitesse du marché local, une fois les notables fortunés exclus ? Si elles sont politiques, les illustrations évoquent le « retour à l'ordre » (La paix descendue du ciel, de 1789), ou le « regret » et la « honte » (Le tombeau des condamnés de 1794), non l'explosion populaire ou les nouveaux acquis ; les scènes de

121

rues, dont certaines, dues à Geissler, datent de 1794, donnent l'image d'une ville tranquille. Seul Saint-Ours, qui a fait en quelque sorte office de « peintre officiel » de la Révolution, a laissé de ce régime quelques images de commande : portrait symbolique de la République, costumes des magistrats révolutionnaires. C'est bien plus par les textes que la Genève révolutionnaire peut revivre aujourd'hui.

Eric Golay

144

ENTRÉE DES TROUPES SUISSES ET FRANÇOISES DANS GENÈVE le 2.me Juillet 1782.

142. Anonyme.
Aux mânes des victimes du Tribunal révolutionnaire de Genève 1794.
Eau-forte aquarellée, 39 × 54 cm
Genève, Bibliothèque publique et universitaire
Bibl. : Chapuisat, 1912, face p. 68

Les courants néo-classiques de la fin du XVIIIe siècle ont beaucoup utilisé la pyramide pour la réalisation de monuments funéraires (jusqu'au tombeau de Marie-Christine d'Autriche à Vienne par Antonio Canova). L'artiste qui dessine ce violent pamphlet contre-révolutionnaire a représenté les tombeaux de chaque aristocrate ou « englué » condamné par le Tribunal révolutionnaire qui avait siégé du 22 juillet au 9 août 1794. D'une pyramide dressée au centre des monuments funéraires surgissent dans un nuage la Justice, la Sagesse et la Vérité : cette dernière, sur ordre de la Patrie qui désigne du bras les coupables, dirige son miroir sur la caverne des ténèbres pour faire fuir les furies révolutionnaires qui lâchent des écrits subversifs dans leur course éperdue.   P. C.

143. Jean-Pierre Saint-Ours [1752-1809].
Etude pour la « République de Genève ».
1794
Huile sur panneau, 95,8 × 49,5 cm
Genève, Musée d'art et d'histoire
Bibl. : Anne de Herdt, notice 138 du catalogue *Saint-Pierre cathédrale de Genève, un monument, une exposition.* Musée Rath, Genève, 10 juin-10 octobre 1982 [avec bibliographie]

Jean-Pierre Saint-Ours [1752-1809] est né dans une famille de réfugiés huguenots installée à Genève. Il se forme à Paris aux côtés de Jacques-Louis David et à Rome de 1780 à 1792 où il entre en contact avec les milieux néoclassiques. De retour dans sa ville natale, au moment de la révolution genevoise, il participe activement à la vie politique de la cité. A l'instar de son ami David à Paris, il joue à Genève un rôle important dans le domaine des arts publics : réorganisation des institutions d'enseignement artistique, mise en scène des cérémonies en l'honneur de J.-J. Rousseau, réalisation de costumes, etc. Il reçoit par ailleurs en 1794 une commande officielle du gouvernement genevois pour le chœur de Saint-Pierre transformée en « Temple des Lois » ; il réalise ainsi une grande peinture allégorique représentant la *République de Genève* [Musée d'Art et d'Histoire, Genève, huile sur 21 panneaux, 385 × 151 cm]. L'étude pour cette peinture monumentale ne diffère que par quelques détails de l'œuvre définitive.

Si, d'un point de vue formel, Saint-Ours a été chercher son inspiration dans des dessins qu'il avait rapportés d'Italie (Cybèle, Minerve ou Déesse de Rome selon Anne de Herdt, 1982, p. 138), il paraît évident que, du point de vue iconographique, il reprend le symbole visuel de la République française de 1792 adopté par la Convention pour son sceau officiel qui représente « la France sous les traits d'une femme vêtue à l'antique [...], tenant de la main droite une pique surmontée du bonnet phrygien ou bonnet de la Liberté, la gauche appuyée sur un faisceau d'armes »[1]. Saint-Ours ajoute sur la tête féminine la couronne tourelée, symbole de la cité, et il transforme la pique au bonnet phrygien en une enseigne à la romaine — sur laquelle apparaîtra dans la version définitive la devise adoptée à Genève POST TENEBRAS LUX — surmontée d'un tricorne à cocarde et à plumes. Le faisceau d'armes est remplacé par une urne — sur laquelle l'artiste dessinera le profil de Rousseau en bas-relief dans l'œuvre définitive.

La figure allégorique vient prendre place de manière surprenante devant un paysage qui n'a rien de symbolique puisqu'il représente de manière bien « réelle » le lac, le Salève et les tours de la Cathédrale de Genève.

[1]. Reproduit dans Maurice Agulhon, *Marianne au combat. L'imagerie et la symbolique républicaines de 1780 à 1880*, Paris, 1979, fig. p. 28. Voir également la *Liberté* (1792) de Nanine Vallain qui décore la salle des séances du Club des Jacobins (Louvre).   P. C.

144. Anonyme.
Entrée des troupes suisses et françoises dans Genève le 2me Juillet 1782 [...].
Eau-forte, 17,2 × 28,8 cm
Berne, Bibliothèque nationale suisse

Tout au long du XVIIIe siècle les *natifs* (bourgeois nés à Genève mais sans droits politiques) et les *citoyens* (quelques familles qui détiennent le pouvoir) se livrent une lutte sans merci dont l'enjeu est la réforme des institutions de l'ancienne république genevoise. Après de nombreuses tentatives non abouties, les *natifs* obtiennent enfin en 1781 les avantages accordés jusqu'alors aux seuls *citoyens* ; mais, devant le refus de l'oligarchie d'appliquer le nouvel édit, l'émeute éclate en avril 1782 et aboutit à la prise du pouvoir populaire. L'aristocratie recourt alors à l'intervention étrangère : à son appel, les troupes royales de France et de Sardaigne, appuyées par l'armée de LL.EE. de Berne viennent mettre le siège devant la ville. Un ultimatum est lancé le 29 juin et les troupes entrent dans Genève qui se rend le 2 juillet 1782. La gravure anonyme représente d'une manière naïve les divers épisodes de cette occupation qui met fin à l'expérience populaire. Du trompette qui lance l'ultimatum sur la gauche à l'arrivée des troupes sur la droite, en passant par la scène caricaturale du centre : la remise des clés de la ville par un des *Représentants* (ainsi nommés parce que ces bourgeois ne manquaient aucune occasion depuis 1762 de demander des *représentations* tendant à faire réunir le Conseil général) et un des *Négatifs* (désignés ainsi parce que ces aristocrates avaient toujours opposé leur *droit négatif* pour empêcher toute *représentation*). Le *Représentant* est ici figuré sans bras pour montrer son impuissance à empêcher l'intervention étrangère (les membres de ce parti avaient d'ailleurs pour la plupart quitté Genève précipitamment) et le *Négatif* montre sa reconnaissance servile à l'occupant en faisant mine de le lécher.

P. C.

Litt. : DHBS, t. 3, article « Genève » ; Guichonnet, 1974, pp. 255-257 ; Guerdan, 1981, pp. 205-218

145. Christian Gottlob Geissler (1729-1814).
Retour du Conseil Général tenu le 10 février 1789.
Eau-forte, aquarelle et rehauts de gouache
40,7 × 47,2 cm [t.c. 38 × 45 cm]
Genève, Bibliothèque publique et universitaire
Bibl. : Rivoire, 1897, t. 1, p. 478, n° 3029 ; Vovelle, 1986, t. 1, p. 234

Depuis 1782, les syndics et conseils avaient joui d'une période de paix que l'hiver rude de 1788-89 va venir troubler. Une augmentation du prix du pain par le Petit Conseil provoque des émeutes, notamment dans le quartier populaire de Saint-Gervais. Patriciat et bourgeoisie ont peur du mouvement populaire qui leur échappe et amorcent un rapprochement qui débouche sur des mesures de libéralisation : réouverture des cercles, retour des exilés, abaissement des impôts, blocage du prix du pain, etc.

Pièce maîtresse de l'iconographie historique genevoise de cette période, l'estampe de Geissler présente le moment où les conseillers se rendent de Saint-Pierre à l'Hôtel de Ville, après que le Conseil Général a ratifié les nouvelles mesures démocratiques. L'artiste a choisi d'exhalter l'aspect « réconciliation » et liesse populaire des événements de l'hiver 1788-89 dans une vue semi-plongeante de la rue de l'Hôtel de Ville.

P. C.

146. Christian Gottlob Geissler.
La Paix descendue du Ciel le 10 février 1789 sur la République de Genève, dans ce fortuné jour nous retrouvons nos Pères et nos Pères aussi le cœur de leurs Enfans.
Eau-forte, 19,9 × 26 cm [t.c. 15,3 × 21,4 cm]
Genève, Bibliothèque publique et universitaire
Bibl. : Vovelle, 1986, t. 1, p. 235

Reprenant le thème de la vue précédente, Geissler représente scénographiquement le même endroit mais selon une perspective inversée. La *Paix descendue du Ciel* permet de gommer la complexité des mécanismes politiques et d'éviter les explications sur les rapports de force ou les alliances momentanées entre les diverses factions de la classe politique genevoise. Sur le plan iconographique, il faut noter ici la « collision » surprenante de la réalité de la vue urbaine et de l'irréalité de l'apparition de la Paix descendant du ciel.

P. C.

147. Le Colporteur Genevois. Par permission des nobles, magnifiques & très honorés Seigneurs Syndics et Conseils, on trouve chez l'*Orgueil*, Libraire du Conseil & de la République, tout près de la Place du Repentir, les articles suivants [...].
1782
Eau-forte partiellement en couleur, 28,9 × 22,3 cm
Zurich, Musée national suisse

Bibl. : Rivoire, 1887, t. 1, pp. 400-401, n°s 2499 et 2500.

Le colporteur est chargé d'œuvres de Grenus, Clavière, d'Yvernois, Vieusseux, etc., tous les chefs du soulèvement de 1782, exilés ou bannis après le retour à l'ordre. Tout autour du colporteur, les titres fictifs des livres, médailles et estampes en vente, comme s'il s'agissait d'une réclame. Les titres ne trompent pas sur les intentions de l'auteur anonyme : il s'agit d'une satire contre les Représentants vaincus.

P. C.

148. La Marchande Genevoise. Par permission de nos magnifiques & très honorés Seigneurs, Syndics & Conseils, on trouve chez la veuve Carrillon, rue du Babil, tout près de la place du Pot cassé, un assortiment d'almanachs, d'images & de chansons [...].
1782
Eau-forte partiellement en couleur, 28,7 × 22,7 cm
Zurich, Musée national suisse
Bibl. : Rivoire, 1897, t. 1, p. 401, n° 2501

Cette estampe est le pendant du *Colporteur Genevois* et constitue une amère satire contre les vaincus, en particulier contre les vingt et un bannis au moment du rétablissement de l'oligarchie grâce à l'intervention des troupes étrangères.

P. C.

PAR PERMISSION

Des Nobles, Magnifiques & très-honorés Seigneurs Syndics & Conseils, on trouve chez l'Orgueil, Libraire du Conseil & de la République, tout près de la Place du Repentir, les articles suivans.

LIVRES.

I.
Très-humbles Représentations des Citoyens & Bourgeois, 400 volumes in-folio.

II.
Extrait des Régistres du magnifique Conseil, en réponse, 200 vol. in-folio.

III.
Libelles & autres pieces Oratoires, 100 vol. in-fol. avec un supplement, sous Presse.

IV.
Précis historique de la derniere Révolution de Geneve, avec des Planches, où l'on voit de belles & grandes attaques, & des massacres nocturnes.

V.
Relation de la conjuration contre le Gouvernement de Geneve. Le Frontispice représente un char de triomphe, dans lequel sont traînés les Otages; le Peuple suit; des chats-huants, des hiboux & des chouettes ferment le cortege.

VI.
Un très gros livre en blanc, intitulé CODE, où chacun peut écrire la meilleure maniere de gouverner les hommes & les femmes, avec un Appendix pour les enfans.

VII.
Méthode facile de conduire le Peuple à la sédition & aux émeutes, par une société de gens de lettres.

VIII.
Nouvelle maniere de calculer la défense des Places d'après le baron Châtel, avec des Planches.

IX.
L'art d'éviter les Bombes, Boulets & autres Bouches à feu, publié par ordre de la Commission de sûreté.

X.
Excellent moyen de concilier les esprits opposés, en trois gros vol. avec 14 mille figures, si expressives qu'elles font trembler.

XI.
Effets merveilleux de la poudre à canon contre les enragés, les forcenés, les faméliques & les relachés, avec des preuves authentiques.

XII.
Moyen efficace pour faire taire les gens qui inquietent, publié à Versailles, nouvelle édition, commentée à Turin, revue à Berne en 1782.

Le Colporteur Genevois.

Argent de mon reste.

On trouve aussi dans la même Boutique un assortiment de Bonnets de Grenadiers, des armes de toute espece, de la poudre mouillée, de vieux linges pour pancer les blessés, & des drogues de toute especes, contre les défaillances & les maux de cœur.

MEDAILLES.

I.
La Médaille en or, décernée en 1767 par les Citoyens & Bourgeois à leurs 24 Commissaires, avec cette légende: *Vous voyez*, leur dit-il, *l'effet de la Concorde*; on la cédera au dessous du prix.

II.
La Médaille des Citoyens & Bourgeois représentans, décernée le 1er Juillet 1782 à leurs 21 chefs proscrits, avec la légende: *Vous voyez*, leur dit-il, *l'effet de la Discorde*.

ESTAMPES.

I.
Les Négatifs sans têtes, & les Représentans sans bras.

II.
Le Courage, comme il vient, & comme il s'en va.

III.
Un Répresentant mort de frayeur, les Chirurgiens l'ont ouvert & ne lui ont point trouvé de cœur, ce qui fait craindre une épidémie, cette Estampe a 4 pieds 3 pouces de hauteur, sur 3 de large.

IV.
Les dames Romaines, dédié au beau sexe de la République; ce sujet est noble & grand, & fait l'admiration des curieux de la belle nature. On voit de belles Dames, jeunes & jolies, le carquois sur l'épaule, en pet-en-l'air, en jupon court, travaillant à dépaver la ville; des curieux les yeux fixes, la lorgnette à la main, les regardent faire.

V.
A quelque chose malheur est bon. On voit un homme qui a l'air fatigué, dormir tranquillement au milieu des soldats qui le gardent, la bayonnette au bout du fusil.

VI.
L'entrée des troupes Françoises & Suisses dans Geneve, le 2 Juillet 1782. Dessiné d'après nature.

VII.
Le Prophète Elizée exhortant le Peuple Genevois à la soumission.

Ces Estampes & beaucoup d'autres, excepté les deux dernieres annoncées ci-dessus & qui paroissent présentement, seront enluminées, pour la satisfaction des Amateurs.

PAR PERMISSION

De Nos Magnifiques & très-honorés Seigneurs Sindics & Conseils, on trouve chez la veuve Carrillon, rue du Babil, tout près de la Place du Pot caffé, un assortiment d'Almanachs, d'Images, & de Chansons.

IMAGES.

I.
Une très-belle Image représentant cent braves Citoyens qui délibérent de se rendre.

II.
Une dite, représentant les Otages libérés, & invités par une députation de Citoyens & Bourgeois à vouloir bien faire la barbe aux vingt & un qui vont partir.

III.
Une dite, où l'on voit les Otages faisants la barbe à ces Messieurs, qui font la grimace.

IV.
Une dite, représentant les vingt & un, faisants de tendres adieux à leurs femmes.

V.
Une dite, représentant le départ de ces Messieurs; le Conseiller Major est à la tête, l'épée nue à la main; le Sindic Trésorier ferme la marche en habit de cérémonie, la populace sert de cortége.

VI.
Une superbe Image, représentant vingt & un Caporaux à moustaches, qui sont commandés pour aller consoler les Veuves des partans.

VII.
Une dite, où l'on voit la consolation des pauvres Veuves.

La Marchande Genevoise.

Suite de la Collection des Images.

VIII.
On voit l'arrivée triomphante des vingt & un à Neuchâtel; ils ont tous la bouche ouverte, pour respirer l'air pur de la liberté.

IX.
Une dite, où l'on voit la Députation solemnelle des quatre Ministraux, faisant leur harangue de félicitation aux nouveaux arrivés.

X.
Une dite, où l'on voit la représentation du *Te Deum*, chanté à ce sujet, après lequel les deux Orateurs de la Troupe font chacun un Discours, l'un sur la vaine gloire, & l'autre sur la bravoure; le Chapelain de la troupe finit par la priere, & le Cuisinier vient inviter tout le monde à souper.

XI.
Une dite, où l'on voit une description de la fête donnée le lendemain du *Te Deum* par les vingt & un arrivans, en mémoire de l'heureuse délivrance de ces Messieurs: le Syndic Trésorier en habit de Bal ouvre la Fête.

On trouvera aussi dans la même Boutique l'Almanach de la liberté, publié par ordre de la noble Commission de sureté; contenant les dates & époques des prises d'armes, les faits & les gestes de chacun, les noms des Commandans, celui des nouveaux Bourgeois, avec leurs surnoms & qualités; & aussi une explication exacte des mots, démagogues, démagogie, démocratie, anarchie, oligarchie, &c. &c.

N.B. L'Almanach du Gouvernement est sous presse, il sera très-curieux; on s'empressera de le fournir aux Amateurs sitôt qu'il paroitra.

Les Dames trouveront en tout tems chez la veuve Carrillon, l'Histoire abrégée des femmes qui se sont distinguées dans les sieges mémorables, tel que celui de St. Jean de Lone, & diverses autres pieces relatives aux exploits guerriers du beau Sexe.

*Buste élevé au Lycée de la Patrie
à la mémoire de Rousseau.*

158

Jean-Jacques Rousseau

Jean-Jacques Rousseau (1712-1778) renonça à son titre de citoyen de Genève en 1763 parce que, l'année précédente, les magistrats genevois avaient interdit et lacéré l'*Emile* et le *Contrat social*, sous prétexte que ces ouvrages étaient « téméraires, scandaleux et impies ». Quelques années plus tard, le 12 décembre 1792, le Conseil général de Genève à une forte majorité déclara nul ce décret porté autrefois contre ces deux livres.

Dans sa *Lettre à M. d'Alembert sur son article Genève* [...] Rousseau avait écrit : *Plantez au milieu d'une place un piquet couronné de fleurs, rassemblez-y le peuple, et vous aurez une fête. Faites mieux encore : donnez les spectateurs en spectacle ; rendez-les acteurs eux-mêmes ; faites que chacun se voie et s'aime dans les autres, afin que tous en soient unis.* Les habitants du quartier populaire de Saint-Gervais réalisèrent ce projet à la fin de 1792 et plantèrent dans leur quartier un « arbre de la liberté ». Quelques mois plus tard, les autorités décidèrent de fêter dignement la date anniversaire de Rousseau le 28 juin 1794. Le peintre Saint-Ours fut chargé de l'ordonnance de cette fête qui coïncida avec l'inauguration d'un monument élevé à sa mémoire.

Avant la Révolution, Jean-Jacques Rousseau bénéficie d'une popularité et d'une audience dans les milieux bourgeois comme chez les nobles. Pour ceux qui vont se recueillir sur sa tombe à Ermenonville ou qui se rendent en pèlerinage à Clarens, à Môtiers ou à l'Ile Saint-Pierre, il est surtout l'auteur de la *Nouvelle Héloïse* (le plus grand succès de librairie du siècle avec cinquante rééditions), donc le chantre de la Nature, alors que les admirateurs d'après 89 rendront plus volontiers hommage à l'auteur politique. Chaque parti aura sa propre vision de Rousseau, mais c'est de manière unanime qu'on lui décerne des éloges et, en octobre 1790, on installera son buste et des exemplaires du *Contrat social* dans la salle de l'Assemblée nationale. On ne compte plus les images qui représentent ou évoquent Rousseau dans des compositions historiques ou allégoriques. On assiste ainsi, dès les années 80, à la réémergence de la figure du philosophe : de la comédie en deux actes et en prose de Philippe Desriaux, *L'Ombre de Jean-Jacques Rousseau* (Paris, 1787) à la peinture de Geissler en 1794 qui renvoie de manière parodique à la résurrection du Christ (voir n° 160), tous les médias accordent une place au « citoyen de Genève ». P. C.

Litt. : Fernand de Girardin, *Iconographie de Jean-Jacques Rousseau* [...], Paris, [1908] ; Anne de Herdt, *Rousseau illustré par Saint-Ours*, Genève, MAH, 1978 ; Tanguy L'Aminot, « Un nouveau genre littéraire : l'écriture posthume de J.-J. Rousseau », *La Carmagnole des Muses*, Paris, 1988, pp. 319-332

149. Portraits en médaillon de Brutus, Scevola, Rousseau et Tell. Frontispice du *Chansonnier de la République pour l'an 3e dédié aux amis de la Liberté*, Bordeaux, Chapuy, Barba et Louis, An III.
Eau-forte, 11×7 cm
Genève, Bibliothèque publique et universitaire
Bibl. : Girardin, 1908, n° 486

Hommage aux héros de la Liberté, ce frontispice présente, face aux deux figures de romains (Brutus et Scevola) et à celle moyenâgeuse de Guillaume Tell, Rousseau comme seule personnalité « contemporaine ».

150. Jean-Jacques Rousseau.
Discours sur l'origine, et les fondemens de l'inégalité parmi les hommes. Amsterdam, Marc-Michel Rey, 1755.
BCU

151. Jean-Jacques Rousseau.
Du Contrat social, ou principes du droit politique. Amsterdam, Marc-Michel Rey, 1762.
BCU

152. Jean-Jacques Rousseau.
Emile ou de l'éducation. Paris, 1762.
BCU

153. Jean-Jacques Rousseau.
La Nouvelle Héloïse ou lettres de deux amans, habitants d'une petite Ville au pied des Alpes. Neuchâtel et Paris, Duchesne, 1764.
BCU

154. Description de la fête de J.-J. Rousseau, qui se célébrera le 28 juin 1794 [...] par Vernes de Genève, du Comité Législatif. 21 p.
Genève, Bibliothèque publique et universitaire

155. Discours prononcé par J. Desonnaz, [...] dans une séance publique qui eut lieu à la suite de la Fête de l'anniversaire de la naissance de Rousseau, le 28 juin 1794, l'an 3e de l'Egalité Genevoise. 20 p.
Genève, Bibliothèque publique et universitaire

156. Le retour de J.-J. Rousseau, scène patriotique, exécutée au Lycée de la Patrie le jour anniversaire de

sa naissance. A Genève 1794, par le citoyen Jeandeau.
8 p.
Genève, Bibliothèque publique et universitaire

157. Chanson pour l'anniversaire de la naissance de Rousseau, pour le 28 Juin 1794, l'an 3e de l'Egalité par le Poëte Sans Fard. 4 p.
[Se chante sur l'air du Devin du Village ; C'est un enfant]
Genève, Bibliothèque publique et universitaire

158. Boîte en loupe d'acajou. [1792]
Diamètre 6,5 cm ; hauteur 2,3 cm
MHAE
Dans le couvercle : estampe en couleur représentant les portraits de Voltaire, Rousseau et Benjamin Franklin
Bibl. : Girardin, 1908, n°s 483-84 et suppl. n° 483 *bis*

159. Abraham-Louis Girardet (attr. à).
Buste élevé au Lycée de la Patrie à la mémoire de Rousseau.
Eau-forte, 12×7,5 cm
Genève, Bibliothèque publique et universitaire
Bibl. : Girardin, 1908, n° 734

Conçu par le peintre Saint-Ours et réalisé par le sculpteur Jean Jaquet, ce monument a été élevé en 1794 au Bastion National, devenu pour l'occasion « le Lycée de la Patrie ». L'estampe, tirée de l'*Abrégé de l'Histoire de Genève* [...], Neuchâtel, 1798, pl. 5, a laissé le souvenir de ce lieu aujourd'hui disparu où quatre allées se rejoignaient : le *Contrat social*, le *Devin du Village*, l'*Héloïse* et l'*Emile*.   P. C.

160. Christian Gottlob Geissler.
Résurrection de Jean-Jacques Rousseau, 1794.
Eau-forte aquarellée, 23,9×37,4 cm
Môtiers, Musée Jean-Jacques Rousseau
Bibl. : Girardin, 1908, n° 927, pp. 227-228

Cette estampe date de l'année du transfert des cendres de Rousseau d'Ermenonville au Panthéon, transfert contesté par le marquis de Girardin et bon nombre d'admirateurs de Rousseau.

Cette « résurrection » est donc symbolique de l'événement vu comme une renaissance, ou une réanimation de l'écrivain, que la nation va honorer. Le paysage est celui d'Ermenonville : l'île des Peupliers. Rousseau est libéré du tombeau par un petit Amour nu et ailé qui a brisé le monument élevé sur l'île des Peupliers. Le philosophe a conservé son bonnet d'Arménien ; il est accueilli au sortir du tombeau par un hommage de fleurs, symboles de l'amour et du souvenir. L'île des Peupliers est devenue une île bienheureuse où des personnages figurent les grands thèmes des œuvres de Rousseau : *Emile* domine

avec les jeux et les activités éducatrices de l'enfant. C'est le paradis de l'innocence de la jeunesse où se manifeste l'atmosphère de fête villageoise. La *Nouvelle Héloïse* est suggérée aussi par la mère qui s'élance au secours de son enfant tombé dans l'eau. Faut-il voir dans le tronc tiré à terre un rappel des *Discours* ? Les personnages nus pourraient évoquer les peuples primitifs et l'entraide qui les caractérise ; mais une fois vêtus les petits hommes, transformés par la société se battent... Par contre les jeunes filles vertueuses parées de roses sont admirées !

Sur la rive du lac l'allaitement maternel résume une fois encore *Emile*. L'amour maternel et la famille auprès de l'aïeule renforcent les traits de l'union dans le bonheur. Au premier plan, à droite, la barque des Révolutionnaires, enfants brandissant des bonnets phrygiens, et autres membres de la Nation, va prendre le large pour ramener Rousseau sur terre ferme... et l'enfermer au plus profond du Panthéon.

François Matthey

149

Wann Trey und Eintracht feh

So siegt die Tiraney.

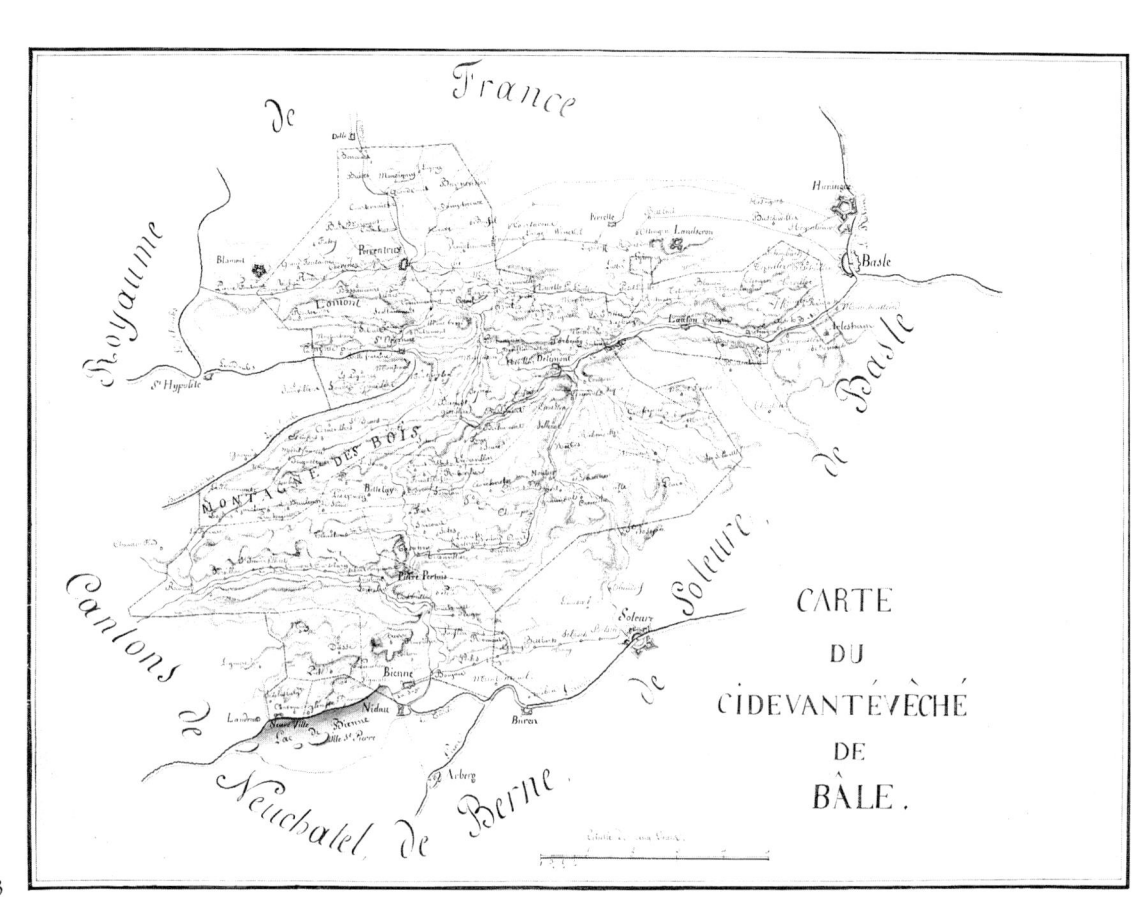

CARTE
DU
CIDEVANT ÉVÈCHÉ
DE
BÂLE.

Vivre la Révolution

Les journaux personnels du ci-devant évêché de Bâle

> *Mardi, 1ᵉʳ mai 1792.*
> *L'avocat Arnoux était en sentinelle à la porte de St-Germain lorsque les députés fugitifs Crétin, Laissue et Collon, armés de pistolets, fusils et sabres, se présentèrent. « Arrêtez, leur dit la sentinelle, où est votre passeport ? » Laissue, lui montrant un imprimé des Droits de l'homme, répondit : « Le voilà. »*
>
> Journal de François-Joseph Guélat, de Porrentruy.

Tous les alliés occidentaux des XIII cantons de la Confédération suisse (Dizains valaisans, république de Genève, principauté de Neuchâtel-Valangin, république de Mulhouse) ont été entraînés, à un moment ou à un autre, dans le sillage de la Grande Nation. L'évêché de Bâle, dont les parties ont été réunies à la France en 1793, puis en 1797-1798, l'a été plus que tout autre. Et sa période française fertile en péripéties (troubles révolutionnaires et départ du prince-évêque, République rauracienne, département du Mont-Terrible et arrondissements « jurassiens » du grand Haut-Rhin napoléonien) a suscité de volumineuses synthèses fondées sur les vastes séries administratives conservées aux Archives de l'ancien évêché de Bâle à Porrentruy (Gautherot, 1908 ; Suratteau, 1964 ; Bandelier, 1980). En revanche, en l'état actuel de nos connaissances, le vécu des contemporains n'est restitué que par une quinzaine de journaux personnels.

Appelés rôles ou éphémérides, livres de raison ou de remarques, ces « journaux » renvoient à un assez large spectre social et esquissent, à travers l'origine de leurs auteurs, les bornes d'une civilisation de l'écrit : pasteurs réformés ou religieux de Bellelay et de Lucelle ; juristes ou artisans des villes de Delémont et de Porrentruy ; « coqs de village » des bailliages protestants et catholiques, représentatifs de la couche supérieure du monde paysan. Le nombre restreint de tels documents ne doit pas cacher cependant leur relative densité par rapport à la période qui précède. Très liée aux traditions familiales et aux aléas d'une vie incertaine mais relativement immobile, la chronique épouse désormais l'événement. Des journaux personnels naissent, meurent, ou changent de nature sous le poids de l'Histoire : les mutations incitent tantôt à prendre la plume, tantôt à se réfugier dans le mutisme ; mais d'autres écrits manifestent l'accélération de l'Histoire par une périodicité plus fine ou une modification de leur contenu. Ce corpus, encore dominé par une vision providentielle de l'existence, inciterait à une minutieuse confrontation des affirmations et des faits. Je me suis limité ici à identifier ces rares moments où le style trahit l'attitude partisane ou le désarroi, en l'occurrence plus souvent la répulsion que la séduction pour les « nouveautés ».

On a coutume de prétendre que, dans la Confédération, 1789 fut une année sans relief. Or, le caractère inouï des bouleversements de la France fut immédiatement perçu

164

gravé par J. Billwiller.

Pierre pertuis defendu
par les trouppes de Berne & de Bienne en 7bre 1792.

dans l'évêché de Bâle : on ne débattait pas abstraitement de principes, on côtoyait des voisins entraînés dans la tourmente. Ainsi, le *Journal de ma vie* de Théophile-Rémy Frêne s'engage dans la relation des événements en évoquant directement la Grande Peur en Alsace. Le 6 août 1789, le pasteur de Tavannes déjeune à l'abbaye de Bellelay avec *Mr Gerard Bailli de Ferette, frere du Preteur de Strasbourg, fugitif, qui s'étoit sauvé pendant que les paysans de son bailliage, furieux, le cherchoient pour l'écorcher tout vif*. Le 16 septembre à Porrentruy, il rencontre à l'auberge *plusieurs Marchands françois qui, comme de ceux de la même Nation qu'[il avoit] vus à Delémont, Zelés partisans du tiers-état, parloient des affaires courrantes de France en Aveugles et Gascons* (Frêne, pp. 2362-2363 et 2399). Dès lors, dans une atmosphère où l'angoisse collective se traduit par la propagation de faux bruits, les commentaires trahissent le trouble d'un homme de la « première génération » des Lumières. Un jour, on se faisait l'écho d'une rumeur relative au renchérissement du grain ; le lendemain, on colportait la nouvelle que les horlogers de La Chaux-de-Fonds allaient arriver pour piller et brûler le couvent de Bellelay ! Mais aux alertes de 1789 ont rapidement succédé des incidents bien réels, où des sujets du prince-évêque étaient impliqués.

Effectivement, les bailliages septentrionaux avaient été plus précocement jetés dans la Révolution « vécue ». A la présentation des griefs au prince Joseph de Roggenbach avaient répondu la répression et l'occupation autrichienne. Puis, la présence militaire française, conséquence de la déclaration de guerre du 20 avril 1792, avait avivé la lutte des factions. Si *dans notre pays*, déclare le sculpteur Verdat (p. 2), *c'est par la chasse qu'a commencé la Révolution*, l'occupation étrangère posait bientôt le problème de l'appartenance de cette minuscule portion d'Empire. On doit à l'avoué Guélat, membre de la Régence établi au château de Porrentruy après le départ du Prince, une très prolixe description de cette évolution, grâce à la transformation de son livre de raison en journal dès le mois d'avril 1791. On mesurera l'état de tension ambiant à cette seule relation, choisie dans le moment de confusion qui précéda l'instauration d'une éphémère *république à part*. Le 21 octobre 1792, les plus résolus avaient planté un *mai de la liberté* en ville de Porrentruy. Le lendemain, les Bruntrutains portaient tous à leur chapeau la cocarde tricolore, signe provisoire de la concorde retrouvée. Le 5 novembre, avec des sentiments mélangés, la plupart paralysés par l'audace du geste, ils assistaient sinon participaient à l'investissement symbolique du château, lieu du pouvoir traditionnel : *L'après-midi vers quatre heures, l'arbre de la liberté y a été planté au milieu de la cour, portant le drapeau à trois couleurs et le bonnet rouge au sommet ; après quoi on est allé prendre une statue en pierre du prince, qui a été maltraitée de coups et de paroles. Deux soldats volontaires la traînaient par terre dans la boue, lui ont fait faire le tour de la ville aux cris multipliés d'une foule de personnes qui l'accompagnaient ; après quoi elle a été accrochée par Ignace Schwartzlin, maçon, au coin de l'hôtel de ville, où pendait le carcan. Quantité de bourgeois voyaient cela avec peine, sans oser dire un mot.* (Guélat, p. 81). Quelques semaines plus tard à Delémont, *les bourgeois ayant appris que les gens de Porrentruy voulaient venir planter l'arbre à Delémont, ils ont résolu de le planter eux-mêmes* (Moreau, p. 101). Bien plus, leur club devint le centre de la résistance au jacobinisme. Répondant à une proclamation française, les bourgeois et les habitants réunis dans l'église paroissiale cédèrent pourtant à la nécessité : *on a tous signé la dite déchéance [du Prince] et chacun s'est retiré chez soi, craignant les suites de ces affaires* (Verdat, p. 48). Les assemblées tumultueuses de la République rauracienne et l'organisation du département du Mont-Terrible furent l'occasion d'une provisoire mainmise des éléments les plus extrêmes sur le pouvoir régional. Les juristes modérés, qui représentent parfaitement la moyenne bourgeoisie urbaine du ci-devant Evêché, évitèrent d'exprimer leur consternation, peuplèrent les tribunaux et attendirent l'heure de la revanche.

La ruse et la dissimulation furent les armes de ceux sur qui pesèrent presque immédiatement une réquisition des biens et des hommes jamais connue depuis la guerre de Trente ans. Un jeune et riche meunier de Courfaivre, Jean-Nicolas Barbier, a exprimé de manière saisissante le refus des paysans, en particulier de la vallée de Delémont et des bailliages allemands. Il avait compris la radicale rupture intervenue, comme en témoigne cette présentation de l'école urbaine en l'an II : *A Délémont, il faut que les enfans aillent tous en classe, pour apprendre les droits de l'homme, le catéchisme de la République, qui demande si les prestres sont nécessaires ? — Non, ils ne sont pas seulement utiles. Et qui vous a créé, mis au monde ? Mon père et ma mère, au nom de la Nation.* (Barbier, p. 80). Le rural, souvent calculateur, savait néanmoins prendre des risques quand il se sentait menacé dans son essence et son existence. Ainsi en alla-t-il un certain 14 juillet 1794 : *le lieutenant qui est cantonné à Courfaivre, après qu'on a eu sonné l'angélus, un soir, celui-là a voulu les clefs de l'église, est allé sonner comme le tocsin pour ramasser ses soldats, pour leur prêcher ce que c'étoit que cette fête-là. Tout le monde y est couru parce qu'on croyoit qu'ils alloient briser dans l'église, et on vouloit les écraser.* La formation d'un bataillon des volontaires du Mont-Terrible entraîna une opposition aussi résolue : *Toutes les nuits, les hommes alloient coucher dans les haies ou dans les bois. On étoit tout comme des sauvages et il y avoit le pays rempli de soldats armés de faux, de piques, de crocs, de fusils. Quand on les voyoit arriver dans un village, tout le monde sautoit dans les bois, se cachoient et ces bougres tiroient sur ceux qui s'enfuyoient. A tout moment, ils tiroient sur quelqu'un et ils n'ont jamais attrapé personne en tirant. On prend cela comme pour un miracle de la Sainte-Vierge.* (Barbier, pp. 83 et 104).

Pendant ce temps à la ville, l'artisan accusait le campagnard de spéculation : *La récolte du grain est très modique ; mais il y a beaucoup d'orge et d'avoine. Cependant, tout reste au même prix par la malice du paysan, car il n'y a plus de maître. [...]. Voilà la liberté que nous avons, une grande cherté !* (Nicol, p. 90). Et il est vrai également qu'on avait largement bénéficié dans les villages des avantages liés à la libération de la terre, entre autres de l'abolition du droit de chasse et des servitudes « féodales ». On allait user bientôt de la possibilité de se racheter à bon compte à la faveur de la dévaluation de l'assignat. C'est ce que constate encore le meunier Barbier, sans doute inquiet en sa qualité de prêteur. Il explique avec précision le procédé en 1795 : *Pour les assignats, ils sont à prix de rien, car pour un écu neuf on a 100 L. [livres] en papier, et cependant ceux qu'on rédime [rembourse] sont toujours obligés de les prendre en leur valeur, ce qu'on voit faire tous les jours. Par exemple, je dois 200 L. de France à quiconque ; j'achète 200 L. pour 2 écus bien en secret et je m'en vais payer une obligation de 200 L. à celui qui m'avoit donné des beaux loujs d'or. Il est payé et obligé de me rendre l'obligation [...]. On attend tous les jours les ordres pour les faire raller à leur valeur, ma foi la machine guillotine fait sa ronde, on aura bougrement peur.* (Barbier, p. 117).

Le 15 septembre 1797, le général Gouvion Saint-Cyr s'assurait par la force la possession des bailliages méridionaux de l'Evêché. L'expédition militaire survenait dans une période moins dramatique de l'histoire française. Elle eut pourtant l'effet de la foudre sur Théophile-Rémy Frêne : la *terrible catastrophe* lui *a fait tomber de la main la plume pendant quatre ans.* Son journal, continué plus tard à partir de ses *papiers volants*, garde les traces d'une indicible émotion. Après avoir douté des desseins de la Providence au moment de la fermeture du couvent de Bellelay, avoir craint pour sa personne (ce qui est attesté par le *brûlement* de ses papiers), le précautionneux ministre de Tavannes laissait paraître en fait sa détresse personnelle quand il rapportait les ragots scabreux qui s'attachaient à la soldatesque française : *Je me rappelle qu'autrefois, avant qu'il fut question de François, j'entendois un Biennois qui disoit* Behüte uns Gott von den Franzosen, In der Stadt, und in der Hosen. *Nous ne pensions gueres alors que nous verrions un jour que les deux points contre lesquels portoit ce vœux auroient lieu dans ce pauvre Bienne. Au surplus, l'on dit que la Verole s'est prodigieusement introduite en Suisse par les François en cette derniere invasion. C'est une maladie qui paroit être l'apanage des François comme la lepre l'étoit des Juifs.* (Frêne, p. 2934). Ailleurs, chez ses compatriotes montagnards réunis à la France en mars 1793, la méfiance à l'égard du nouveau régime persistait toujours. Même l'avènement de Bonaparte n'éveillait aucune sympathie chez Henri-Joseph Voirol, du Prédame : *Sur la fin de l'année [1799], on publia une nouvelle Constitution à laquelle on ne comprenait guère. Elle contenait entre autres articles la sûreté de l'égalité, de la liberté et autres mensonges. On ne l'accepta ni refusa ; on ne signe ni d'une façon ni de l'autre.* (Voirol, p. 246).

Les exagérations du pasteur Frêne anticipaient les véritables vociférations qui accompagnèrent parfois la chute du Premier Empire dans les arrondissements de Delémont et de Porrentruy en 1814. Elles ne peuvent masquer les apports positifs du régime français, fait reconnu par l'expérience et les plus lucides des contemporains. La Révolution et ses prolongements napoléoniens avaient favorisé l'entrée du pays dans la modernité et l'avaient notamment doté des éléments aptes à défendre son particularisme dans la Suisse du XIXe siècle : code civil et impôt foncier, mais aussi renforcement paradoxal de ses corporations de droit public, bourgeoisies d'origine et paroisses.

André BANDELIER

Sources et bibliographie

Archives de l'Etat, Neuchâtel : Journal du pasteur Théophile-Rémy Frêne, ms, 7 vol. in-8° (édition en préparation par A. Bandelier, C. Gigandet, P.-Y. Moeschler et V. Spichiger, avec la collaboration de F. S. Eigeldinger, J.-Ph. Gobat et C. Moeschler).

Jean-Nicolas BARBIER, *Au moulin de Courfaivre pendant la Révolution française.* Journal manuscrit [...] commenté par Marcellin Babey, Moutier, éd. de la Prévôté, 1981, 138 p.

Journal de dom Moreau, bernardin de Lucelle, du 21 avril 1792 au 27 janvier 1793. Publié par Casimir Folletête, Fribourg, impr.-libr. catholique suisse, 1899, XXXII + 191 p.

Journal de François-Joseph Guélat, 1791-1802. Mémoires d'un bourgeois de Porrentruy, Delémont, Boéchat, 1906, XIV + 788 p.

« Journal de M. H.-J. Voirol, de 1770 à 1835 », dans Louis Vautrey, *Notices historiques [...]. District des Franches-Montagnes*, Genève, réimpression Slatkine, 1979, pp. 199-212, 221-222, 232-235, 240-264.

Notes et remarques de Jean-Jacques-Joseph Nicol, maître cordonnier, bourgeois de Porrentruy. Publié par Casimir Folletête, Porrentruy, Société typographique, 1900, VI + 106 p.

Mémoires de Claude-Joseph Verdat, sculpteur, bourgeois de Delémont. Publié par A. Daucourt, Porrentruy, Société typographique, 1901, II + 82 p.

André BANDELIER, *L'évêché de Bâle et le pays de Montbéliard à l'époque napoléonienne : Porrentruy, sous-préfecture du Haut-Rhin*, Neuchâtel, La Baconnière, 1980, XVI + 624 p.

Gustave GAUTHEROT, *La Révolution dans l'ancien évêché de Bâle*, t. 1 : *La République rauracienne* ; t. 2 : *Le département du Mont-Terrible, 1793-1800*, Paris, Champion, 1908, XXIII + 290 p. ; 390 p.

Jean-René SURATTEAU, *Le département du Mont-Terrible sous le régime du Directoire, 1795-1800*, Paris, Les Belles-Lettres, 1964, LVIII + 1081 p.

Wo Frey und Eintracht he[rrschen]
gewidmet unserm bidern Ei[dgenossen]

t, Sigt nicht die Tyranney.
oeſſiſchen Zuzug
von Pet: Viſcher des Raths, im Jahr 1792.

161. Peter Vischer-Sarasin.
Wann Trey und Eentracht fehlt, So siegt die Tiraney. (Lorsque manquent la fidélité et l'unité, la tyrannie triomphe).
1791
Eau-forte aquarellée, t.c. 16,8×23,4 cm
Bâle, Staatsarchiv, Bildersammlung + Signatur
Bibl. : Daniel Burckhardt-Werthemann, *Die politische Karikatur des alten Basel*, Basler Kunstverein, Berichterstattung über das Jahr 1903, pp. 21-22

162. Peter Vischer-Sarasin.
Wo Trey und Eintracht herscht, Sigt nicht die Tyranney. (Où règnent la fidélité et l'unité, la tyrannie ne triomphe pas).
1792
Eau-forte coloriée, 19,8×26,7 cm [t.c. 16,9×23,8 cm]
Bâle, Oeffentliche Kunstsammlung, Kupferstichkabinett

En 1789, l'Evêché de Bâle, principauté formée d'une mosaïque de territoires, restait officiellement un état du Saint Empire. Chassé de sa ville depuis la Réforme, le prince-évêque vivait à Porrentruy. A la fin de l'année 1790, le prince-évêque Joseph-Sigismond de Roggenbach (1726-1794), inquiet de l'importance des mouvements révolutionnaires dans l'Evêché, demanda de l'aide à son souverain ; aussitôt, l'empereur ordonna au régiment de Gemmingen de franchir le Rhin, à Bâle. Les Conseils du canton de Bâle s'opposèrent immédiatement à ce passage sur leur territoire, qui menaçait la neutralité helvétique. On réunit alors à Porrentruy une délégation formée de représentants de Bâle, Berne et Soleure. Les négociations échouèrent ; le 18 mars 1791, 500 soldats autrichiens traversèrent Bâle et entrèrent dans l'Evêché.

L'artiste bâlois Peter Vischer-Sarasin (1751-1823), membre du Petit Conseil et beau-frère de Pierre Ochs, était un adepte des idées révolutionnaires. Il réalisa deux gravures où il déplore la désunion des Suisses et l'intervention autrichienne. La première, *Lorsque manquent la fidélité et l'unité, la tyrannie triomphe*, évoque par la caricature les péripéties bâloises de 1791. Au centre, le canton de Bâle est symbolisé par la crosse et la devise de la ville : *Domine conserva nos in Pace*. A droite, le chanoine Johann Heinrich von Ligeriz, envoyé du prince-évêque à Vienne, tend un papier sur lequel on lit : *Calomnia* ; on peut interpréter ce geste comme une réponse à l'accusation d'attenter à la neutralité helvétique en faisant appel à l'Autriche. En face, deux animaux enchaînés l'un à l'autre incarnent les autorités que l'on convoqua pour régler le litige opposant le canton de Bâle à l'Evêché : Berne (l'ours) et Soleure (un petit singe), tous deux représentés de façon héraldique. Derrière la crosse de Bâle, un chapeau sur un bâton symbolise l'Helvétie (on retrouve ici l'amalgame fréquent entre le chapeau de Gessler et le bonnet sur la pique, antique emblème de la république). On reconnaît de part et d'autre les deux grandes puissances européennes : l'aigle à deux têtes (l'Autriche) tente de faire tomber le chapeau (et donc porte atteinte à la liberté de la Confédération), tandis que le coq (la France), effrayé, s'envole d'un perchoir qui tombe en ruine. On distingue au fond la ville de Bâle et, tout à droite, les troupes autrichiennes qui s'apprêtent à y pénétrer.

Où règnent la fidélité et l'unité, la tyrannie ne triomphe pas est le pendant de cette caricature. Les dimensions des deux eaux-fortes sont identiques, mais leur titre est inversé. Peter Vischer montre ici ce que devrait être l'attitude de la Confédération pour conserver son indépendance : l'union, symbolisée par le serment des Trois Suisses sur le Rutli. L'utilisation de cette image n'est pas innocente : il faut, comme en 1308, s'allier pour lutter contre le même ennemi, le tyran autrichien. L'inscription *Droit de l'hom 1789*, gravée dans une pierre à gauche, rappelle la sympathie de l'artiste pour la France. Il existe un état antérieur à la gravure (1791), avec une lettre différente : *Sey Ewig heilig Schweizerbund ! Heil Schwur uns tapfrer Väter Mund ! Wir sind vom Joche Frey Heil gab uns ihre Trey !* (Que l'union suisse soit à jamais bénie ! Nos pères en ont juré le salut ! Nous sommes libres du joug La fidélité nous a donné le salut !). La planche est dédiée à l'Assemblée nationale.

S. W.

Litt. : Daniel Burckhardt-Werthemann, 1903, pp. 21-22

163. Anonyme.
Carte du cidevant Evêché de Bâle.
Vers 1792
Dessin à l'encre de Chine, aquarellé, 45,1×59 cm
Musée de Porrentruy

164. Johann Jakob Lorenz Billwiller (1779-1832).
Pierre pertuis defendu par les Trouppes de Berne & de Biene en 7brs. 1792.
Aquatinte sur papier vélin, 27,6×39,2 cm
Zurich, Musée national suisse
Bibl. : de Capitani, 1986, p. 484 ; Bandelier, 1984, pl. 1

L'image montre la couverture militaire de Pierre-Pertuis, passage stratégique qui marquait la frontière entre la Prévôté de Moutier-Grandval et la Seigneurie d'Erguël, deux territoires de l'Evêché de Bâle.

S. W.

Litt. : *DHBS*, t. 5, article « Pierre-Pertuis »

165. Cachet de la République rauracienne.
Inscriptions : « RÉPUBLIQUE RAURACIENNE » et « VIVRE LIBRE OU MOURIR ».
1792-1793
Cachet de cire brune, 4,5×4 cm
Delémont, Musée jurassien d'art et d'histoire
Bibl. : Amweg, 1974, p. 67

La République rauracienne, *première république sœur de la Grande Nation* (Bandelier, 1984, p. 185), fut très éphémère. On peut retracer les principales étapes de l'émancipation jurassienne : le 20 avril 1792, la France déclare la guerre à l'Europe de l'Ancien Régime. Aussitôt, les troupes autrichiennes stationnées dans l'Evêché se retirent, et 2000 soldats français envahissent une partie du territoire (29 avril). Le prince-évêque de Roggenbach, sentant le danger, s'est enfui peu auparavant. Le 27 novembre, un groupe de Jurassiens réunis à Porrentruy s'érigent en « Assemblée nationale », et annoncent l'avènement de la République rauracienne ; proclamé officiellement le 18 décembre, le nouvel Etat comprend les seigneuries d'Ajoie, Delémont et Laufon, et la Prévôté de Saint-Ursanne. Le 23 mars 1793, le peuple vote son rattachement à la France : le territoire devient ainsi le 87e département de la République française, sous le nom de département du Mont-Terrible.　　　　　S. W.

Bibl. : *DHBS*, t. 1, article « Bâle » ; Gautherot, 1907 ; Gustave Amweg, *Histoire populaire du Jura bernois (Ancien Evêché de Bâle)*, Porrentruy, Aux éditions jurassiennes, 1974, pp. 60-71 ; Bandelier, 1984

166. Nouvelle Carte de France Divisée en 90 Départements Dressée d'après les Observations de Mr.de l'Académie Nat.le des Sciences [...]. A Paris Chez le Cn Desnos, Ingénieur-Géographe et Libraire des Etats de Danemark.
Fin du XVIIIe siècle
Gravure sur cuivre coloriée, 52,4 × 66 cm [t. c. 51,1 × 65 cm]
Musée de Porrentruy

167. Pipe du prince-évêque de Bâle Joseph-Sigismond de Roggenbach (1726-1794).
1793
Buis sculpté, 33 × 15 cm
Delémont, Musée jurassien d'art et d'histoire

Objet usuel, œuvre d'art, document historique, figuration symbolique, la pipe du prince-évêque de Roggenbach est une des pièces les plus intéressantes conservées au Musée jurassien d'art et d'histoire à Delémont. Achetée en 1966, elle provient de la collection privée de Mgr Charles Humair d'Undervelier.

Joseph-Sigismond de Roggenbach, élu prince-évêque à Porrentruy en 1782, se voit bientôt confronté aux idées nouvelles et aux forces armées de la Révolution. L'agitation croît parmi ses sujets, enflammés par la terrible effervescence parisienne. Les troupes françaises occupent une partie de l'Evêché le 30 avril 1792, Evêché qui deviendra bien vite République rauracienne, puis département du Mont-Terrible. L'évêque a fui Porrentruy, trois jours avant l'arrivée des Français, le 27 avril 1792, se faisant accompagner de 80 chariots de bagages. Il séjourne quelques mois dans sa ville de Bienne. Il ne s'y sent bientôt plus en sécurité et s'enfuit, le 3 décembre 1792, sur les bords du lac de Constance. Le 14 février 1793, à Porrentruy, un mannequin représentant l'évêque subit le triste sort qui a été celui du roi Louis XVI le mois précédent. Le mannequin est traîné sur une charrette tout autour de la ville, après quoi on lui tranche la tête et on le réduit en cendres. C'est alors que des sujets restés fidèles à Joseph-Sigismond de Roggenbach, et dont l'histoire n'a pas conservé le nom, lui font parvenir à Constance, somptueux cadeau, la fameuse pipe. Le prince-évêque va mourir là-bas, en exil, l'année suivante, le 9 mars 1794.

Le fourneau de la pipe, haut de 8 cm, est magnifiquement sculpté dans le buis. Le couvercle du fourneau, en argent et argent doré, est un travail d'orfèvrerie remarquable. Il est surmonté d'un petit coussin d'argent doré sur lequel reposent, croisées, la crosse, symbole du pouvoir spirituel de l'évêque, et l'épée, symbole du pouvoir temporel du prince. Et par-dessus, l'emblème héraldique de l'Evêché, la crosse de Bâle, la crosse jurassienne. Le couvercle n'est pas poinçonné, mais l'anneau d'argent qui retient la chaînette au tuyau porte le chiffre 13, titre du métal précieux, et les initiales I.P., initiales de l'orfèvre de Delémont Joseph Piegai. Le fourneau a la forme d'une souche d'arbre puissamment enracinée. Un singe et un renard s'appliquent à scier le tronc. Mais une chaîne puissante et cadenassée va retenir ensemble les deux parties sciées, surveillée par un chien et une colombe, laquelle tient bien en son bec la clé du cadenas. La souche symbolise l'Evêché de Bâle. Le singe, révolutionnaire bêtement imitateur des modes parisiennes, et le renard, révolutionnaire rusé et fourbe, travaillent à la perte de l'Evêché. Le chien fidèle et la colombe de la paix le maintiendront pourtant dans son intégrité. Sous le fourneau, une phrase latine : *Erunt vani iritique uti fumus perfidi sceleris conatus* (Seront vains et inutiles comme la fumée les efforts déployés pour accomplir un crime perfide). La phrase date curieusement la pipe. Tous les m, d, c, l, u, v et i sont écrits en majuscules et peints en rouge. En additionnant un M (1000), un D (500), deux C (100), un L (50), sept U et V (5) et huit I (1), on obtient 1793.

Jean-Louis Rais

168. Sceau du département du Mont-Terrible.
Inscriptions : « DEPT. DU M. TERRIBLE » et « AD. T. MPLE DU CANTON DE MALLERAY ».
1797-1800
Laiton, diamètre 3,5 cm
Delémont, Musée jurassien d'art et d'histoire
Bibl. : Bandelier, 1984, p. 185

169. Gravé par Wilbrode Nicolas Malgloire Courbe, d'après Charles Toussaint Labadye
J. Bte. Joseph Gobet Evêqué de Lidda [sic],[...] Elu par la Voix du Peuple à l'Evêché Métropolitain de Paris le 13 Mars 1791.
Gravure sur cuivre, 18×9 cm
Delémont, Musée jurassien d'art et d'histoire

L'ecclésiastique Jean-Baptiste Gobel, né en Alsace en 1727, joua un rôle prépondérant dans les mouvements révolutionnaires qui agitèrent le Jura jusqu'à la création de la République rauracienne et l'annexion du pays à la France. Sacré évêque de Lydda en 1771, il devint suffragant du prince-évêque de Bâle. En 1789, il siégea aux Etats généraux comme député d'Alsace et prêta peu après serment à la Constitution civile du clergé. La carrière de Gobel culmina en 1791 lorsqu'il fut élu évêque métropolitain de Paris (13 mars). Trois ans plus tard, il fut arrêté pour avoir *conspiré contre la République* ; on le guillotina avec Hébert le 13 avril 1794.

S. W.

Bibl. : *DHBS*, t. 3, article « Gobel » ; Gautherot, 1907 ; Bandelier, 1984, p. 183

170. Anonyme.
Proclamation de l'Evêque de Paris. Son civisme et ses vertus l'ont fait choisir pour remplir cette place.
Planche extraite des *Révolutions de France et de Brabant* n° 71, mars 1791.
Gravure sur cuivre
17,9×11,5 cm [t. c. 13,3×7,7 cm]
Musée de Porrentruy
Bibl. : *La Révolution française*, 1982, n° 350 ; Vovelle, 1986, t. 2, p. 263

168

171. Dessiné par Jean Duplessi-Bertaux (1750-1818), gravé par Pierre-Gabriel Berthault (1748-1819).
Supplice de Gobel Evêque de Paris, Hébert, Vincent, Chaumette, etc., le 14 Mars 1794, Ou 24 Ventôse An 2eme de la République.
Eau-forte, 29,3×45,1 cm [t. c. 19,6×24,8 cm]
96e tableau de la *Collection complète des tableaux historiques de la Révolution française*, 1798
Musée de Porrentruy
Bibl. : Tourneux, 1890-1908, t. 1, n°s 280 et 282 ; *L'art de l'estampe et la Révolution française*, 1977, n° 119 ; Vovelle, 1986, t. 4, pp. 180-181

172. Onze piques révolutionnaires.
Fin du XVIIIe siècle
Bois et fer, de 220 à 254 cm
Delémont, Musée jurassien d'art et d'histoire

Quelques piques de la Révolution, *avec quoi l'on partait à la guerre. Ces piques étaient fabriqués aux forges d'Undervelier.* (Babey, 1981, p. 37)

173. Jean-Nicolas Barbier (1773-?).
Manuscript Concernant la révolution Française.
1794-1796
Manuscrit relié, 20×17 cm
Ce journal est édité et commenté par Marcellin Babey (Jean-Nicolas Barbier, *Au moulin de Courfaivre pendant la Révolution française. Journal manuscrit [...]*, Moutier, Ed. de la Prévôté, 1981)
Porrentruy, Bibliothèque cantonale jurassienne

174. Anonyme.
Démolition du Château de la Bastille.
Estampe du Musée Carnavalet, Paris
Reproduction Bulloz

175. Pierre de la Bastille offerte au Conseil général de la Commune de Delémont le 30 novembre 1794.
Moulure en plâtre, 16×33×9 cm
Dépôt du Collège de Delémont au Musée jurassien d'art et d'histoire, Delémont

176. Lettre de Palloy au Conseil général de la Commune de Delémont, accompagnant la pierre de la Bastille.
10 frimaire an 3 [30 novembre 1794]
Manuscrit, 3 p.
Delémont, Archives de la ville

La démolition de la Bastille fut confiée à l'entrepreneur Palloy qui eut l'idée de monnayer quelques débris du monument, offrant en outre à chaque département des pierres de la Bastille, taillées symboliquement.

L'objet que reçut la commune de Delémont le 30 novembre 1794 est d'une nature un peu différente : moulure en plâtre représentant un morceau de corniche, il s'agit en fait d'une fausse relique ! Palloy joignit à son cadeau une lettre où s'expriment son enthousiasme patriotique et sa joie devant la création du nouveau département : *La Révolution française a entraîné avec elle des hommes qui pénétrés des principes de la Liberté ont secoué le joug du Despotisme qui trop longtems le subjuguoient : le peuple du Département du Mont-terrible ne tarda pas à réconnaitre ses droits si naturels à l'homme, que solemnellement il se prononça d'une maniere assé forte pour ne plus réconnoitre d'autres souverain que la Loi, et d'autre idole que la Liberté, il força son petit Prince d'abandonner ses droits de principauté qu'il avoit usurpé, comme tous les tyrans couronnés. [...] La Bastille a été annéantie sous les coups des français, ces membres ont été disséminés sur la surface du Globe, je me fais un plaisir de vous adresser un de ses débris [...].*
S. W.

Litt. : Jacques Godechot, *La Prise de la Bastille, 14 juillet 1789*, Paris, Gallimard, 1965, pp. 320-324 (bibliographie p. 363)

177. Lettre donnant un rendez-vous patriotique, signée « Mariane Prudon dite la Sans Culotte », accompagnée d'une cocarde.
Manuscrit, 1 p.
33,5×24 cm
Delémont, Musée jurassien d'art et d'histoire

Dans sa lettre, *Mariane Prudhon dite la Sans Culotte* envoyait à une amie de Porrentruy *la petite fleur aux trois chere couleurs comme etant notre signe de ralliement de l'urbain patriotisme qui servira de parure dimanche prochain a nos bonêts. Tu auras soin pour ta régularité de l'adopter au plus haut floquet de ton bonêt.* On a gardé cette cocarde, morceau de tissu sur lequel est collé une branche de fleurs tricolores.

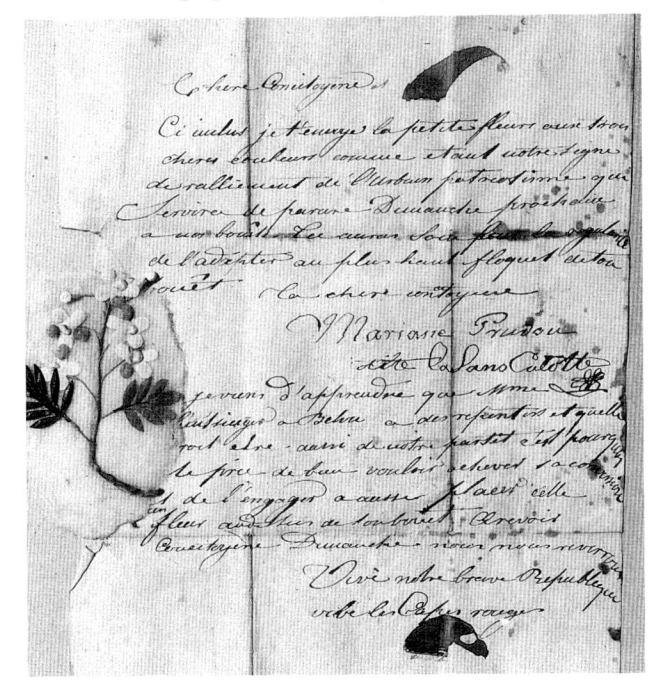

Proclamation de l'Évêque de Paris.

Son civisme et ses vertus l'ont fait choisir pour remplir cette place.

SUPPLICE DE GOBEL ÉVÊQUE DE PARIS, HEBERT, VINCENT, CHAUMETTE, &c.
le 14 Mars 1794. ou 24 Ventôse An 2ème de la République.

Aux Français Libres et à leurs Amis

Neuchâtel : agitation, 1792-1793

L'Etat de Neuchâtel, principauté dépendant depuis 1707 du roi de Prusse et canton allié de la Confédération, ne fut pas seulement une terre d'accueil pour les nobles français émigrés. Sa situation limitrophe avec la France favorisa la pénétration des idées nouvelles. C'est ainsi qu'entre 1792 et 1793, Neuchâtel fut agité par des mouvements révolutionnaires importants. Au Locle et à La Chaux-de-Fonds, on fonda des sociétés patriotiques tout d'abord tolérées par le gouvernement. Dans la rue éclataient des rixes entre les « jacobins » ou « clubistes » arborant la cocarde tricolore, et les « haricots » ou « orangers », partisans du gouvernement et du roi, porteurs de la cocarde orange (couleur de Neuchâtel). A l'instar de leurs voisins, les patriotes neuchâtelois organisèrent des fêtes célébrant les idéaux de la Révolution et plantèrent les premiers arbres de la liberté sur le sol helvétique.
S. W.

Litt. : *DHBS*, t. 5, article « Neuchâtel » ; Lydie Morel, « Le contre-coup de la Révolution française dans le canton de Neuchâtel », *Musée neuchâtelois*, 1921, pp. 81-88 et pp. 137-145, 1922, pp. 23-31 et pp. 68-79 ; Lydie Morel, « Les sociétés patriotiques de 1793 », *Musée neuchâtelois*, 1920, pp. 11-28 ; E. Perrochet, « Les cocardes neuchâteloises », *Musée neuchâtelois*, 1902, pp. 175-194

178. Alexandre Girardet (1767-1836).
Jouissant de la liberté nous en avons arboré le Simbole. Fête Célébrée à la Chaux-de-Fonds le 3 Xbre 1792. (*La Carmagnole*)
Eau-forte coloriée, 18,2 × 25 cm
Neuchâtel, Archives et Estampes historiques
Bibl. : Gobat, 1899, p. 579 ; Boy de la Tour, 1928, p. 64 et pl. 9 ; Eugène Burnand, *L'Etonnante histoire des Girardet, artistes suisses*, Neuchâtel, éditions de la Baconnière, 1940, p. 103 ; Im Hof, 1984, p. 99

Alexandre Girardet fut souvent confondu avec son frère aîné Abraham (voir n° 225). Comme lui, il travailla pour la librairie paternelle dès son plus jeune âge. Outre une série de six planches montrant la prestation des serments entre le Prince et ses sujets en 1786, *La Carmagnole* est sa gravure la plus célèbre. Dès l'été 1792, les habitants des Montagnes neuchâteloises, très influencés par les cérémonies de la France voisine (voir n° 180), dressèrent dans toute la région des arbres de la liberté. La vue nocturne de Girardet est un témoignage unique de l'une de ces fêtes, célébrée à la Chaux-de-Fonds le 3 décembre 1792. Au milieu de la place, on aperçoit l'arbre, grand sapin élagué, surmonté d'un bonnet phrygien. Une foule compacte se presse tout autour : chacun est coiffé du bonnet rouge ; le dernier rang esquisse une ronde. Le titre de la gravure, plutôt modéré (*Jouissant de la liberté...*), rappelle presque en jeu de mots l'étymologie de « arborer », tandis que son aquarellage subtil insiste sur les trois couleurs de la République. Selon Boy de la Tour, la plupart des tirages de cette estampe furent saisis et brûlés par les autorités, ce qui en explique la rareté.
S. W.

179. Adresse de Jean-Henri Sergeans et d'autres habitants de Peseux au Conseil d'Etat, 7 janvier 1793.
Manuscrit, 1 p.
35 × 21,5 cm
Neuchâtel, Archives de l'Etat

[...] ils ont vu avec douleur l'arbre de la Liberté planté sur le terrain de la Communauté, par quelques jeunes gens sans aucun mauvais dessein (à ce qu'ils disent) [...] Plusieurs habitants de Peseux signèrent cette lettre adressée au Conseil d'Etat pour protester, au milieu des troubles, de leur fidélité envers le roi.
S. W.

180. Henri Courvoisier-Voisin (1757-1830).
Aux Français Libres et à leurs Amis. Par un helvétien non dégénéré.
1792
Aquatinte, 50,8 × 40,8 cm. Un texte explicatif gravé à part accompagne cette planche.
Le Locle, Musée d'histoire
Bibl. : *Musée neuchâtelois*, 1895, p. 32 ; Boy de la Tour, 1928, p. 43

L'œuvre d'Henri Courvoisier-Voisin, artiste originaire de la Chaux-de-Fonds, se compose surtout de planches gravées, le plus souvent à l'aquatinte. Sa production est dominée par les paysages et les scènes historiques illustrant les mythes fondateurs de la Suisse : il réalisa plusieurs séries autour de l'histoire de Guillaume Tell. Henri Courvoisier-Voisin adhéra avec enthousiasme à la cause révolutionnaire ; ses idées politiques l'obligèrent à quitter la Principauté de Neuchâtel pour s'établir à Bienne où il vécut jusqu'à sa mort. C'est peu avant son exil qu'il réalisa une représentation des Droits de l'homme, allégorie compliquée dont les moindres détails sont expliqués par une notice qui accompagne la gravure : *La Vérité et la Justice font observer à la France ravie l'idole colossale du despotisme renversée et brisée, et précieuses Tables du code tardif, mais désormais inaltérable, de la restauration des droits de l'Homme, attachées et fixées à son piédestal, protégées par Hercule, ayant sous ses pieds l'hydre affreux de la tirannie aristo-fanati-monaca-hipocrite expirant...* L'artiste a ainsi parfaitement assimilé les symboles de la France révolutionnaire, depuis Hercule jusqu'à la Renommée qui annonce la bonne nouvelle à l'univers au son du « Ça Ira ». Il s'inscrit en outre dans une tradition iconographique déjà bien établie, la représentation allégorique de la Déclaration des droits de l'homme, composée sur le modèle des Tables de la Loi. L'intention polémique de l'œuvre, évidente à la lecture du texte explicatif, apparaît déjà dans son titre, *Aux Français libres et à leurs Amis. Par un helvétien non dégénéré*. Selon Max Diacon, Courvoisier-Voisin fut inspiré par « l'enterrement de la royauté », cérémonie qui se déroula à Morteau le 8 décembre 1792. Une délégation de Neuchâtelois traversa la frontière pour y assister, apportant un portrait de Guillaume Tell que l'on plaça en face de la Déclaration des droits de l'homme.

S. W.

Litt. : Max Diacon, « L'enterrement de la royauté à Morteau en 1792 », *Musée neuchâtelois*, 1895, pp. 33-43 et pp. 83-89 ; Lynn Hunt, *Politics, Culture, and Class in the French Revolution*, Berkeley, Los Angeles, London, University of California Press, 1984

181. Régistre des Délibérations de la Société Patriotique, Seante à la Chauxdefonds, du 20 décembre 1792 au 18 juin 1793.
Volume manuscrit, 57 p., 34×21,5 cm
Neuchâtel, Archives de l'Etat

182. Verbal de la Société patriotique du Locle, du 13 janvier au 14 avril 1793.
Cahier manuscrit, 38 p., 35×21,5 cm
Neuchâtel, Archives de l'Etat

Le 20 décembre 1792, la Société patriotique de la Chaux-de-Fonds tint sa première séance ; quelques jours plus tard, un club similaire s'ouvrit au Locle. Les patriotes qui se réunirent ainsi régulièrement n'envisageaient pas de renverser le gouvernement : on se retrouvait pour discuter du bien public, pour ramener la paix et l'union dans le pays. Selon Lydie Morel, *la plus grande préoccupation des Sociétés patriotiques fut la réforme des mœurs*. Les clubistes présentaient à leur assemblée des mémoires sur l'éducation de la jeunesse, les dangers de l'alcoolisme ; on discutait aussi de l'origine des arbres de la liberté, des fondements du vrai patriotisme, des droits et devoirs du peuple. Malgré leurs intentions plutôt modérées, les deux sociétés disparurent quelques mois après leur fondation, cédant devant l'opposition des Bourgeoisies et du Conseil d'Etat.

S. W.

Litt. : Lydie Morel, « Les sociétés patriotiques de 1793 », *Musée neuchâtelois*, 1920, pp. 11-28

183. Avis de recherche et signalement, par la chancellerie de Neuchâtel, de Méquillet de Montbeillard, 15 avril 1793, 1 p.
22,5×18 cm
Neuchâtel, Archives de l'Etat

184. Liste des Etrangers que la Communauté du Locle se propose de faire sortir de son District incessamment. 6 août et 24 août 1793.
Manuscrit, 4 feuillets
34×21,5 cm
Neuchâtel, Archives de l'Etat

En 1793, la commune du Locle décida de chasser de son district les étrangers soupçonnés d'idées révolutionnaires. La liste des suspects qui est présentée ici expose, à côté de chaque nom, les motifs de l'expulsion, basée sur la dénonciation : *David Abri, coutelier de Montecheroy. Il a aussi porté les décorations étrangères au Pays[1] et il a de plus forcé un communier[2] à mettre le bonnet rouge. La nuit du 24 janvier, il sortit de chez lui avec une massue disant qu'il allait massacrer tous les haricots, à quoi sa femme répondit n'en laisser échapper aucun. Cette dernière a de plus insulté diverses personnes sur rue, en les traitant de bougres de haricots.*

S. W.

1. la cocarde tricolore
2. habitant de la commune

185. Au nom de la République française. Accueil des horlogers neuchâtelois émigrés à Besançon, signé Bassal, représentant du peuple, commissaire de l'Assemblée nationale à Besançon, 21 novembre 1793, 4 p.
21,5×16,5 cm
Neuchâtel, Archives de l'Etat

A la suite des troubles neuchâtelois, beaucoup d'horlogers habitant les montagnes émigrèrent de l'autre côté de la frontière à Besançon. Cet exode fut organisé, d'accord avec le gouvernement français, par Laurent Megevand, Genevois exilé à Neuchâtel et expulsé de la Principauté le 18 août 1793 pour avoir participé aux manifestations révolutionnaires. Les horlogers neuchâtelois furent accueillis avec enthousiasme à Besançon où leur venue permit d'agrandir la fabrique nationale d'horlogerie : 250 hommes s'y établirent avec leur famille. Néanmoins, la manufacture périclita peu à peu et de nombreux ouvriers rentrèrent au pays. S. W.

Litt. : Charles Perregaux, « Laurent Megevand et l'émigration de l'horlogerie neuchâteloise à Besançon, en 1793 », *Musée neuchâtelois*, 1914, pp. 30-47 et pp. 69-84

186. Liste des Menages et particuliers qui ont quitté la Chaux de Fonds, tant volontairement que par expulsion & Décret de prise de Corps.
1793. Manuscrit, 2 feuillets, 34×21 cm
Neuchâtel, Archives de l'Etat

Les Archives de l'Etat de Neuchâtel conservent divers recensements des exilés de 1793. Le document présenté ici signale, parmi une majorité d'horlogers, l'artiste Henri Courvoisier-Voisin (voir n° 180). S. W.

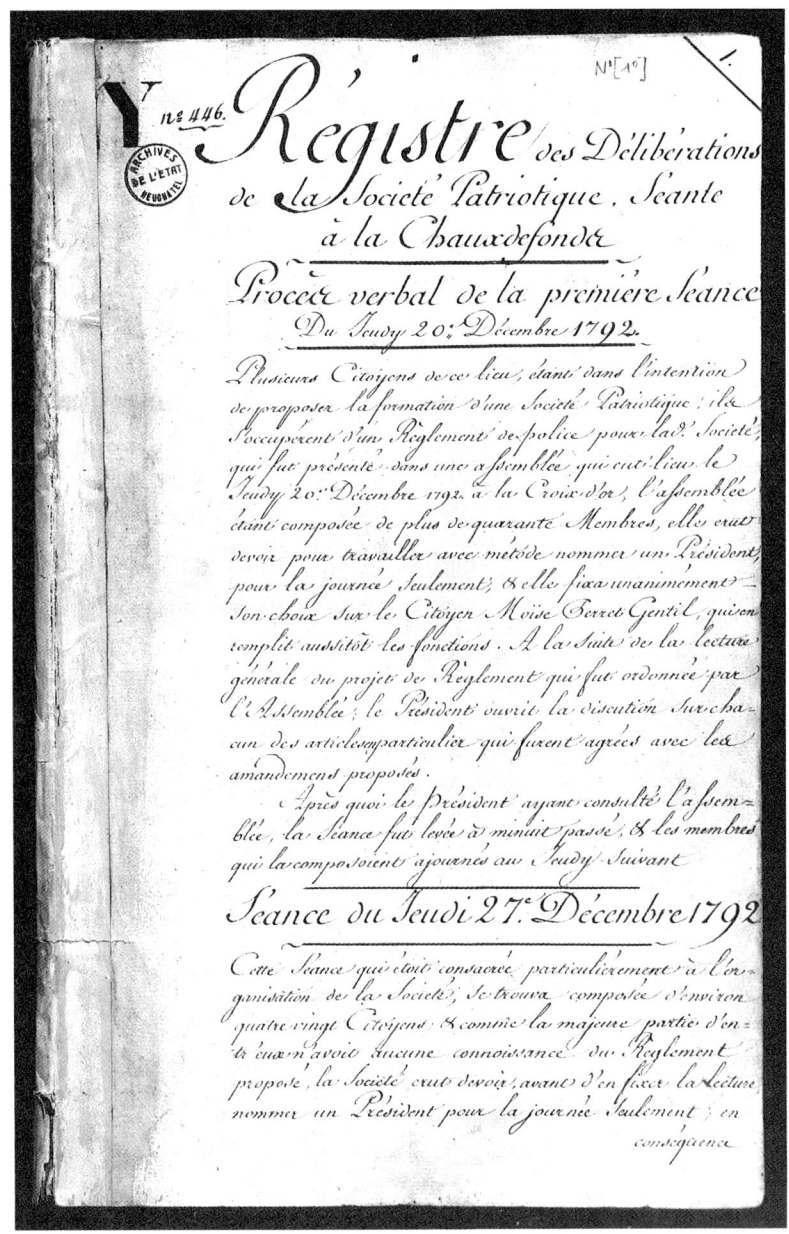

181

Protection des frontières, 1792-1798

Dès 1792, la Confédération organisa la protection militaire de ses frontières, menacées par les guerres européennes. La proximité française rendait Bâle particulièrement vulnérable à l'expansion révolutionnaire ; on y mit une garnison formée de détachements de tous les cantons, tandis que les 11 régiments au service de France, récemment licenciés, venaient grossir la protection du pays. Les événements révolutionnaires inspirèrent relativement peu les artistes suisses, pourtant la concentration de soldats à Bâle est le prétexte d'une belle série d'images traduisant les diverses anecdotes de la vie militaire (arrivée des troupes, relève de la garde, surveillance des frontières, costumes, etc.). En Suisse, les scènes de genre et les collections de costumes (Trachtenbilder) ont toujours été préférées à la peinture d'histoire.

S. W.

187. Franz Hegi (1774-1850).
Darstellung des feierlichen Gottesdienstes bey dem Zürcherschen Feldlager im Hard den 6. Mey 1792 (Représentation du service divin au camp des troupes zurichoises au « Hard »).
1792
Aquatinte sur papier vergé, 27,3 × 19,8 cm
Zurich, Musée national suisse

Lorsque, le 23 mars 1792, la Convention nationale unit le Pays de Porrentruy à la République française sous le nom de « Département du Mont-Terrible », les Confédérés n'intervinrent pas. La Diète avait décidé d'observer une neutralité armée à l'égard des puissances européennes et ordonné l'occupation militaire de la frontière bâloise, la plus menacée. Les cantons devaient mettre leurs contingents à disposition, ce que fit également le canton directeur, Zurich. L'estampe montre la bénédiction des troupes dans un camp d'exercices. Le tout jeune artiste zurichois, il était né à Lausanne dix-huit ans auparavant, réalise là une de ses premières œuvres, alors qu'il était encore apprenti chez le maître-graveur Mathias Pfenninger. P. C.

Litt. : Dierauer, 1929, t. IV, pp. 424-425 ; Brun, SKL (article F. Hegi)

188. François-Aimé-Louis Dumoulin (1753-1836).
Vue représentant le Débarquement du Regim. Bernois de Rochmondet au service de sa Majesté Sarde [...] à Vevey en 9bre 1792 [...].
Dessiné en 1792, terminé en 1830
Aquarelle, 49,5 × 72 cm
Vevey, Musée historique du Vieux-Vevey
Bibl. : Encyclopédie illustrée du Pays de Vaud, vol. 4, 1973, p. 161 (détail)

L'artiste veveysan Dumoulin assista en novembre 1792 au débarquement du régiment bernois de Rochmondet. Cette unité, au service du roi de Sardaigne, était stationnée à Annecy ; elle rentra en Suisse après l'invasion de la Savoie par les soldats français, placés sous les ordres du général Montesquiou. Celui-ci avait été chargé par le gouvernement français de soumettre également Genève et il s'en fallut de peu qu'il ne se produisît une complication militaire avec la Confédération. Zurich et Berne avaient envoyé des troupes pour porter secours au gouvernement genevois et la Convention nationale décida au dernier moment de retirer ses hommes pour autant que les Confédérés en fissent autant. Le 30 novembre 1792 chacun reprit ainsi le chemin de son foyer et Genève garda son indépendance.

Quant à Dumoulin, qui avait peint dans sa jeunesse en Amérique et dans les colonies, il se rendit peu après à Paris où il travailla pour le Directoire et exposa même au Salon de 1796.

S. W.

Litt. : Alfred Cérésole, *Notes historiques sur la ville de Vevey*, Vevey, Loertscher et fils, 1890, pp. 96-97, pour Dumoulin, voir : Pierre Chessex, « Documents pour servir à l'histoire des arts sous la République helvétique », *Etudes de lettres*, Université de Lausanne, n° 2, 1980, pp. 93-121.

189. Congé militaire aux armes du régiment bernois de Rochmondet, délivré le 26 novembre 1793 à Jean Gabriel Aubert, de Nyon.
1786 (gravure), 1793 (manuscrit)
Eau-forte, formulaire complété à l'encre
30 × 37,2 cm
Zurich, Musée national suisse

190. Anonyme.
Plan der Belagerung des Brückenkopfs und der Schuster Insel im Jahr 1797.
Eau-forte coloriée, 42,5 × 65,5 cm
Bâle, Staatsarchiv, Bildersammlung + Signatur

191. Reinhard Keller (1759-1802).
Aussicht von klein Hüningen gegen der Französischen Seite welche zur Beobachtung der Neutralität während dem Französischen Revolutions Krieg von den Zuzugstruppen der löbl. Eidsgenossenschaft von Basel aus täglich bewacht wurde. (Vue depuis Klein Hüningen vers le côté français, qui fut surveillé quotidiennement, depuis Bâle, par les troupes de renfort de la louable Confédération, pour observer la neutralité pendant la guerre de la Révolution française.) 1795
Eau-forte coloriée, 22,4 × 28,9 cm
Bâle, Staatsarchiv, Bildersammlung + Signatur
Bibl. : Meier, 1970, p. 75

188

VUE représentant le Débarquement du Regim.t **Bernois** de Rochmondet au Service de sa Majesté **SARDE** et de quelques Compagnies de l'Infanterie légère du dit Roy à **Vevey** en 9.bre **1792** lors de l'Invasion des François en Savoye, sous le Général Montesquiou qui prit Possession de cette Province pour la République Françoise. Dessiné par F.A.L Dumoulin de Vevey lors de l'évènement et pour raison fini et terminé seulement en 1830 alors âgé de **77** ans

199

192. Reinhard Keller (1759-1802).
Prospect der Wiesen Brücke gegen Basel anzusehen, Weg nach Weil im Margräfischen, welche 1792 zur Sicherheit mit Batterien versehen und ebenfals auch von gemeind-eidgenossischen Zuzugstruppen von Basel aus täglich bewacht wurde. (Perpective du pont sur la Wiesen près de Bâle, chemin pour Weil, dans le margraviat [de Bade] ; il fut en 1792 pourvu, par sécurité, de batteries, et aussi surveillé quotidiennement, depuis Bâle, par les troupes de renfort confédérées.)
1795
Eau-forte coloriée, 22,5 × 28,8 cm
Bâle, Staatsarchiv, Bildersammlung + Signatur

Evocation des frontières bâloises et de la couverture militaire que les confédérés y installèrent, sur deux fronts : le long du Rhin, en face de la puissante forteresse française de Huningue, établie par Vauban dès 1680 ; on protégea également le nord du pays, du côté des Etats allemands. Reinhard Keller grava ces deux vues d'après des dessins de Maximilian Neustück (1793).
S. W.

193. Lukas Vischer (1780-1840).
Abwechslung des Helvet : Contingents in Basel Anno 1793. Wenn Gott für Uns : Wer wider Uns ! (Relève du contingent helvétique à Bâle en 1793. Si Dieu est avec nous, qui peut être contre nous !)
1793
Eau-forte au trait coloriée sur papier vergé, 24,4 × 29,2 cm
Zurich, Musée national suisse
Bibl. : Meier, 1970, p. 95

Lukas Vischer, fils du conseiller et artiste Peter Vischer, était très jeune au moment de l'arrivée des soldats confédérés à Bâle. Il réalisa plusieurs scènes militaires, en collaboration avec son père et son frère. Ici, la relève des troupes sur la place de la cathédrale. Cette composition serait inspirée par une œuvre inachevée de Heinrich Christian Reinermann (voir Brun, SKL, sous ce nom).
S. W.

194. Dessiné par Lukas Vischer, gravé par Peter Vischer.
Ist Gott für uns ; Wer wieder uns. Gewidmet zum Andenken der Löbl : Eidgenosschafft. (Si Dieu est avec nous, qui peut être contre nous. Dédié à la mémoire de la louable Confédération.)
1793
Eau-forte coloriée, 16,3 × 11,1 cm
Bâle, Historisches Museum

Une vision symbolique du renfort militaire bâlois : cinq officiers confédérés joignent leurs mains au-dessus d'un autel orné des blasons des cantons. Ce geste évoque bien sûr le serment des Trois Suisses ; un drapeau arborant la croix helvétique et l'emblème *Concordia* flotte à l'arrière-plan.
S. W.

195. Anonyme.
Soldats gardant la frontière suisse près de Bâle.
Vers 1793
Eau-forte coloriée, 15,6 × 12,5 cm
Bâle, Staatsarchiv, Bildersammlung + Signatur

196. Friedrich Christian Reinermann (1764-1835).
Ein Entlibucher, Soldat unterm Luzerner Contingent bey den Zuzugs > Truppen der löbl : Eidgenossenschafft in Basel, zu Handhabung der Neutralität während dem wegen der Französischen Revolution ausgebrochenen Krieg. (Un soldat de l'Entlebuch [Lucerne], servant dans le contingent lucernois ; il arriva à Bâle avec les troupes de renfort de la louable Confédération, pour appliquer la neutralité pendant la guerre survenue à cause de la Révolution française.)
Vers 1795
Eau-forte aquarellée, 25,1 × 14,8 cm
Bâle Staatsarchiv, Bildersammlung + Signatur
Bibl. : Meier, 1970, p. 72

On connaît plusieurs séries de gravures détaillant les uniformes des soldats confédérés réunis à Bâle ; la plus ancienne, qui inspira toutes les autres, est l'œuvre de Franz Feyerabend (26 planches, vers 1792). Reinermann, artiste d'origine allemande, travailla entre 1793 et 1803 dans l'atelier de Christian von Mechel.
S. W.

197. Maximiliam Neustück (1756-1834).
Voila mon Billet — pour mon logis.
Vers 1793
Eau-forte coloriée, 19 × 16,4 cm
Zurich, Zentralbibliothek, Graphische Sammlung

198. Maximilian Neustück (1756-1834).
a Dieu, je vous suis obliges pour votres Complaisance.
Vers 1793
Eau-forte coloriée, 18,8 × 16,4 cm
Zurich, Zentralbibliothek, Graphische Sammlung
Bibl. : Meier, 1970, p. 94

Maximilian Neustück illustre sur un ton léger les conséquences de la présence militaire dans sa ville : deux soldats arrivent chez leurs logeuses ; quand ils repartent, les femmes sont enceintes.

199. Franz Feyerabend (1755-1800).
Intérieur d'auberge bâloise.
1795
Aquarelle à la plume et au pinceau sur papier
26,7×39,1 cm
Bâle, Historisches Museum
Bibl. : Meier, 1970, p. 55

Franz Feyerabend s'est spécialisé dans les scènes de la vie bâloises. Ses nombreuses caricatures sur les personnalités de la ville l'ont rendu très populaire. Cet intérieur d'auberge, réalisé en 1795, montre des soldats de tous les cantons occupés à boire et à chanter. Le service des troupes confédérées sur la frontière n'était pas trop pénible. Les milices pouvaient ainsi se livrer à divers plaisirs durant leurs heures de loisir. Des chansons ont été composées pour l'occasion que les soldats aimaient entonner dans les tavernes de la ville.   S. W.

Litt. : Dierauer, 1929, t. IV, pp. 442-443 ; « Schweizerische Kriegslieder von 1792-1798 », *Berner Taschenbuch*, 1886, pp. 174 et suiv.

200. Rudolf Huber (1770-1844).
Ce Français se moquant d'un de nos braves Suisses/ A l'instant empoigné, voit bien comme ils agissent. [...], suivi de quatre autres vers.
Vers 1793
Gravure sur cuivre, coloriée, 17,9×11,7 cm
Bâle, Staatsarchiv, Bildersammlung⟨Signatur

Deux soldats de l'Entlebuch (Lucerne) s'apprêtent à jeter dans le Rhin un Français qui les raille. Ils s'arrêtent à temps : *Mais soudain la bonté retenant la colère /Peint des Helvétiens le noble caractère.*

Cette caricature fut saisie à la demande des autorités françaises (voir Brun, *SKL*, sous le nom de l'artiste).
   S. W.

197

198

191 Aussicht von klein Hüningen gegen der Französischen Seite welche zu Beobachtung der Neutralität während dem Französischen Revolutions Krieg von den Zuzugstruppen der löbl: Eidsgenossenschaft von Basel aus täglich bewacht wurde.

192 Prospect der Wiesen Brücke gegen Basel anzusehen, Weg nach Weil im Margräfischen welche 1792 zur sicherheit mit Batterien versehen und ebenfals auch von gemein-eidsgenössischen Zuzugstruppen von Basel aus täglich bewacht wurde.

Ce François se moquant d'un de nos braves Suisses
A l'instant empoigné, voit bien côme ils agissent.
Les flots roulans du Rhin alloient le recevoir;
Il jette les hauts cris ne voiant plus d'espoir;
Mais soudain la bonté retenant la colère
Peint des Helvetiens le noble caractére.

Les « émigrés » français en Suisse, 1789-1797.
Effectifs. Idées. Activités.

Dans l'histoire de France, les années 1789 à 1797 conjuguent commotion révolutionnaire, coups d'Etat, crises économiques, guerre civile et conflits armés. Ils provoquent de nombreux départs à l'étranger. Le terme « émigrés » désigne, à l'origine, les adversaires de la Révolution. Mais, à ces véritables réfugiés politiques (expression alors inconnue), se joignent bientôt les « déportés », c'est-à-dire les ecclésiastiques refusant de prêter serment à la Constitution civile du clergé (1790) et invités à quitter spontanément le territoire national, munis d'un passeport. Après le déclenchement des hostilités (1792), les traditionnels réfugiés de guerre et les déserteurs viennent grossir les rangs des deux premières catégories de partants. S'y ajoutent les déportés civils, tels ceux du 18 Fructidor (4 septembre 1797), au nombre de soixante-cinq et dont beaucoup meurent outre-mer. Enfin, il y a lieu de mentionner les réfugiés « économiques », cherchant à l'étranger de meilleures conditions de vie, les Juifs alsaciens de 1789, ainsi que les citoyens bannis qui s'en vont rejoindre leurs compatriotes hors des frontières.

On pourrait croire qu'au pays de Descartes, de claires formulations juridiques définissaient ces diverses catégories de personnes. Il n'en est rien et la notion d'émigré, de loin la plus floue, ne se précise que lentement, à la faveur de quelque trois cents textes légaux rendus par les diverses Assemblées. Les administrations des pays d'accueil, dont celles des cantons suisses, demeurent tout aussi vagues dans leur terminologie, ce qui explique, raison parmi d'autres, la difficulté d'une statistique tant soit peu solide de tous ces ressortissants français devenus hôtes plus ou moins volontaires de l'Europe entière. Dans ces conditions, toute approche de nature quantitative est sujette à caution : les chiffres avancés ne sauraient être que des ordres de grandeur. Il est permis de penser que le nombre total des « émigrés » (terme entendu au sens le plus large, c'est-à-dire englobant toutes les catégories énumérées ci-dessus) est inférieur à un pour cent de la population française de 1789 (28 millions d'habitants), ce qui représenterait moins de 280 000 personnes ayant quitté le pays entre 1789 (prise de la Bastille) et 1802 (amnistie par le Premier Consul Bonaparte).

Pour la Suisse, pays de refuge, les données sont encore plus aléatoires, faute d'enquête quelque peu approfondie pour l'ensemble des cantons. Là aussi, ne serait-il pas permis d'admettre, comme critère de référence, le taux d'un pour cent de la population indigène totale ? La Confédération comptant alors 1,6 million d'habitants

l'Aristocrate Suisse

Comment! l'habitant de la Campagne deviendra mon égal......... ah! Pas Possible..........

A Paris chez Depeüille, Rue des Mathurains St Jacques aux deux Pilastres d'Or

environ, le nombre des émigrés français ayant séjourné sur son sol n'aurait donc pas dépassé seize mille. En revanche, la répartition régionale (de cela au moins, on est sûr !) a été très inégale. Les études cantonales (Berne, Fribourg, Neuchâtel, Soleure, Valais principalement) montrent une concentration évidente dans la Suisse occidentale, pour des raisons de langue (la française), de confession (le catholicisme dans le cas du clergé) ou de proximité géographique. Fribourg, alors seul canton à la fois catholique et francophone sur les treize que compte le Corps helvétique jusqu'en 1798, s'est probablement révélé le plus attrayant : 3700 émigrés, dont deux tiers d'ecclésiastiques (!), y ont été identifiés scientifiquement (traitement mécanographique de fiches individuelles). Il semble immédiatement suivi par le Pays de Vaud (majorité de laïcs) et par le canton de Soleure (peut-être 3000 et 2000 émigrés respectivement). Ainsi les cantons de Berne (Pays de Vaud compris), Fribourg et Soleure auraient, à eux seuls, hébergé plus de la moitié des réfugiés de la Révolution.

Il est une image convenue de l'émigré. Forgé et véhiculé par la presse, l'affiche, la caricature et la chanson, le stéréotype en est l'aristocrate quittant ostensiblement le royaume au lendemain de la prise de la Bastille, l'absolutiste égoïstement attaché à ses privilèges nobiliaires, l'ennemi des Lumières et des droits de l'homme, le catholique « intégriste » prisonnier de sa croyance en la monarchie de droit divin, enfin l'activiste irresponsable qui, après avoir abandonné son roi et son armée, retourne l'épée contre sa patrie, ce qui fait de lui à la fois un traître, un déserteur et un conspirateur. Cette image, soulignons-le, s'impose très tôt aux tenants de la Révolution et de la République.

Or l'émigration, du seul point de vue politique, est bien moins uniforme ou héroïque qu'on l'a cru pendant longtemps. De la masse dont elle se compose, une partie non négligeable, mais impossible à chiffrer, s'abstient de toute activité pouvant attirer l'attention et irriter les dirigeants parisiens et, par là même, embarrasser ou inquiéter les autorités des cantons. Femmes, enfants, vieillards et infirmes forment le gros de cette catégorie d'émigrés paisibles, véritables réfugiés dans l'attente de regagner la patrie. Partageant leur sort, des gens de tout bord, plus ou moins démunis, se refusent à toute intrigue. Parmi eux, beaucoup de prêtres du bas clergé, de laborieux artisans, de vertueux domestiques, de fidèles servantes, mais aussi de modestes aristocrates résignés et se contentant de porter la livrée du malheur dans le respect scrupuleux des conditions, parfois humiliantes, mises à leur accueil.

Il n'en reste pas moins que l'émigration proprement politique est celle qui s'impose à la conscience collective, française ou européenne. Le départ ostentatoire, dès juillet 1789, de quelques grands du royaume, en tête desquels le comte d'Artois, frère cadet du roi et futur Charles X (il se rend à Turin, puis à Coblence en passant par la Suisse), frappe l'opinion. Partis les premiers, les absolutistes, hostiles à toute réforme, donnent le ton. Raison pour laquelle *Emigration* passera pour synonyme de *Contre-Révolution*. Or les départs à l'étranger de ceux qu'on désigne sous le terme générique d'« émigrés » s'opèrent par vagues successives, qui correspondent à des clivages idéologiques généralement tranchés : aux absolutistes de la première heure (1789) succèdent les modérés ou « constitutionnels » (1792) puis les régicides, aux Girondins de 93 les Montagnards de 94, suivis des royalistes du tiers état. Si les partants des premières années sont surtout des nobles, des ecclésiastiques et de grands bourgeois, les transfuges de la République (celle-ci succède à la monarchie constitutionnelle le 21 septembre 1792) sont pour la plupart des roturiers. Autrement dit, l'émigration n'est homogène ni socialement ni politiquement.

Une telle diversité se retrouve chez les réfugiés en Suisse, où se reconstitue, en miniature en quelque sorte, la société française d'Ancien Régime, avec ses trois ordres : clergé, noblesse et tiers état. À la différence près toutefois que, numériquement, les deux premiers, dits privilégiés, y sont semble-t-il majoritaires, alors que le tiers état, pour reprendre la définition qu'en donne Sieyès en 1789, était « tout » en fait et « rien » en droit dans le grand royaume de France, où il groupait à lui seul plus de 90 pour cent de la population, répartie entre bourgeoisie, prolétariat et surtout paysannerie. Dans leur exil, les Français aiment à se regrouper selon cette hiérarchie traditionnelle. C'est ainsi que Fribourg, Soleure et le Valais, pays catholiques, ont la préférence du clergé, lequel y forme des colonies parfois imposantes (plus de 2400 ecclésiastiques, on l'a vu, dans le canton de Fribourg !), tandis que le Pays de Vaud et les autres contrées protestantes accueillent, semble-t-il, une majorité de laïcs, aristocrates et grands bourgeois entourés de leur famille et de leur domesticité, mais aussi médecins, avocats, hommes d'affaires, artisans, manouvriers, colporteurs et autres gens de métier trouvant ou non à exercer leur art.

Les antagonismes idéologiques divisent également les milieux de l'émigration. Les villes de Fribourg, Soleure et Lausanne sont, dans les premières années de la Révolution, de hauts lieux de l'absolutisme : on y bat froid aux constitutionnels et autres monarchiens, honnis pour avoir pactisé avec l'affreuse et infernale Révolution ! Ces derniers ont leurs propres foyers, tel Morat avec Mme de Tessé au château du Löwenberg et le comte de Garville au manoir de Greng, ou encore et surtout Coppet, propriété de Necker, puis de sa fille Germaine. De la demeure familiale, Mme de Staël fera non seulement un salon mondain pour la bonne société des bords du Léman, un rendez-vous cosmopolite de l'Europe libérale et un atelier intellectuel où se forgent nombre d'œuvres littéraires, scientifiques, philosophiques et religieuses, mais aussi, dans une certaine mesure, une officine politique où s'ébauchent les plans d'une France ou d'une Suisse plus conforme aux vues de l'illustre châtelaine. Cela au déplaisir de Leurs Excellences de Berne, agacées par les menées de la remuante baronne. Mais elle a ses amis et protecteurs, dont le patricien Bonstetten, bailli de Nyon et hôte assidu de Coppet. C'est ainsi qu'en 1796, alors que la ville de Lausanne voulait la renvoyer comme émigrée, le gouvernement des bords de l'Aar intervient en sa faveur : *Madame de Staël, Genevoise de naissance et femme d'un ambassadeur suédois,* explique-t-on à la *" très vigilante et sévère "* Commission lausannoise des émigrés, *ne peut être soumise aux strictes mesures de police qui ont été prises contre les Français émigrés.* De fait, c'est munie d'un passeport libellé à son nom d'ambassadrice de Suède qu'elle avait quitté la France en 1792. Cet incident est significatif des conflits de compétence entre autorités et de la difficulté de trancher certains cas, mais plus encore de la politique louvoyante des cantons suisses en matière d'asile. La Diète, simple conférence d'ambassadeurs, ne s'occupa guère des émigrés, laissant à ses membres le soin de prendre les mesures que chacun jugeait nécessaires. D'un canton à l'autre, les décisions prises se contredisaient parfois. Pour pallier les inconvénients qui en résultaient, une conférence réunissant les

Helv: Freyheiths Huth.

Basilea

Redoute

Sent Lui

Vaat Franke

Seira

Rhein

1792

Die Verzweiflung der E...

Imerwährende Freyheiths Cappe.

Hier Freuden dort Leiden

Aristokrat à la Lanterne

Hüningen

Ruine

ein Cocarde

représentants de Berne, Fribourg et Soleure eut lieu, en 1796 justement, alors que se précisaient les menaces du Directoire français sur la Suisse, accusée de faire le jeu des émigrés hostiles à la République.

Les reproches faits à nos autorités n'étaient pas infondés : que ce soit par manque de moyens, incapacité ou complaisance plus ou moins avouée, les gouvernements patriciens se sont rendus complices des émigrés activistes. Réfugiés dans un pays neutre, ces derniers avaient le devoir de renoncer à tout acte de nature à compromettre la sécurité extérieure de la Confédération. Or la liste des méfaits qui leur sont imputables — et qui leur furent souvent imputés, par la France et par la Suisse — est impressionnante : activités militaires (recrutement pour l'armée des princes et celle de Condé ; formation d'un premier noyau de l'armée noire de Mirabeau ; signature à Fribourg, le 10 avril 1791, de la « coalition d'Auvergne », destinée à mobiliser la noblesse d'épée de cette province) ; subversion économique (fabrication et diffusion de faux assignats) ; enfin intrigues politiques de toute sorte, espionnage, rassemblements clandestins, propagande, confection et commerce de faux papiers, sans parler de l'envoi d'émissaires au camp de Jalès ou de prêtres « missionnaires » prêcher outre-Jura la bonne parole contre-révolutionnaire.

Tout compte fait, le droit d'asile n'a été respecté par personne, ni par ceux des émigrés qui ont violé leur devoir de réserve, ni par les cantons qui, trop souvent, ont laissé faire, ni par la France du Directoire qui, par ses pressions, a outrepassé ses pouvoirs en imposant pratiquement au Corps helvétique l'expulsion générale et inconditionnelle de tous les réfugiés, alors même qu'une bonne partie d'entre eux observait scrupuleusement les conditions mises à leur accueil.

Georges ANDREY

Bibliographie

Donald GREER, *The Incidence of the Emigration during the French Revolution*, Cambridge (USA), 1951.

de CASTRIES (duc), *Les Emigrés, 1789-1814*, Paris, 1962.

Jean VIDALENC, *Les Emigrés français*, Caen, 1963.

G. de DIESBACH, *Histoire de l'Emigration, 1789-1814*, édition revue, corrigée et augmentée, Paris, 1984.

Jacques GODECHOT, *La Contre-Révolution. Doctrine et action (1789-1804)*, Paris, 1984.

abbé JEUNET, « Hospitalité de Soleure pour les prêtres français émigrés pendant la Révolution », *Revue de la Suisse catholique*, 13, 1882.

A. ABBET, « Les prêtres français à St-Maurice-en-Valais pendant la Grande Révolution », *Revue de la Suisse catholique*, 25, 1894.

François DESCOSTES, *Les Emigrés en Savoie, à Aoste et dans le Pays de Vaud, 1790-1800*, Chambéry, 1903 (Mémoires de l'Académie des sciences, belles-lettres et arts de Savoie, 4e série, t. X).

Tobie de RAEMY, *L'Emigration française dans le canton de Fribourg (1789-1798)*, Fribourg, 1935 (Archives de la Société d'histoire du canton de Fribourg, t. XIV).

Yvonne BEZARD, « Les émigrés français dans la principauté de Neuchâtel de 1789 à 1800 », *Bulletin of the International Committee of Historical Sciences*, t. X, 1938.

Cécile-René DELHORBE, « Essai sur la diplomatie du parti des princes en Suisse en 1791 et 1792 », *Revue suisse d'histoire*, 3, 1953.

Dorette BERTHOUD, « L'émigration française dans le Pays de Neuchâtel », *Musée neuchâtelois*, 46, 1959.

Georges ANDREY, *Les Emigrés français dans le canton de Fribourg (1789-1815). Effectifs. Activités. Portraits*, Neuchâtel, 1972.

Jean-Paul CAVIN, « L'émigration française dans le Pays de Vaud (1789-1793), d'après les Actes et les Manuaux du Conseil secret de Berne », *RHV*, 80, 1972.

Jean-François BERGIER, « Les agents de la République, les autorités des cantons et l'activité subversive des émigrés en Suisse, 1792-1797 », *Pour une histoire qualitative. Etudes offertes à Sven Stelling-Michaud*.

Marius MICHAUD, *La Contre-Révolution dans le canton de Fribourg (1789-1815)*, Fribourg, 1978.

Michèle DUPONT, *Les Ecclésiastiques français et savoyards réfugiés en Valais pendant la Révolution, 1792-1798*. Université de Nantes-Angers, 1984.

Georges ANDREY, « Madame de Staël et l'émigration : essai d'inventaire des problèmes », *Le Groupe de Coppet et la Révolution française. Actes du quatrième colloque de Coppet, 20-23 juillet 1988*, Lausanne-Paris, 1988.

201. Lukas Vischer (1780-1840).
Die Verzweiflung der Emigranten (le désespoir des émigrés).
1792
Eau-forte, 10 × 15,5 cm
Bâle, Staatsarchiv, Bildersammlung + Signatur
Bibl. : Daniel Burckhardt-Werthemann, *Die politische Karikatur des alten Basel*, Basler Kunstverein, Berichterstattung über das Jahr 1903, pp. 22-23 ; *Illustrierte Geschichte der Schweiz*, 1971, vol. 3, p. 10 ; « Tell in der weiten Welt », *Du*, 1971, p. 580

Burckhardt-Werthemann attribue cette caricature pro-française à Peter Vischer ; elle est en fait l'œuvre de son fils Lukas, très influencé par le style paternel (il n'a que douze ans à l'époque de sa réalisation). La gravure évoque la situation des émigrés français, expulsés du territoire bâlois le 12 février 1791. Nobles et ecclésiastiques, refoulés de l'autre côté du Rhin, se laissent aller au désespoir. En face, les murailles inhospitalières de Bâle arborent la devise de la ville (*Domine conserva nos in pace*), et le chapeau de Gessler, désigné comme l'emblème helvétique de la liberté (*Helv : Freÿheiths Huth*). A côté, dans le bastion français de Huningue, on chante le *Ça Ira* en dansant autour d'une pique coiffée du bonnet rouge (*Immerwährende Freÿheiths Cappe*). Dans les airs, le coq gaulois aggresse et souille l'aigle à deux têtes autrichien. On retrouve les mêmes symboles dans une caricature contemporaine de Peter Vischer (voir no. 161). S. W.

202. Sur les émigrés. Air : Nina. Chanson parue dans *Etrennes aux Vaudois, ou recueil de chansons patriotiques*. Lausanne, Luquiens cadet, 1799, pp. 14-15.
MHAE

Une chansons impertinente sur l'émigration et l'échec de la coalition :
Le sort le plus infortuné, Est celui d'un Aristocrate ; Les succès de la Liberté, Sont des coups mortels pour son ame ; [...] S'ils sont si maigres, Nobles & Prêtres, Hélas, hélas ! C'est que courrir n'engraisse pas.

203. Lettre du marquis de Folin au bailli d'Erlach, 3 juin 1792.
Manuscrit, 2 p.
Actes du Conseil secret, vol. VIII B, no. 175
Berne, Archives de l'Etat

En 1790, le gouvernement bernois commença à s'inquiéter de l'affluence des émigrés français sur son territoire. Il prit dès lors toutes sortes de mesures pour contrôler leur nombre et leur activité, en particulier dans le pays de Vaud. Les baillis furent tenus de dresser régulièrement la liste des réfugiés et d'expulser les suspects, tandis que les nouveaux venus devaient obtenir une autorisation de séjour (ordonnances du 5 janvier 1791, 17 août 1792, 19 avril 1793). Le 13 septembre 1793, le Conseil secret décida la création d'une commission spéciale chargée de surveiller les étrangers ; il y avait alors entre 1500 et 1800 émigrés français dans le canton. Enfin, le 17 juin 1796, le Grand Conseil bernois, cédant devant la pression du Directoire, ordonna l'expulsion de tous les émigrés.

Le marquis de Folin, réfugié à Anet, écrivit le 3 juin 1792 au bailli d'Erlach pour justifier sa présence dans le pays : *[...] Considérant qu'il n'étoit plus moyen de lutter contre les maux dont ma Patrie étoit affligée, et prévoyant ceux dont elle étoit encore menacée, c'est en gémissant sur son sort que j'ai résolu de m'en éloigner, en me promettant de ne la Revoir que lorsqu'il auroit plus à l'être Suprême de Remplacer les ténèbres dans lesquelles se commettaient impunément tous les Crimes, par le flambeau de Sa divine lumière qui, en faisant briller les Vertus, Eclaireroit la multitude. [...]*
S. W.

204. Ordonnance émise par le Bourgmestre et Conseil des soixante de la Ville de Lausanne, les 30 avril, 1er & 5 mai 1794, sur les émigrés, 1 p.
MHAE

205. Deux permis de séjour délivrés à Monsieur Baron, et au Vicomte de Suffren et à sa famille. Signé le Greffier de Lausanne, 31 juillet 1796.
Formulaires imprimés remplis à l'encre, 1 p.
MHAE

Comme en témoignent ces deux permis de séjour, on fit de nombreuses exceptions à l'expulsion des émigrés décidée le 17 juin 1796. Le décret fut du reste renouvelé le 20 décembre 1797.
S. W.

206. Gottfried Locher (1730-1795).
Portrait de l'avoyer François-Romain de Werro (1716-1794).
Huile sur panneau de bois, 17 × 13 cm (ovale)
Collection particulière

François-Romain de Werro fut avoyer de Fribourg de 1770 à sa mort (1794). Lors des troubles qui agitèrent le canton entre 1781 et 1783, il incarna la *tendance dure, hostile à toute revendication populaire* (Michaud, 1978, p. 31).

207. Joseph-Emmanuel Curty (1750-1813).
Vue d'une partie de la Ville de Fribourg en Suisse prise depuis la Ruë grand-fontaine.
Lavis encre de Chine, t. c. 27 × 42,5 cm
Bulle, Musée gruérien
Bibl. : *Histoire du canton de Fribourg*, Fribourg, Fragnière, 1981, t. 2, p. 769

Le démocrate du pays de Vaud

Couplet sur l'aire allons enfant de la patrie

Un héros cheri de la gloire
Collonne de la Liberté,
Qui, dans le champs de la Victoire,
A gagné l'immortalité. (bis)
Le Vainqueur étonnant du Tibre,
Buonaparte dans nos foyers,

Nous annonça par ses laurier,
Que l'éternel fit l'homme libre.
Il faut briser nos fers,
Réveillons nous Vaudois!
Soyons (bis) Républicains,
Et reprenons nos droits.

208. Anonyme.
Portrait de Henri-Gabriel de Montrichard (1748-1816).
Collection particulière

L'abbé Henri-Gabriel de Montrichard, vicaire général de Cambrai, chanoine-coadjuteur du Grand Chapitre de Liège, arriva à Fribourg en septembre 1792. Il y fonda deux ans plus tard l'œuvre de la Commanderie. Cette importante action d'entraide assista les émigrés français du canton, et surtout les prêtres déportés, souvent plongés dans une profonde misère. Les ecclésiastiques y trouvaient une table commune et une assistance médicale ; on munissait les partants d'un viatique. L'œuvre de charité s'étendait aussi aux laïcs qui recevaient des secours en argent. La Commanderie fonctionna essentiellement grâce aux dons des évêques et des émigrés réfugiés dans le canton ; elle cessa son activité le 30 juin 1796. L'abbé de Montrichard quitta le pays en 1798. S. W.
Litt. : Raemy, 1935, pp. 262-284 ; Andrey, 1972, pp. 153-159

209. Joseph-Emmanuel Curty (1750-1813).
Vue de la Valseinte Monastère dans le Cant. de Fribourg, abité par des Trapistes. [sic]
Dessin à l'encre, aquarellé, 21,5 × 35 cm
Bulle, Musée gruérien

En 1791, un groupe de Trappistes, mené par Augustin de Lestrange (1754-1827), s'établit sur le sol fribourgeois, avec l'accord des autorités. La congrégation s'installa à la chartreuse de la Valsainte, monastère abandonné depuis 1778. C'est dans ce cadre que l'Abbé de Lestrange organisa la réforme de l'ordre, marquée par un retour vers l'austérité et l'ascétisme cisterciens. Dès 1794, les Trappistes entreprirent de recevoir et élever des enfants en âge de scolarité. Cette œuvre d'enseignement, gratuite, se développa rapidement à l'extérieur de la Valsainte ; l'Abbé de Lestrange créa un tiers ordre chargé de tenir les établissements qui s'ouvrirent dans tout le canton. Les Trappistes quittèrent le pays en 1798, chassés par l'invasion française. Ils revinrent à Fribourg en 1802, pour en repartir définitivement en 1815. S. W.
Litt. : Raemy, 1935, pp. 294-356 ; Andrey, 1972, pp. 74-78, 279-303, 335-353 ; Michaud, 1978, pp. 225-228, 336-342, 367-369

210. Abbé Pierre-Joseph Maignon.
Traité complet d'arithmétique, à l'usage des commerçans, commissionnaires, etc [...]. A Lausanne, Chez André Fischer et Luc Vincent, 1798.
Bulle, Musée gruérien

Pierre-Joseph Maignon (1755-1854), chanoine d'Auch, illustre la contribution des émigrés au développement scolaire du canton de Fribourg. Etabli à Bulle en 1793, il y devint instituteur et publia un traité de mathématiques fort utilisé. L'abbé soumit en 1799 au Directoire helvétique un projet d'école normale qui ne fut pas accepté, et regagna la France quelques années plus tard.
S. W.
Litt. : Raemy, 1935, pp. 117-122 ; Andrey, 1972, pp. 262-263, 275, 278, 329

211. Anonyme.
La ville de Saint-Maurice en Valais, vue des bords du Rhône, du côté de Lavey. Souvenir de reconnoissance de MM... de Lyon, pour l'hospitalité reçue en 1793, etc. etc.
Vers 1795
Eau-forte, 16 × 22,6 cm
Association du Vieux Saint-Maurice
Bibl. : Anton Gattlen, *L'estampe topographique du Valais*, Martigny-Brig, 1987, n° 164

150 à 160 ecclésiastiques français trouvèrent refuge à Saint-Maurice pendant la Révolution. Parmi eux, 42 prêtres venaient du diocèse de Lyon.
Litt. : Abbet, 1894

212. Ordonnance émise par la Diète valaisanne le 12 octobre 1797, destinée à restreindre le nombre des réfugiés français, 1 p.
Sion, Archives cantonales
Bibl. : Cordonier, 1984, no. 341 ; *Sion-La part du feu*, 1988, n° 14b

Les autorités valaisannes édictèrent en 1797 deux ordonnances relatives à la présence des émigrés français dans le canton : le 12 octobre, il s'agissait encore de limiter leur entrée ; le 29 décembre, ce fut l'expulsion.
S. W.

213. Dessiné par Perignon, gravé par Née.
Vue de la ville et du lac de Neuchâtel, près de la petite promenade.
Eau-forte tirée de Beat Fidel Anton von Zurlauben, *Tableaux de la Suisse, ou Voyage pittoresque fait dans les treize cantons du Corps Helvétique [...]*. Paris, Lamy, [1780-1786]
MHAE

214. Ordonnance du Conseil d'Etat de Neuchâtel, sur les émigrés français. Signé Marval, le 27 janvier 1795, 1 p.
Neuchâtel, Archives de l'Etat

Fauche-Borel, imprimeur de la Contre-Révolution

La neutralité proclamée par les gouvernements des divers cantons suisses n'excluait ni n'empêchait les engagements individuels, qu'ils fussent politiques ou religieux. A cet égard, nul n'alla plus loin, nul ne prit autant de risques que Fauche-Borel. Fils, frère et beau-frère d'imprimeurs et de libraires neuchâtelois, libraire et imprimeur lui-même, Abraham-Louis Fauche-Borel (1762-1829) avait été traumatisé dans son enfance par l'émeute populaire du 25 avril 1768 et le lynchage à mort de l'avocat général Gaudot. Son horreur des désordres et des révolutions, se conjuguant avec sa fidélité monarchique (Neuchâtel avait alors pour prince le roi de Prusse), fit de lui un adversaire acharné et irréductible du Jacobinisme. Il embrassa avec ferveur la cause des émigrés, se mit à leur service ou pour mieux dire à leur entière dévotion, au point de devenir leur messager de confiance et de participer aux complots qui visaient à rétablir la monarchie française, en assurant au péril de sa vie la liaison entre l'armée des Princes émigrés et les généraux révolutionnaires prêts à la trahison.

A Neuchâtel même, où sa femme Marianne Borel le secondait dans la direction de sa maison, Fauche-Borel mit naturellement ses presses au service de la cause qu'il défendait. Dans cette veine, son premier auteur fut le comte d'Antraigues, ce prodigieux agent royaliste, omniprésent, superactif et toujours insaisissable, véritable Protée de l'Emigration que les historiens modernes ont élevé à la dignité de « phénomène ». Entre 1790 et 1792, Fauche-Borel n'imprima pas moins de quatre ou cinq ouvrages du comte d'Antraigues : tout d'abord son pamphlet intitulé *Point d'accomodement*, dont le titre dit tout ; puis un *Avis aux Suisses sur leur position envers le Roi de France*, « par Henri-Alexandre Stauffach, du Canton de Schwitz », auquel succéda une *Réponse d'un loyal Suisse à Henri-Alexandre Stauffach,* double et superbe supercherie qui trompa tout le monde ; enfin une *Adresse à l'ordre de la Noblesse de France*, qui connut plusieurs éditions. D'Antraigues pourrait bien être encore l'auteur de la prétendue *Réponse* d'un magistrat suisse *à M. de Condorcet*, parue sous l'anonymat en automne 1792. De cette même année 1792 date encore un autre ouvrage anonyme, le seul que Fauche-Borel ait imprimé dans le format in-quarto : *Le Manifeste, ou la Monarchie française rétablie dans ses loix primitives et constitutionnelles*.

L'année 1793 fut trépidante, puisque Fauche-Borel, au lendemain de l'exécution du Roi, fit paraître coup sur coup le *Mémoire sur la régence de Louis-Stanislas-Xavier, fils de France*, du comte d'Antraigues ; une tragédie en cinq actes et en vers du comte de Saint-Roman sur Louis XVI ; deux concoctions de l'officine qui travaillait autour des évêques émigrés : *Les Catholiques du Jura*, vrai bréviaire de la Contre-Révolution, et l'*Instruction politique à l'usage des bons citoyens et des sujets fidèles*, attribuée à Joseph Pochard, prêtre émigré à Constance ; ainsi que deux des plus forts écrits qu'ait jamais produit l'Emigration : *La France avant et depuis la Révolution* du fameux marquis de Bombelles, et *Le Rétablissement de la Monarchie* du comte Ferrand. Pour le titre de ce dernier ouvrage, Fauche-Borel se procura une vignette aux armes de France. De la même année 1793 datent encore plusieurs pamphlets de moindre envergure, mais non pas de moindre virulence, tels le *Grand Décret de la Convention Nationale*, à l'ironie vengeresse, ou le *Précis des forfaits qui ont accompagné la Révolution de France, depuis le commencement de l'année 1789 jusqu'à la mort du Roi*.

L'activité de Fauche-Borel ne se relâcha point durant les deux années suivantes. 1794 vit paraître deux nouveaux ouvrages du comte d'Antraigues : son *Mémoire sur les Royalistes français émigrés* et ses *Observations sur la conduite des Puissances coalisées*. Le comte Ferrand donna ses *Considérations sur la révolution sociale*, tandis que le Lyonnais émigré Paul-Emilien Beraud faisait imprimer à Neuchâtel sa dramatique *Relation du siège de Lyon*, ainsi qu'un virulent pamphlet intitulé *Le Réveil de la raison*.

En 1795, voici d'autres auteurs encore. Le comte de Montgaillard tout d'abord, avec qui Fauche-Borel finira par se brouiller, mais qui fait imprimer à Neuchâtel ses *Conjectures sur les suites de la Révolution française*. Viennent ensuite Nicolas Jannon, ancien président au Parlement de Bourgogne, qui publie son *Développement des principes fondamentaux de la Monarchie françoise* (avec vignette aux armes de France) et l'avocat franc-comtois Jean-Baptiste Courvoisier, secrétaire du Conseil du comte de Provence, dont la *Lettre d'un émigré royaliste* attaque les écrits du général de Montesquiou. S'ajoutent à cela un pur mais anonyme ouvrage intitulé *Les Loix de la morale et de l'honneur [...] justifiées par la conduite des Rois de France*, ainsi que plusieurs pamphlets mordants tels que *La Queue des boulangers de Paris*, ou la *Grande maladie de la grande et quatrième Constitution*. Pour couronner le tout (c'est le cas de le dire) Fauche-Borel réimprima le fameux manifeste de juillet 1795 par lequel Louis XVIII notifiait aux Français, à tous ses « sujets » plutôt, son accession au trône : *En vous privant d'un Roi qui n'a régné que dans les fers, mais dont l'enfance même vous promettoit le digne successeur du meilleur des Rois, les impénétrables décrets de la Providence nous ont transmis, avec sa Couronne, la nécessité de l'arracher des mains de la révolte* [etc.].

Au cours des années suivantes, Terreur passée et Révolution assagie, l'activité éditoriale de Fauche-Borel semble avoir connu un certain ralentissement. L'imprimeur de Neuchâtel reste néanmoins sur la brèche et trouve le moyen de publier encore l'appel de Camille Jordan à ses électeurs *Sur la révolution du 18 fructidor*, la riposte de Jean-Baptiste Courvoisier (*De l'excellence du gouvernement monarchique en France et de la nécessité de s'y rallier*) au retentissant pamphlet de Benjamin Constant portant le même titre à un mot près (*républicain* pour *monarchique*), le sanglant libelle de Jean Fenouillot intitulé *Les Fruits de l'arbre de la liberté françoise* et surtout les immortelles *Considérations sur la France* du comte Joseph de Maistre, bouquet final de toute la littérature contre-révolutionnaire.

Il ne fait donc aucun doute que, durant les plus sombres années de l'Emigration, le Neuchâtelois Fauche-Borel fut le principal imprimeur et distributeur de la pensée et de la propagande contre-révolutionnaires, comme d'ailleurs il s'en était vanté dans ses *Mémoires* de 1829. Mais ce qui peut paraître aujourd'hui plus stupéfiant encore, c'est que cette intense activité ait pu échapper si complètement à la vigilance d'un gouvernement dont la politique était axée sur la neutralité. A la vérité, plusieurs des pamphlets imprimés par Fauche-Borel firent l'objet d'une dénonciation qui déclencha une enquête. Mais les choses ne furent jamais poussées plus loin. Sauf une fois, pourtant. En été 1793, Fauche-Borel publia un *Almanach du Messager boiteux* « pour 1794 » qui avait la même apparence que les almanachs ordinaires, mais dont les textes composés par le publiciste Jean Fenouillot avaient une tout autre résonance : au long et pathétique récit des derniers mois de la vie de Louis XVI succédaient des notices horrifiantes sur les Massacres de Septembre et sur l'exécution de Marie-Antoinette, un calendrier ironique des prétendus « bienfaits » de la Révolution et d'autres morceaux analogues, le tout accompagné d'une grande planche dépliante représentant au recto la « fin tragique de Louis XVI » et donnant au verso le texte intégral de son « sublime Testament ». Cet Almanach parodique, dont on ne connaît plus aujourd'hui qu'un seul exemplaire, excita successivement les plaintes de l'ambassadeur de France François Barthélemy et celles des éditeurs du véritable *Almanach du Messager boiteux*. Fauche-Borel fut l'objet d'une saisie d'abord, d'une prohibition ensuite, d'un décret de prise de corps enfin, auquel il n'échappa que par la fuite. Tout cela se passait en octobre 1793 : en décembre, notre homme, gracié, rentrait à Neuchâtel.

Y eut-il donc en haut lieu, sur les activités éditoriales de Fauche-Borel, aveuglement volontaire, voire connivence ? Cela n'est pas certain. Il faut rappeler à ce propos que l'attitude des autorités neuchâteloises à l'égard des imprimeurs de la Principauté était depuis longtemps empreinte d'une grande tolérance. Il faut relever surtout que Fauche-Borel avait su prendre ses précautions. Aucun des ouvrages ou pamphlets contre-révolutionnaires sortis de ses presses ne porte son nom, ni même celui de Neuchâtel. Ceux qui ont une adresse portent simplement : « à Londres » ou « en Allemagne ». Une telle production pouvait donc fort bien passer inaperçue. Et en effet, malgré les affirmations répétées des *Mémoires* de Fauche-Borel lui-même (dont l'authenticité, par ailleurs, était mise en doute), il a fallu attendre près de deux siècles pour que les publications contre-révolutionnaires de Fauche-Borel, ou du moins une quarantaine d'entre elles, soient enfin identifiées au terme d'une longue enquête portant aussi bien sur le matériel typographique utilisé que sur les documents d'archives et les catalogues de librairie. Rien ne permet donc de dire que Fauche-Borel ait compromis la neutralité de la Suisse par son activité éditoriale au service de la Contre-Révolution, encore moins celle de la ville de Neuchâtel, que l'invasion de 1798 laissera intacte.

Jean-Daniel CANDAUX

Bibliographie

[Louis] FAUCHE-BOREL, *Mémoires*, Paris/Genève, 1829, 4 vol., in-8.

Frédéric BARBEY, « Les Mémoires de Fauche-Borel », *Revue historique*, 101, 1909, pp. 326-333.

Jean-Daniel CANDAUX, « Louis Fauche-Borel, imprimeur de la Contre-Révolution (1791-1798) », dans *Aspects du livre neuchâtelois, études...*, publ. par Jacques Rychner et Michel Schlup, Neuchâtel, 1986, pp. 336-432.

215. Perrot fils, d'après Louis-Marie Autissier.
Portrait de Abraham-Louis Fauche-Borel.
Vers 1830
Gravure sur cuivre, 19,4×28 cm
Neuchâtel, Archives et Estampes historiques
Bibl. : *Aspects du livre neuchâtelois*, Neuchâtel, 1986, p. 336

Sous la Restauration, cherchant désespérément à faire reconnaître ses mérites d'agent royaliste, Fauche-Borel fut entraîné dans une retentissante polémique et conduit à publier finalement ses *Mémoires* justificatifs, avant de se suicider. Son portrait par Louis-Marie Autissier (1772-1830) date de cette époque. Il est difficile d'imaginer un ensemble plus légitimiste, puisque Monsieur de Fauche-Borel y est entouré des bustes de Louis XVIII et de Charles X, des portraits des généraux Pichegru et Moreau, et qu'il tient à la main un médaillon représentant le roi de Prusse (et prince de Neuchâtel) Frédéric-Guillaume III. En toile de fond, la symbolique prison du Temple, d'où Louis XVI était parti pour l'échafaud, et où furent incarcérés plus tard Fauche-Borel lui-même et son neveu Charles-Samuel Vitel, fusillé en 1807 pour sa participation aux complots royalistes et dont on aperçoit le portrait discrètement glissé sur la table. On connaît au moins deux autres portraits gravés de Fauche-Borel, l'un par Ed. Sriven, sans décor, l'autre par J. Kennerley d'après Ann Wodsworth, réplique de celui-ci. J.-D. Candaux

216. *Quelques éditions de Fauche-Borel :*
[Joseph de Maistre].
Considérations sur la France. Londres, 1797.
Neuchâtel, Bibliothèque publique de la Ville

Précis des forfaits qui ont accompagné la révolution de France [...]. [S.l.], mars 1793, 92 p.
Neuchâtel, Bibliothèque publique de la Ville

[Antoine-François-Claude Ferrand].
Le rétablissement de la Monarchie. [S.l.], septembre 1793.
Neuchâtel, Bibliothèque publique de la Ville

Henri-Alexandre Stauffach [Emmanuel-Henri-Louis-Alexandre de Launay, comte d'Antraigues].
Avis aux Suisses sur leur position envers le Roi de France. Paris, 1791, 40 p.
Neuchâtel, Bibliothèque publique de la Ville

Marquis de B***** [marquis Marc-Marie de Bombelles ?].
La France avant et depuis la Révolution, moyens d'y rétablir l'ordre ; intérêt des puissances à ce rétablissement. Août 1793, 230 p.
Collection particulière

La Queue des boulangers de Paris. [Paris, Granvier impr., mai 1795], 30 p.
Neuchâtel, Bibliothèque publique de la Ville

Au balcon de l'Europe
Mme de Charrière et la Révolution française

Isabelle de Charrière est victime à la fois des professeurs de littérature, qui ne voient en elle qu'une romancière, et des féministes comme Simone de Beauvoir, qui font d'elle une martyre du mariage.

Née à Utrecht en 1740, Belle Van Tuyll Van Serooskerken devient Neuchâteloise d'adoption par son mariage avec un gentilhomme suisse, Charles-Emmanuel de Charrière. Après quelques voyages, elle se fixe avec lui dans sa propriété du Pontet, à Colombier, près de Neuchâtel, pour y mener, en apparence, une existence effacée et monotone. En 1789, elle était connue du public lettré pour un roman d'analyse psychologique, les *Lettres écrites de Lausanne*. A cette image un peu grise s'en superpose une autre, plus colorée : grâce à la monumentale édition de ses Œuvres complètes par Van Orschoot à Amsterdam, nous savons maintenant que l'activité littéraire de Mme de Charrière fut considérable, qu'elle a touché à tous les genres, et surtout que c'est la Révolution qui l'a révélée à elle-même, en l'arrachant à ses activités de romancière mondaine, pour l'orienter vers une carrière de pamphlétaire, voire de journaliste, à laquelle semblait la destiner depuis longtemps sa verve caustique. Le drame qui se joue alors en France et dans l'Europe entière ne pouvait la laisser indifférente. Non seulement elle l'a suivi jour après jour en observatrice critique, mais elle a essayé de l'infléchir par ses écrits : elle s'est comportée en « écrivain engagé ».

Le hasard aidant, elle s'est toujours trouvée d'une certaine manière au cœur de l'actualité révolutionnaire. D'abord à Paris, en 1786-87. Elle y fait un long séjour, peut-être pour échapper au « spleen », plus sûrement pour s'adonner à la littérature et aux arts qui ont toujours été sa passion dominante. Or la ville où elle débarque est en pleine effervescence. Les salons qu'elle fréquente, celui des Suard, celui de Mme Saurin, lui permettent de rencontrer les futurs « leaders » La Fayette et Bailly. Elle participe aux grands débats d'idées qui préludent à la convocation des Etats généraux. Ses premiers pamphlets, les *Observations et conjectures politiques* (1788) et les *Lettres d'un évêque français* (1789) portent la marque de ces débats et témoignent d'un enthousiasme généreux. Elle y traite des questions fondamentales : l'arbitraire et les « lettres de cachet », la tolérance religieuse, les richesses de l'Eglise, l'inégalité sociale, la peine de mort... Elle y ajoute un sujet qui lui tient à cœur : la situation dramatique de son pays. Devant l'écrasement de la révolution batave, elle proclame son horreur de la répression et ses sympathies républicaines. C'est le moment où s'élabore sa pensée politique. Elle souhaite pour la France l'instauration d'une monarchie parlementaire à l'anglaise. Elle croit possible d'orienter par la plume le cours de l'Histoire en agissant sur l'opinion publique. C'est ainsi que ses pamphlets seront expédiés à Paris : deux d'entre eux, *Bien-Né* et *Aiglonnette* sont des « contes moraux » destinés l'un à Louis XVI, l'autre à Marie-Antoinette, et qui ont peut-être circulé à la Cour de France...

Entre-temps, elle est revenue à Neuchâtel, où elle résidera jusqu'à sa mort (1805). Là, dans les années 1789-92, on pourrait la croire détachée du monde extérieur, comme un ermite, mais jamais elle n'a vécu aussi intensément. Grâce au réseau d'informateurs dont elle est le centre, elle vibre à chaque événement dont la nouvelle lui parvient, et sa correspondance retentit des échos de toute l'Europe.

A Paris, Mme Saurin et quelques autres évoquent pour elle, non sans réserves, les travaux de l'Assemblée constituante puis de la Législative, bref, le déroulement de cette révolution bourgeoise qui correspond à ses vœux.

Aux Pays-Bas, ce sont naturellement ses proches qui la tiennent au courant : après l'échec de la révolution, le retour au *statu quo* ne va pas sans problèmes.

A Turin, premier refuge de l'émigration française, elle possède un correspondant bien informé : Jean-Pierre de Chambrier d'Oleyres, ministre de Prusse auprès du roi de Piémont.

A la fin de l'année 1791, son réseau s'étendra jusqu'à Berlin : son amie Henriette L'Hardy devient dame de compagnie de la comtesse Dönhoff, la « demi-reine », et séjourne dans l'entourage même du roi Frédéric-Guillaume II. La correspondance des deux amies, bourrée de détails romanesques ou domestiques, laisse filtrer des indications curieuses sur la politique prussienne.

N'oublions pas, dans ce tour d'horizon, les innombrables missives que Benjamin Constant lui adresse de Brunswick, ni les nouvelles qui lui parviennent de la remuante république de Genève, de Lausanne, de Neuchâtel... Rares étaient les contemporains qui pouvaient centraliser une telle masse d'informations. Aussi la vision qu'elle nous donne, non seulement de la Révolution française, mais des révolutions occidentales en général, est-elle d'une ampleur remarquable. Et cette vision panoramique n'est entachée d'aucun chauvinisme, d'aucun préjugé de classe.

Le 10 août 1792, tout bascule. Colombier cesse d'être un balcon protégé, un observatoire privilégié, car la Révolution, peut-on dire, rejoint Belle à domicile. Son voisin et ami, Georges de Montmollin, le fiancé de la jeune émigrée Julie de Trémauville, le « bel archet » avec qui l'on faisait de la musique, a été tué aux Tuileries dans le massacre des gardes suisses. Il faut lire l'annonce de la nouvelle dans la Correspondance pour comprendre ce qu'a été le choc ressenti : Belle ne se remettra jamais de ce traumatisme. Pour elle, la violence l'emporte désormais sur la raison. Le Jacobin, voilà l'ennemi. Sa réaction est d'autant plus vive que l'agitation envahit la principauté... : le 15 décembre 1792, on plante à Colombier un « arbre de la Liberté » !

Elle trouve inopinément l'occasion d'agir sur les événements lorsqu'en février 1793, Charles-Godefroy de Tribolet, chancelier de la principauté, pour apaiser les esprits et mettre fin aux affrontements entre Jacobins (coiffés du bonnet rouge) et monarchistes (porteurs de la cocarde orange) imagine de faire appel à l'opinion publique. Belle s'en charge et, avec sa promptitude habituelle — vertu journalistique par excellence — invente une correspondance entre un Français et un Suisse : en trois jours, elle compose les deux premières *Lettres trouvées dans la neige*. D'autres suivront en quelques semaines, et leur efficacité semble démontrée puisque le calme se rétablit assez rapidement.

Autre sujet de préoccupation : l'invasion des aristocrates français en exil qui, dans cette principauté accueillante, bouleverse les conditions de la vie quotidienne et relègue au second plan les événements extérieurs. Sensible à la détresse de ces déracinés qu'elle s'emploie à soulager, Belle saisit sur le vif leurs ridicules : étroitesse d'esprit, attachement nostalgique aux privilèges caducs, incapacité à s'adapter au monde nouveau. Mais elle a la surprise de découvrir, parmi les plus jeunes, des personnalités attachantes, comme ce Camille de Malarmey de Roussillon avec qui elle correspond longuement, sans doute parce qu'il lui ressemble : perpétuellement errant, étranger aux sociétés qu'il traverse, il lui renvoie, comme un miroir, sa propre image. Belle brosse de l'Emigration une des peintures les plus originales et les plus nuancées. Et comme cette correspondance stimulait son imagination, elle en a tiré un roman, *Lettres trouvées dans des portefeuilles d'émigrés*, et trois pièces de théâtre, *L'Emigré*, *L'Inconsolable*, *La Parfaite Liberté*, qui ne sont pas de purs divertissements, mais des leçons de morale et de politique. Il s'agit d'inculquer aux émigrés un idéal et une sagesse : cet idéal, c'est le libéralisme et la justice sociale ; la sagesse consistera à accepter le monde nouveau, dont les principes, à condition d'être appliqués en douceur, lui paraissent excellents : fin des privilèges, régénération par le travail.

Certes, ces œuvres n'ont eu qu'une diffusion limitée, mais, malgré les déceptions éprouvées sur le plan littéraire, Mme de Charrière ne se décourage pas. Elle croit au pouvoir des mots. Cette littérature militante a-t-elle eu l'impact souhaité sur les responsables politiques, sur l'opinion publique, sur les émigrés ? L'oubli dans lequel elle est tombée invite à répondre par la négative... En fait, rebelle à toute étiquette partisane, trop aristocrate pour les uns, trop démocrate pour les autres, Mme de Charrière avait peu de chances de séduire un vaste public. Et puis le sort de toute littérature d'actualité est de disparaître au même rythme que ces feuilles imprimées que Mme de Charrière appelait « papiers nouvelles », c'est-à-dire les journaux. Mais pour le lecteur moderne qui, en cette année du Bicentenaire de la Révolution française, cherche à y voir clair, lire ces œuvres de circonstance, c'est retrouver à la fois la palpitation de la vie dans une chronique foisonnante et porter sur les événements le regard lucide du grand écrivain classique que fut Isabelle de Charrière.

Isabelle V<small>ISSIERE</small>

Bibliographie

Simone de BEAUVOIR, *Le Deuxième Sexe*, II (Gallimard, 1949), Paris, « Idées N.R.F. », 1968.
Philippe GODET, *Madame de Charrière et ses amis, d'après de nombreux documents inédits (1740-1805)*, Genève, Jullien, 1906.
Arnold de KERCHOVE, *Une amie de Benjamin Constant, Belle de Charrière*, Paris, Nouvelle Revue critique, 1937.
Suzanne MUHLEMANN, Notice bio-bibliographique sur Mme de Charrière, *Dictionnaire des littératures de langue française*, Paris, Bordas, 1984.
SAINTE-BEUVE, « Madame de Charrière », *Portraits de femmes, Œuvres*, II (« Bibliothèque de la Pléiade »), pp. 677-763.
Isabelle VISSIERE, *Isabelle de Charrière, une aristocrate révolutionnaire*, Paris, Des Femmes, 1988.
Rolf WINIKER, *Madame de Charrière. Essai d'un itinéraire spirituel*, Lausanne, L'Age d'homme, 1971.

Les *Œuvres complètes* d'Isabelle de Charrière (Belle de Zuylen) ont été publiées en dix volumes à Amsterdam (1979-1984) chez Van Orschoot. Cette édition critique est l'œuvre de Jean-Daniel Candaux, C. P. Courtney, Pierre-H. Dubois, Simone Dubois-de Bruyn, Patrice Thompson, Jeroom Vercruysse et Dennis M. Wood.

Sous le titre *Madame de Charrière à Colombier*, la Bibliothèque de la Ville de Neuchâtel a édité en 1979 un luxueux album préfacé par Jacques Rychner, directeur de la Bibliothèque, avec une abondante iconographie rassemblée et présentée par Constance Thompson Pasquali.

Les amis suisses et néerlandais de Mme de Charrière publient un bulletin, *La Lettre de Zuylen et du Pontet*, qui contient des études du plus haut intérêt.

217. Léonard-Isaac Arlaud (1767-vers 1800) (attribué à).
Portrait d'Isabelle de Charrière (1740-1805).
Fin du XVIIIe siècle

Miniature, aquarelle et gouache sur vélin ou papier (forme une paire avec le portrait de Charles-Emmanuel de Charrière, conservé au même endroit)
7,1 × 5,5 cm (cadre d'époque : 15 × 13 cm)
Genève, Bibliothèque publique et universitaire
Bibl. : *Madame de Charrière à Colombier*, Neuchâtel, Bibliothèque de la Ville, 1979, n° 6

218. *Quelques ouvrages d'Isabelle de Charrière :*

Observations et conjectures politiques. Aux Verrières-Suisses, J. Witel, 1788, 80 p.
Neuchâtel, Bibliothèque publique de la Ville

Lettre (Seconde –, Troisième –, Quatrième –, Cinquième –, Sixième –) d'un Evêque françois à la Nation. [Neuchâtel, Fauche-Borel], (11 avril 1789 - 22 mai 1789), 14, 16, 16, 14, 16 et 31 p.
Neuchâtel, Bibliothèque publique de la Ville

Aiglonette et Insinuante, ou la souplesse. Conte. [Neuchâtel, Fauche-Borel], 1791, 15 p.
Neuchâtel, Bibliothèque publique de la Ville

Lettres trouvées dans des porte-feuilles d'émigrés. Paris [i.e. Lausanne, Durand], août 1793, 140 p.
Neuchâtel, Bibliothèque publique de la Ville

L'Emigré, comédie en trois actes. [Neuchâtel], 1793 [i.e. janvier 1794], 66 p.
Neuchâtel, Bibliothèque publique de la Ville

Zurich et les troubles de Stäfa, 1794-1795

Une Zurichoise perspicace, Anna-Barbara Hess-Wegmann, épouse du peintre Ludwig Hess, écrivit une chronique des événements contemporains, dont nous tirons :

Puissent la Révolution française et ses suites être un avertissement à toutes les autorités et les mettre en garde contre les dépenses inutiles de l'Etat, contre la limitation arbitraire des droits du citoyen et l'oppression du paysan. Car, tôt ou tard, le jour arrive où il faut rendre des comptes et où le sentiment des injustices subies s'éveille dans le peuple ; alors, souvent, les arrières-petits-fils doivent payer les fautes de leurs aïeuls !

La Révolution française trouva à Zurich un écho particulièrement favorable, notamment parmi les membres des sociétés qui sont ouverts à la philosophie des Lumières, mais aussi parmi les artisans et les petits entrepreneurs des zones rurales. Dès le milieu du XVIIIe siècle, Zurich avait été un lieu privilégié pour le développement des sociétés patriotiques, économiques, littéraires et scientifiques. L'influence d'un Johann Jakob Bodmer sur les participants de ces sociétés a permis l'organisation de tout un courant de pensée critique qui va aller se renforçant dès 1764, avec le *Mouvement de la jeunesse politique*, auquel participent des hommes remarquables comme Johann Caspar Lavater, le peintre Johann Heinrich Füssli, Henri Pestalozzi et Jakob Hess, pour ne citer que les plus connus. Des sociétés secrètes se créent également dans les années qui précèdent immédiatement la Révolution. Des loges maçonniques, par exemple, auxquelles adhèrent principalement des marchands-entrepreneurs de la ville. Mais ce sont les zones rurales qui se montrèrent les plus réceptives aux idées révolutionnaires, ainsi que le note l'historien Rudolf Braun :

« Au cours de la seconde moitié du XVIIIe siècle une série de sociétés se créent dans les communes du lac ou de protoindustrie (Pfäffikon par exemple) pour diffuser la culture et les mœurs jusque dans les campagnes : théâtre, concerts, opéra bouffe. Mais elles se constituent surtout pour former des cercles de lecture ou de pensée critique [...].

On n'y lit pas seulement les " belles lettres " mais Voltaire, Rousseau et Montesquieu, même en langue française selon l'amer constat des autorités zurichoises. On y trouve des journaux qu'on lit et discute, même des journaux français (alsaciens) dès la Révolution française, des tracts, des pamphlets et des écrits sur les événements de France. Des contacts sont tissés avec des Suisses en exil à Paris et on collecte de l'argent pour le parti de la révolution. Ces cercles reprennent dès 1789 l'appellation françaises des *clubs*. En janvier 1794 le Club d'Horgen, réuni pour une " discussion de la question nationale française ", souhaite commander des bonnets rouges des Jacobins : le marchand ambulant Büchi saute sur l'occasion et en obtient une douzaine de galériens libérés, de passage à Bâle (l'affaire n'aboutit pas car le président du club remet son poste). Ces cercles reprennent jusqu'au vocabulaire et au jargon français : les nouvelles autorités élues durant les troubles de Stäfa portent le nom de *Comité* ou de *Convention*, leurs élus s'appellent *Députés*. Quand ces députés de quatre villages se réunissent à Meilen, l'aubergiste du " Cheval " à Herrliberg s'y rend en ces termes : *Je retourne à la Convention nationale.* »

P. C.

Litt. : Otto Hunziker (éd.), *Zeitgenössische Darstellung der Unruhen in der Landschaft Zürich, 1794-98* (Quellen zur Schweizer Geschichte, t. 17), Bâle, 1897 ; Johannès Dieraeur, t. IV, 1929, pp. 446-457 ; Diethelm Fretz, *Die Entstehung der Lesegesellschaft Wädenswil* 11. Neujahrsblatt der Lesegesellschaft Wädenswil), Wädenswil, 1939 ; Annemarie Custer, *Die Zürcher Untertanen und die Französische Revolution*, Zürich, 1942 ; Wolfgang von Wartburg, « Zürich und die französische Revolution », *Basler Beiträge zur Geschichtswissenschaft*, Bd. 60, Basel/Stuttgart, 1956 ; Rudolf Braun, *Das ausgehende Ancien Régime in der Schweiz*, Göttingen/Zürich, 1984 (trad. fr. *Le déclin de l'Ancien Régime en Suisse*, Lausanne/Paris, 1988, pp. 230-249)

219. Mémorial de Stäfa de l'année 1794 recommandé à l'attention des très chers Pères de notre Patrie.
Copie manuscrite
Zurich, Zentralbibliothek

Rédigé sur le ton respectueux de sujet par Heinrich Nehracher de Stäfa durant l'été de 1794, ce texte, discuté au sein du cercle de lecture, devait être remis au gouvernement zurichois à la fin de l'année. Mais, au mois de novembre, les autorités confisquèrent les copies de la pétition encore en circulation et arrêtèrent les auteurs. Après enquête, et malgré l'intervention en faveur des inculpés du bailli du Toggenbourg, Charles Müller de Friedberg, un procès eut lieu qui aboutit à de sévères condamnations les 13 et 14 janvier 1795. Les exemplaires du *Mémorial* en main des autorités furent brûlés. Que contenait donc cette pétition ? Les principales revendications étaient les suivantes :
— Liberté du commerce et de l'industrie.

— Accès aux études supérieures et aux postes d'officier supérieur pour les sujets ruraux.
— Abolition de certains impôts d'origine féodale, comme la *mainmorte* (Todfall) et la *dîme* (Zehnt).
— Intégration des habitants des campagnes dans le cadre de la *Constitution* existante, ce qui équivalait à supprimer la condition de sujet et à abolir les privilèges de la bourgeoisie urbaine.
— Paradoxalement, on réclamait aussi le rétablissement des franchises et des anciens droits particuliers qui remontaient au XVe siècle.

P. C.

220. Carl Friedrich Irminger (1813-1863).
Heinrich Nehracher.
Lithographie, 19×15 cm
Zurich, Zentralbibliothek, Graphische Sammlung

Heinrich Nehracher (1764-1797) de Stäfa était maître-potier et faisait partie du *Cercle de lecture* de la ville auquel participaient des artisans, des médecins, des aubergistes ; toute une élite rurale aisée et cultivée qui lisait et discutait d'ouvrages littéraires et politiques. Rédacteur du *Mémorial*, Nehracher fut condamné par les autorités zurichoises à six ans de bannissement. Il mourut en Alsace peu de temps après.

P. C.

221. C. Studer.
Johann Caspar Pfenninger.
Lithographie, 44×31,7 cm
Berne, Bibliothèque nationale suisse

Johann Caspar Pfenninger (1760-1838), chirurgien de son état, avait pris une part prépondérante à la rédaction du *Mémorial de Stäfa*. Avec Heinrich Nehracher et un autre médecin, André Staub de Pfäffikon, ils furent les plus lourdement condamnés par les autorités de Zurich. Pfenninger écopa de quatre années de bannissement pour atteinte à la sûreté de l'Etat. Après l'amnistie du 29 janvier 1798, il revint à Wädenswil et fut élu à la tête de l'Assemblée des députés du pays. Il joua un rôle actif sous la République helvétique et fit partie de la *Consulta* helvétique convoquée à Paris par Bonaparte. Conseiller d'Etat pendant de nombreuses années, il mourut à Zurich en 1838.

P. C.

222. Anonyme.
Licenciement des troupes zurichoises ayant servi lors des troubles de Stäfa par son Excellence le Bourgmestre Weiss en 1795.
Eau-forte au trait, aquarelle, 24,6×25,6 cm
Zurich, Zentralbibliothek, Graphische Sammlung

L'affaire de Stäfa ne s'arrête pas après la condamnation des auteurs du *Mémorial*. Un deuxième acte commence lorsque, en mars 1795, on retrouve à Küsnacht une copie du *Pacte de Waldmann* (1489) datant de 1525 qui contient *les franchises et les droits attestés* dont parlait les auteurs du *Mémorial de Stäfa*. La découverte est l'occasion d'une fête populaire durant laquelle on plante un arbre de la liberté coiffé d'un bonnet phrygien. Poursuivant sur leur lancée, les habitants de Küsnacht voulurent faire confirmer par le Petit Conseil la validité de la copie retrouvée. Le gouvernement zurichois exprima son « souverain déplaisir » et répondit que des questions aussi impertinentes devraient dorénavant être traitées comme des atteintes à l'ordre public. Les habitants de Stäfa ne se laissèrent pas impressionner par ces menaces et convoquèrent une assemblée. Le 16 mai 1795, les mécontents résolurent de se solidariser et de faire appel aux anciens cantons helvétiques qui étaient garants de la convention de Waldmann. David von Wyss, qui venait d'être nommé bourgmestre de Zurich,

ERFÜLLUNG DER PFLICHT BRINGT EHRE UND SEEGEN

VERLEZUNG DER PFLICHT BRINGT SCHMACH UND VERDERBEN

Wir Bürgermeister und die verordneten Kriegsräthe urkunden hiemit daß nachdeme MGnädign Räth und Burger sub gnädigst beschloßen haben denjenigen Theil Ihrer wakern Land Miliz, welchen höchDieselben, zu Erhaltung deß obrigkeitlichen Ansehens, zu Sicherheit Ihrer getreü verbliebenen, und um die Ungehorsamen zum Gehorsam zurükzubringen, in die Nothwendigkeit gesezt worden, unter die Waffen zustellen, nunmehro wieder deß Diensts zuentlaßen, es Uns zu besonderem Vergnügen gereicht von

vernohmen zuhaben, daß Unser

bey dem Corps No die Zeit von Monat Wochen Tag dem Vaterland willige geschikte und getreüe Dienste geleistet, desnahen wir Ihme bey der nun erfolgten Dimißion, auf vorbemeldtes Zeügnuß hin, durch dieses Entlaßungs Patent, deß bestverdienten Obrigkeitlichen Danks, Wohlgefallens, und deß geneigtesten Angedenkens, unter Anwünschung beharrlichen Wohlstands, freüdig versichern

Geben Zürich den
1795.

leva alors des troupes dans l'arrière-pays où les paysans n'avaient pas encore été touchés par le bacille de cet « incroyable esprit, déchaîné et imposteur ». Un ultimatum fut lancé aux habitants de Stäfa le 29 juin, puis le gouvernement zurichois, qui s'était assuré l'appui de Berne, décida de recourir à la force. Le dimanche 5 juillet, environ 2000 hommes des milices envahirent Stäfa et arrêtèrent les personnes considérées comme des agitateurs. Un procès s'ouvrit durant lequel on vit s'affronter les « faucons » qui revendiquaient la peine capitale et les « colombes » qui tentaient de modérer ces réactions sanguinaires. L'intervention de la France, par son ambassadeur Barthélemy, et les efforts courageux des « colombes », parmi lesquelles on retrouvait les anciens du *Mouvement de la jeunesse politique*, en particulier Johann Caspar Lavater, amenèrent le Grand Conseil à ne pas prononcer de peine de mort. Il condamna néanmoins six personnes à la détention à perpétuité et à la confiscation de leurs biens, ainsi que deux cent soixante autres à des peines d'infamie ou d'amende.

P. C.

223. Formulaire de licenciement militaire pour les milices ayant servi durant l'affaire de Stäfa en 1795.
Eau-forte et aquatinte, t.c. 26,3×20,7 cm
Berne, Bibliothèque nationale suisse

Des remerciements pour les paysans de l'arrière-pays qui ont fidèlement servi les intérêts des autorités de la ville, avec un prime une vignette très parlante entourée de ces devises : *Remplir son devoir apporte honneur et prospérité* et *Oublier son devoir apporte ignominie et corruption*.

224. Paul Usteri (1768-1795).
Caricature zurichoise.
25 septembre 1793
Dessin à la plume, 38×47 cm
Zurich, Musée national suisse

Bibl. : *Schweizerisches Landesmuseum in Zürich, Jahresbericht* n° 82, 1973, n° 33 et pp. 26, 68

Paul Usteri, frère cadet de l'artiste zurichois Johann Martin Usteri (1763-1827), exerça, à côté de sa profession de marchand, une intense activité artistique interrompue très tôt : il mourut à l'âge de 27 ans. Son œuvre, essentiellement composée de dessins, est dominée par la caricature. Paul Usteri réalisa en 1793 une allégorie satirique dont la lecture reste problématique. La difficulté est surtout qu'on ne parvient pas à en identifier les protagonistes, dont les traits sont déformés et prennent parfois une forme animale. La scène se passe en pleine nature. Sur une sorte de chariot, trois personnages bouffons se livrent à une occupation mystérieuse, sous les yeux d'un haut magistrat. Ils sont protégés par un immense chapeau ailé, planté au bout d'une fourche. Un homme à tête de singe aligne devant eux un petit groupe, au garde-à-vous ; on reconnaît à leurs costumes un membre du Conseil, un pasteur, quelques soldats. Enfin, un dernier personnage tombe du ciel en apportant une missive. Chacun est coiffé d'un bonnet ailé et tient un bâton de Mercure. Hans Conrad Peyer, que nous avons interrogé sur la signification de ce dessin[1] émet une hypothèse sur l'omniprésence des attributs de Mercure. La satire pourrait symboliser la situation économique de 1793 : à Genève, à Bâle et à Zurich, la spéculation sur des valeurs françaises et d'outremer atteignit alors un point culminant ; le blocus anglais et la Terreur entraînèrent bientôt les premières banqueroutes. Plusieurs membres de la famille Usteri étaient engagés dans les affaires et subirent ainsi de grandes pertes. La caricature représenterait donc ce triomphe dérisoire de la spéculation avant la fin.

1. Lettre du 3 novembre 1988. Voir également son ouvrage *Von Handel und Bank im alten Zürich*, Zurich, 1968.

S. W.

siné par Veny et Girardet. Gravé à l'Eau-forte par Pélicier et terminé par

Abraham Girardet, graveur historique

Abraham Girardet (1764-1823) est l'un des membres les plus remarquables de la grande dynastie neuchâteloise d'artistes-graveurs dont le libraire Samuel Girardet, son père est le fondateur. Ses talents précoces le destinent très tôt à occuper une place prédominante dans l'entreprise familiale d'édition. En 1783, il part pour Paris afin de perfectionner sa technique dans l'atelier du graveur Nicolet ; il y restera jusqu'en 1792. Girardet assiste ainsi, aux premiers bouleversements de la Révolution française. Les événements qui ont précédé et amené la convocation des Etats généraux lui inspirent toute une série de dessins, fréquemment réalisés en collaboration avec Vény, spécialiste de la représentation perspective des bâtiments. En 1793, une partie de ces dessins des années 1787 à 1789 est utilisée pour produire une série de neuf gravures sur le thème de la « prérévolution » (entreprise destinée à concurrencer les nombreuses collections historiques que connaît alors le marché de la gravure parisienne). Les neuf estampes sont exposées au Salon de 1793 ; Girardet est à cette date de retour à Neuchâtel. Quelques années plus tard, la série est adjointe aux fameux *Tableaux historiques de la Révolution française* (voir no. 127), ouvrant ainsi la célèbre collection sous le titre de *Discours préliminaires*. Si les neuf planches apparaissent déjà dans l'édition de 1798, il faut attendre 1802 pour qu'elles soient mentionnées dans le titre du recueil. Lors de son second séjour parisien, Abraham Girardet collaborera à d'autres planches de cette collection.

Hormis le n° 3 qui ne doit rien à Girardet, la série complète des « tableaux préliminaires » est présentée ici. Les premières planches, évoquant des assemblées et cérémonies officielles, présentent un aspect rigide ; mais pour les scènes de rue finales, l'artiste a renoncé à la vue frontale pour adopter un angle plus dynamique, multipliant les jeux de foule et la succession des plans que soulignent les effets de lumière.

Souvent copiée, cette série est le témoignage unique d'un artiste neuchâtelois à Paris sous la Révolution française.
S. W.

Litt. : Renouvier, 1863, pp. 345-346 ; Tourneux, 1890-1908, t. 1, pp. 33-63 ; Boy de la Tour, 1928, pp. 45-62 ; René Burnand, *L'étonnante histoire des Girardet artistes suisses*, Neuchâtel, éditions de la Baconnière, 1940, p. 63-92 ; René Burnand, *Les Girardet au Locle et dans le monde*, Neuchâtel, éditions de la Baconnière, 1957, pp. 36-40 ; *La Révolution française — le Premier Empire*, 1982, pp. 53-55 ; Vovelle, 1986, t. 1, p. 29 et pp. 254-269.

225. Dessiné par Veny et Girardet, gravé par Cl. Niquet.
Assemblée des notables, tenue à Versailles, Le 22 Février 1787.
1787-1793
Eau-forte et burin. Exemplaire avant la lettre
21,7×34,5 cm
Planche insérée dans la *Collection complète des tableaux historiques de la Révolution française,* 1802, 1er discours préliminaire.
Le Locle, Musée d'Histoire.
Bibl. : Tourneux, 1890-1908, t. 1, n° 282 ; Boy de la Tour, 1928, p. 58 ; *La Révolution française*, 1982, n° 39 ; Vovelle, 1986, t. 1, pp. 30-31.

En 1787, le déficit économique de la France a atteint une ampleur critique. Le 22 février, le roi Louis XVI et son ministre Charles-Alexandre de Calonne, contrôleur des Finances, réunirent une Assemblée des notables qui siégea six fois, sans parvenir à un accord. Lors de ces séances, Calonne tenta de faire accepter un programme de réformes financières audacieux (impôt territorial pour tous, abolition de la corvée royale) qui fut désapprouvé par l'Assemblée. Désavoué, le ministre tomba en disgrâce et se retira en Angleterre.

226. Dessiné et gravé par Girardet, terminé par Duparc.
Lit de justice tenu à Versailles, Le 6 Août 1787.
1787-1793
Eau-forte et burin, 17,5×26,5 cm
Planche insérée dans la *Collection complète des tableaux historiques de la Révolution française,* 1802, 2e discours préliminaire
Le Locle, Musée d'Histoire
Bibl. : Tourneux, 1890-1908, t. 1, n° 282 ; Boy de la Tour, 1928, p. 58 ; Vovelle, 1986, t. 1, pp. 32-33.

Etienne Charles de Loménie de Brienne remplaça Calonne comme ministre des Finances. Poursuivant une politique de réformes financières, il entra en lutte contre le Parlement, notamment lors de la séance du 6 août 1787 où le ministre ordonna, contre la volonté des magistrats, l'enregistrement des édits fiscaux. Le « lit de justice » est le siège royal, recouvert d'un dais et placé dans un angle de la chambre du Parlement. Par extension, l'expression désigne toute assemblée du Parlement à laquelle le roi assiste.

227. Dessiné par Meunier et Girardet, gravé par Cl. Niquet.
Séance extraordinaire tenue par Louis XVI, au Palais, Le 19 Novembre 1787.
1787-1793
Eau-forte et burin, 17,4 × 26,4 cm
Planche insérée dans la *Collection complète des tableaux historiques de la Révolution française*, 1802, 4e discours préliminaire
Le Locle, Musée d'Histoire
Bibl. : Tourneux, 1890-1908, t. 1, n° 282 ; Boy de la Tour, 1928, p. 58 ; *La Révolution française*, 1982, n° 43 ; Vovelle, 1986, t. 1, p. 33.

Le 19 novembre 1787, le duc d'Orléans entra ouvertement en opposition contre le roi en protestant contre la création d'un emprunt qu'il considérait comme illégal. Louis XVI lui répondit : « C'est légal, parce que je le veux ». L'eau-forte de Girardet met en scène les deux protagonistes : le roi est assis dans un angle de la salle, tandis que son cousin, debout et le bras tendu, le défie. Le duc d'Orléans participera à la Convention en devenant député de Paris en septembre 1792. Il votera la mort de Louis XVI, mais il sera lui-même condamné par le tribunal révolutionnaire.

228. Dessiné par Veny et Girardet, gravé par Cl. Niquet.
Arrestation de d'Eprémesnil et Goislard, Le 6 Mai 1788.
1788-1793
Eau-forte et burin, 17,6 × 26,5 cm
Planche insérée dans la *Collection complète des tableaux historiques de la Révolution française*, 1802, 5e discours préliminaire
Le Locle, Musée d'Histoire
Bibl. : Tourneux, 1890-1908, t. 1, n° 282 ; Boy de la Tour, 1928, p. 58 ; Vovelle, 1986, t. 1, pp. 34-35 et p. 260.

Duval d'Esprémesnil et Goislard de Montsabert, tous deux conseillers au Parlement de Paris, s'opposèrent aux projets de réforme et demandèrent la convocation des Etats généraux. La coalition qu'ils formaient, avec d'autres parlementaires, contre le roi, provoqua leur arrestation le 6 mai 1788.

229. Dessiné et gravé par Girardet, terminé par Cl. Niquet.
Incendie du corps de garde sur le Pont-Neuf. Le 29 Août 1788.
1788-1793
Eau-forte et burin. Exemplaire avant la lettre
17,6 × 26,3 cm
Planche insérée dans la *Collection complète des Tableaux historiques de la Révolution française*, 1802, 6e discours préliminaire
Le Locle, Musée d'Histoire
Bibl. : Tourneux, 1890-1908, t. 1, n° 282 ; Boy de la Tour, 1928, p. 58 ; *La Révolution française — le Premier Empire*, 1982, n° 45 (dessin préparatoire) ; Vovelle, 1986, t. 1, pp. 40-41.

Dès la fin de l'été 1788, la population parisienne commença à manifester fréquemment dans les rues. Le 24 août, le roi renvoya Loménie de Brienne pour rappeler Necker à la tête des Finances. Cette circonstance est à l'origine de l'incident qui survint le 29 du même mois : sur le Pont-Neuf, un corps de garde brûla à la suite d'altercations entre la foule manifestant sa joie après le changement ministériel, et les gardes intervenant pour contenir la liesse.

230. Dessiné par Veny et Girardet, gravé par Cl. Niquet.
Rassemblement sur le Pont-Neuf, Le 16 Septembre 1788
1788-1793
Eau-forte et burin. Exemplaire avant la lettre
17,2 × 26,3 cm
Planche insérée dans la *Collection complète des tableaux historiques de la Révolution française*, 1802, 7e discours préliminaire
Le Locle, Musée d'Histoire
Bibl. : Tourneux, 1890-1908, t. 1, n° 282 ; Boy de la Tour, 1928, p. 58 ; *L'art de l'estampe et la Révolution française*, 1977, n° 245 ; Vovelle, 1986, t. 1, p. 41

La septième planche de la série présente de façon très vivante la manifestation symbolique du 16 septembre 1788 : les badauds, envahissant le Pont-Neuf, forcèrent les passants et les occupants des calèches à saluer la statue de Henri IV, personnification populaire du roi juste et bon. On reconnaît au fond l'hôtel de la Monnaie ; la voiture à l'extrême droite porte les armoiries du duc d'Orléans.

231. Dessiné par Veny et Girardet, gravé par L'Epine et Cl. Niquet.
Attroupement au Faubourg Antoine, Le 28 Avril 1789
1789-1793
Eau-forte et burin. Exemplaire avant la lettre
17,3 × 26,4 cm
Planche insérée dans la *Collection complète des tableaux historiques de la Révolution française,* 1802, 8e discours préliminaire
Le Locle, Musée d'Histoire
Bibl. : Tourneux, 1890-1908, t. 1, n° 282 ; Boy de la Tour, 1928, p. 58 ; Vovelle, 1986, t. 1, p. 66

232. Dessiné par Veny et Girardet, gravé par Pelicier et terminé par Cl. Niquet.
Fusillade au Faubourg Antoine, Le 28 Avril 1789
1789-1793
Eau-forte et burin. Exemplaire avant la lettre
17,6 × 26,4 cm
Planche insérée dans la *Collection complète des tableaux historiques de la Révolution française,* 1802, 9e discours préliminaire
Le Locle, Musée d'Histoire
Bibl. : Tourneux, 1890-1908, t. 1, n° 282 ; Boy de la Tour, 1928, p. 58 ; Vovelle, 1986, t. 1, p. 66 et p. 261

Le 27 et le 28 avril 1789, de violentes émeutes éclatèrent au Faubourg Saint-Antoine, suivies d'une répression particulièrement sanglante. Réveillon, un fabricant de papiers peints avait déclaré que l'ouvrier pouvait bien vivre avec quinze sous par jour ; sa demeure fut envahie et mise à sac. Les troupes intervinrent et tirèrent dans la foule.

Guillaume Tell révolutionnaire, ou le patriote ambigu

Si la Suisse a pu contribuer à la Révolution française, c'est en lui prêtant malgré elle ses héros fondateurs et rassembleurs. Car les Trois Suisses et leur compagnon Guillaume Tell ont occupé une place remarquable dans le discours révolutionnaire. Ils se sont imposés dans la conscience du peuple en émoi. Ils ont assumé avec force une fonction d'emblème, au propre comme au figuré, en images comme en paroles. Et parfois en gestes ; mais ce furent ceux de la Terreur.

Les révolutions sont toujours friandes de précédents emblématiques. Ce sont eux qui rendent sensibles aux foules les contenus idéologiques trop abstraits. Faute d'exemples historiques proches et qui fussent aptes à mobiliser les esprits, la Révolution française a dû puiser des symboles et chercher ses modèles dans les reconstructions héroïques de passés lointains. La Rome ancienne lui en a procuré beaucoup, que le XVIIIe siècle avait opportunément remis en vogue : la mode antique a imprégné toute la Révolution, et l'Empire après elle puisqu'il répétait la même séquence des régimes. Mais pour les révolutionnaires, n'était-il pas plus démonstratif d'offrir référence aux origines, inconsciemment idéalisées, d'une « nation » toujours existante, celle des Suisses, que les Lumières avaient auréolée d'une réputation de liberté, d'égalité et de fraternité ? Un peuple paré, à travers le prisme de Jean-Jacques Rousseau, de la couleur des vertus de la nature ; enveloppé du bon air de la montagne que les touristes commençaient à découvrir.

Nous ne sommes plus tout à fait dupes, en 1989, des déguisements que les générations ont fait porter à l'histoire de Guillaume Tell et des Trois Suisses et de la transmutation d'un événement plus ou moins réel en mythe légendaire. Mais les gens de 1789 pouvaient encore recevoir cette histoire comme vérité. Une vérité si bien répandue dans la mémoire populaire, si bien entretenue par les « médias » de l'époque, que son rappel au bon moment ne pouvait manquer l'effet d'emblème.

Pour atteindre ce sommet de leur réputation et de leur activité révolutionnaire, nos héros helvétiques avaient dû parcourir un long chemin dans une semi-obscurité. Leurs exploits originels (révolte contre l'ordre supérieur, tyrannicide) n'avaient pas été innocents ; ils gênaient la société de l'Ancien Régime. Or, le XVIIIe siècle, en les redécouvrant, entreprit de les excuser, puis de les glorifier. En Suisse même, ces héros de temps obscurs se voient rétablis dans leur mérite de pères fondateurs d'une Confédération que les dissensions internes ont cessé de compromettre, qui s'affirme comme une unité politique et économique, presque comme un Etat déjà. L'idée est au rassemblement, le projet est celui d'une nation. Un joyeux courant d'helvétisme pousse les Suisses les uns vers les autres, quels qu'ils soient, citoyens et sujets confondus ; il porte à sa tête les héros réhabilités, qui de fondateurs deviennent rassembleurs. Fondée en 1761, la Société helvétique devient, dans la chaleur de ses réunions annuelles, le lieu de pareille rencontre. Elle se voit offrir pour emblème en 1782 à Olten un surtout de table sculpté dans le bois par Alexandre Trippel et qui représente Guillaume Tell : l'arbalétrier vainqueur de l'épreuve légendaire préside désormais aux agapes confédérales. Il se révèle particulièrement populaire parmi les Suisses de fraîche date et les plus étrangers à son histoire originelle, tels les Vaudois toujours sujets de Berne...

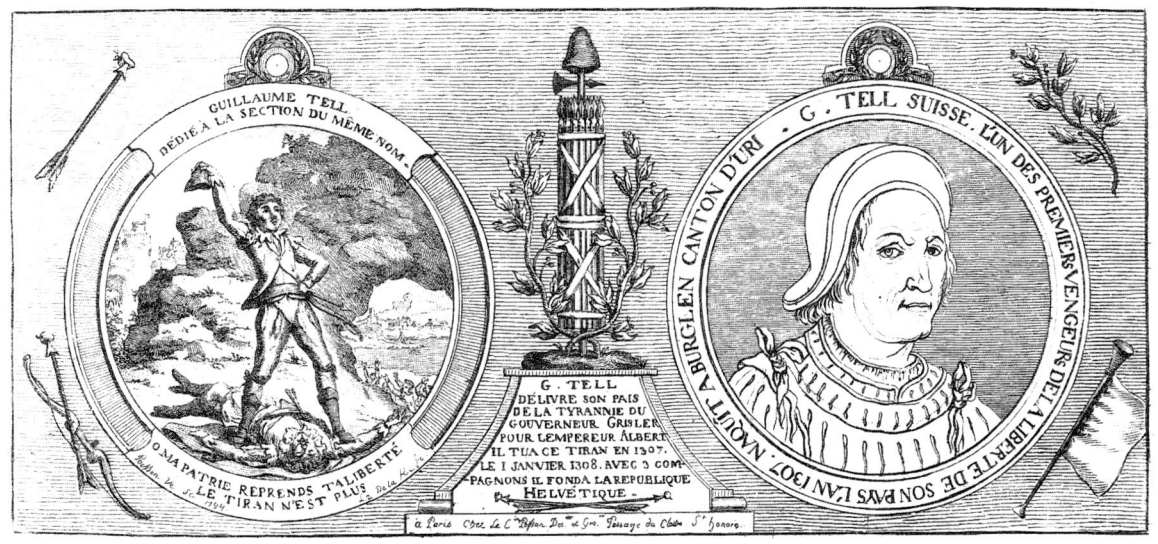

Guillaume Tell et ses camarades du « serment » ne sont cependant pas fameux qu'en Suisse. Ils ont entrepris de voyager. Ils se sont installés en France de bonne heure, dès le XVIe siècle, dans le sillage d'officiers suisses au service du roi. Au XVIIIe, ils ont traversé l'Atlantique et se sont mis tout naturellement au service de la révolution américaine, ce qui n'a pas manqué de renouveler leur réputation de démocrates. Guillaume Tell est resté depuis lors très présent aux Etats-Unis : *the best known story in the world* proclamait à propos de son aventure la publicité d'un film de 1924. Mais Tell est surtout en place à Paris dès lors qu'y fermente l'atmosphère révolutionnaire. Le statut républicain des Suisses et l'idéal de liberté qu'on leur fait assumer suscite le scepticisme des uns et la ferveur des autres. Guillaume Tell devient argument exemplaire de philosophie politique, légitimation des libertés requises. Puisque le théâtre se révèle alors forme privilégiée d'expression des idées nouvelles, le héros se voit porté à la scène. Le *Guillaume Tell* d'Antoine-Marie Lemierre obtient en

1766 un succès qui rend d'un coup populaire la figure et la cause du « libérateur » des Suisses. L'argument de la tragédie prend d'ailleurs avec le récit traditionnel des libertés poétiques qui serviront de précédent à Schiller, à Rossini et à tant d'autres dramaturges par la suite. Une abondante imagerie contribue d'autre part à la popularité de Tell et des Trois Suisses.

1789 : l'image de Guillaume Tell s'exalte. Dans les saisons qui précèdent et qui suivent la prise de la Bastille, la pièce de Lemierre est remise au programme, en province comme à Paris. Sur un livret de Sedaine, Grétry compose en 1791 la première version lyrique de l'histoire de Tell. De plus, notre héros commence à fréquenter surtout les clubs. Il anime le discours politique, encourage la contestation du despotisme, mais réchauffe aussi l'amitié franco-helvétique. On rapproche le serment du Jeu de Paume de celui du Grutli. En 1790-91, l'affaire du régiment de Châteauvieux puis l'amnistie des soldats suisses mutinés et leur accueil triomphal à Paris entraînent la radicalisation de Guillaume Tell qui se voit associé à Brutus, comme lui salué héros de la liberté et de l'égalité. Dès lors, le culte jacobin de Tell s'enflamme. Il va, macabre, accompagner la Terreur. Dès septembre 1792, il est entretenu par deux circonstances propres à actualiser le héros. Tell est tyrannicide, donc il légitime l'exécution de Louis XVI. De surcroît, il s'est dressé contre les Autrichiens, ces mêmes Habsbourg qui précisément prennent la tête de la coalition et entrent en guerre contre les armées de la Révolution. Quel meilleur symbole les Jacobins au pouvoir pouvaient-ils offrir au peuple ? De quelle référence plus explicite nourrir leur discours ? Et la République pouvait-elle avoir plus belle mission que de rendre la Suisse à son libérateur ? *La Suisse est réduite à la misère et ne recouvre plus l'énergie que son antique pauvreté lui avait donnée*, s'écrie Robespierre dans un discours du 17 novembre 1793. *Les descendants de Guillaume Tell succomberaient sous les efforts de tyrans humiliés et vaincus par leurs aïeux. Comment oseraient-ils invoquer seulement les vertus de leurs frères et le nom sacré de la liberté, si la République française avait été détruite, sous leurs yeux ?...* Ce Tell travesti en Jacobin est emporté très loin de son rôle historique ou légendaire. *Guillaume Tell, forcé d'enlever une pomme de la tête de son enfant avec une flèche meurtrière, est l'image du peuple armé contre lui-même !* s'écrie Saint-Just en plein réquisitoire contre dantonistes et hébertistes, en mars 1794. Enthousiasme terrifié : le héros parraine une des sections de Paris (celle du Mail) ; les rues Saint-Georges et Neuve-Saint-Georges sont rebaptisées à son nom ; en province, trois villages l'adoptent aussi ; et des parents s'empressent de le donner à leur fils. Un buste de Tell, à côté de Brutus et de Marat, vient orner, juste avant Thermidor, la salle des Jacobins.

Pareille « tellomanie » devait prendre fin en même temps que la Terreur. Celle-ci avait entraîné le héros dans ses excès ; elle le rendit dès lors suspect. Surtout dans son propre pays. Tell n'était-il pas pourtant désigné pour prendre la tête d'un mouvement révolutionnaire en Suisse, où la génération précédente l'avait préparé à ce rôle ? Patriote issu du « peuple des bergers » et symbole charismatique des libertés naturelles, n'allait-il pas se dresser contre les régimes aristocratiques des Cantons ? Libérateur, ne devrait-il pas chasser l'ours de Berne et ses baillis installés au Pays de Vaud, comme il avait jadis contribué à chasser les baillis autrichiens ? N'était-il pas appelé à préserver l'unité et l'indépendance de la Confédération ?

Il n'en fut rien. Guillaume Tell s'était laissé détourner, à la barbe des patriotes suisses, par les révolutionnaires de Paris. Devenu tyrannicide une seconde fois, ayant légitimé d'abord le massacre de ses compatriotes aux Tuileries puis tout le grand dérapage de la Terreur, il s'était compromis aux yeux de ses propres fils beaucoup moins portés à la violence que ses frères d'adoption. Défiguré par ceux-ci, il devint étranger à son peuple. Il ne retourna au pays que trop tard, en 1798, discrètement d'ailleurs et dans les bagages des armées françaises qui vinrent porter le dernier coup aux pouvoirs aristocratiques et imposer la République helvétique. Ce retour de Tell avec de nouveaux papiers d'identité ne lui assura point bon accueil ; un rôle contre-révolutionnaire que certains lui firent jouer ne sut convaincre davantage. Curieusement, c'est à Bonaparte que les Suisses doivent, quelques années plus tard, avec l'Acte de Médiation, d'avoir retrouvé leur héros fidèle à lui-même, populaire et respecté de la nouvelle classe politique : *Point de chaînes aux enfants de Tell*.

Jean-François BERGIER

Bibliographie

Ricco LABHARDT, *Wilhelm Tell als Patriot und Revolutionär 1700-1800. Wandlungen der Tell-Tradition im Zeitalter des Absolutismus und der französischen Revolution*, Bâle, 1947 (thèse).

Lilly STUNZI (éd.), *Quel Tell ?* Lausanne, 1973 (textes sur le mythe de Tell par J.-R. de Salis, R. Labhardt, A. Berchtold, etc.).

André RESZLER, *Mythes et identité de la Suisse*, Genève, 1986.

Jean-François BERGIER, *Guillaume Tell*, Paris, Fayard, 1988.

233. Johann-Georg Volmar (1769-1831).
Le serment des « Trois Suisses » au Rütli.
1794
Aquarelle sur papier vergé, 41,7 × 32,6 cm
Zurich, Musée national suisse

234. Alexander Trippel (1744-1793).
Verre de la Société helvétique.
1782
Groupe de bois sculpté représentant Tell et son fils, coupe en cristal [vers 1830], 57,7 cm
Zurich, Musée national suisse
Bibl. : Lilli Stunzi, *Quel Tell ?* 1973, p. 71 ; Im Hof, 1983, vol. 1, fig. 24 ; Rudolf Schnyder, « Der Tell der Helvetischen Gesellschaft, ein wiedergefundenes Werk von Alexander Trippel », *Zeitschrift für Schweizerische Archäologie und Kunstgeschichte*, vol. 41, 1984, pp. 193-206 ; Im Hof, 1984, p. 72

235. Anonyme.
Les Vertus Républicaines. Ils renaîtront toujours, pour le bonheur du monde. Représentation en médaillons de Brutus, Guillaume Tell, la Liberté, l'Egalité.
Vers 1793
Eau-forte, 10,1 × 7 cm
Zurich, Zentralbibliothek, Graphische Sammlung

Guillaume Tell et Brutus sont déjà associés en 1792 : ils apparaissent sur les côtés du char créé par David pour la fête de la Liberté (voir no. 127). Une vignette très semblable réunit encore Rousseau aux deux héros républicains (voir no. 149). S. W.

236. La France et Tell.
En-tête d'un papier à lettre officiel de l'armée française stationnée en Suisse, 1802
Eau-forte, t.c. 8,2 × 13,3 cm
Burglen, Tellmuseum

237. Jean de Muller.
Histoire des Suisses, t. V, Lausanne, Jean Mourer, An III [1795]
Page de titre avec un médaillon de Guillaume Tell gravé par S. Gaucher
MHAE

L'historien schaffhousois Jean de Muller (1752-1809) entreprit d'écrire une monumentale *Geschichte schweizerischer Eidgenossenschaft* dont le premier volume parut en 1780. Il s'agit d'une sorte d'épopée, basée sur les sources, racontant et exaltant l'âge héroïque de la Confédération (Muller s'arrête en 1489) que les contemporains ressentirent comme un hymne à la liberté. Frédéric-César de La Harpe s'en inspira pour son *Essai sur la Constitution du Pays de Vaud* (voir no. 47) à la fin duquel d'ailleurs il annonce la traduction française qui venait de paraître chez Mourer à Lausanne. P. C.

238. Johann Kaspar Lavater.
Schweizerlieder. 4e édition revue et augmentée, Zurich, 1775
Collection particulière

Le pasteur Lavater (1741-1799) est connu des francophones avant tout pour ses *Essais sur la physiognomonie*. Il exerça pourtant à Zurich une influence beaucoup plus large de par sa forte personnalité et son engagement politique. Ses relations avec des intellectuels de l'Europe entière (Goethe sera parmi ses proches) et sa participation

237

HISTOIRE

DES

SUISSES,

Traduite de l'Allemand de JEAN MULLER.

TOME CINQUIEME.

GUILLAUME TELL, D'URI.

A LAUSANNE EN SUISSE,
Chez J. MOURER Libraire.

A PARIS
Chez BOSSANGE, MASSON & BESSON.

An III. de la Rép.e Fr.se (1795)

régulière aux séances de la *Société helvétique* à Schinznach dès 1765 en font un protagoniste éclairé de l'*helvétisme*. Comme membre du *Mouvement de la jeunesse politique*, il intervint à plusieurs reprises pour stigmatiser les abus du gouvernement zurichois, notamment avec *L'injuste bailli ou la plainte d'un patriote* (1762), libelle incendiaire, rédigé en collaboration avec le futur peintre Johann Heinrich Füssli, qui leur valut de devoir faire amende honorable devant le Conseil et de quitter la ville quelque temps.

Au sein de la *Société helvétique*, cette ligue de patriotes de tous cantons résolus à promouvoir des réformes économiques et politiques et à stimuler l'esprit national, on eut l'idée dès 1766 de publier des chansons nationales « *aux fins d'éveiller le goût de la vertu et du courage parmi le peuple* » ! Lavater composa quelques poésies qu'il lut à Schinznach et que le musicien Johannes Schmidlin mit en musique en 1769. On trouve dans ce recueil des chansons qui furent très célèbres durant la deuxième moitié du XVIIIe siècle : *Le chant de la Société helvétique* qui ouvre le recueil ou *Tout suisse a du sang de héros*. Beaucoup de ces chansons prennent pour thème un des héros tutélaires de la Confédération ou une bataille historique de libération. Dans cette édition de 1775, la chanson intitulée *Guillaume Tell* est illustrée [p. 120] d'une charmante gravure [4×3,5 cm] signée *R.F. inv./Hotz fc.* d'après un dessin à la plume de Füssli (aujourd'hui au Kunsthaus de Zurich) représentant Tell repoussant la barque en sautant sur le rivage tout en tenant d'une main son chapeau afin qu'il ne tombe pas à l'eau !   P. C.

Litt. : Paul Budry, *La Suisse qui chante*, Lausanne, 1932 ; Rudolf Braun, 1988, pp. 230-243

239. Daniel Niklaus Chodowiecki (1726-1801).
Wilhelm Tell. Dem Herrn Johann Caspar Lavater Pfarer in Zürich zugeeignet. (Dédié à Monsieur Caspar Lavater pasteur à Zurich).
1781
Eau-forte sur papier vergé, 32,5×38,5 cm
Zurich, Musée national suisse

Bibl. : « Tell in der weiten Welt », *Du*, 1971, p. 575 ; Lilly Stunzi, *Quel Tell ?* 1973, p. 65 ; Jens-Heiner Bauer, *Daniel Niklaus Chodowiecki. Das druckgraphische Werk*, Hannover, Verlag Galerie J. H. Bauer, 1982, n° 821

La planche de l'artiste allemand Chodowiecki, dédiée à Lavater, traduit un épisode original de la légende : c'est le moment où Tell, serrant son fils contre lui, explique à Gessler le sens de la seconde flèche.   S. W.

240. Albrecht Rengger.
Ueber die politische Verketzerungssucht in unsern Tagen. Bâle, Wilhelm Haas [1793]
Collection particulière

Ce petit opuscule contient le discours que prononça Rengger lors de la séance de la Société helvétique à Olten le 15 mai 1794. Une petite vignette orne l'en-tête. Le graveur s'est inspiré du *Guillaume Tell et son fils* d'Alexandre Trippel (voir no. 234), créant l'emblème de la Société helvétique qui sera ensuite repris sur les papiers officiels de la *République helvétique*.

Albrecht Rengger (1764-1835), médecin à Berne, fit partie de la Société helvétique dès 1791. Il accueillit favorablement les débuts de la Révolution française, mais avait pris ses distances au moment de la Terreur. Son discours d'Olten préconise un certain détachement par rapport à la France et une position d'attente ; il fallait « observer avec une entière liberté de jugement et avec tous les moyens d'information » pour voir comment les Français se tireraient d'affaire. Rengger jouera un important rôle au moment de la République helvétique, dont il sera ministre de l'intérieur. En 1804 il s'installa à Lausanne où il pratiqua la médecine jusqu'en 1814. Après avoir représenté les intérêts de son canton au Congrès de Vienne, il sera encore conseiller d'État jusqu'en 1820. P. C.

Litt. : DHBS, t. V ; F.-C. de La Harpe, *Notice nécrologique*, 1836 ; Eugène Olivier, *Médecine et santé dans le Pays de Vaud au XVIIIe siècle*, t. II, Lausanne, 1939, pp. 688, 793-794, 804

241. Dessiné par Lorimier, gravé par Née, en 1785.
Vue du monument élevé par l'abbé Raynal.
En-tête de la page de titre de Beat Fidel Anton von Zurlauben, *Tableaux de la Suisse, ou Voyage pittoresque fait dans les treize cantons et états alliés du Corps Helvétique* [...]. Paris, Lamy [1780-1786], vol. 3
MHAE
Bibl. : Willy Raeber, « Um ein untergegangenes Denkmal », *Zeitschrift für Schweizerische Archäologie und Kunstgeschichte*, vol. 8, 1946, pp. 241-242, pl. 66/1

Paradoxalement, c'est sur l'initiative d'un Français que l'on éleva en 1783 le premier monument dédié aux fondateurs de la Confédération helvétique. Il s'agit de Guillaume-Thomas-François Raynal (1713-1796), ancien Jésuite, historien et rédacteur au *Mercure de France*, rendu populaire par son *Histoire philosophique et politique des établissements et du commerce des Européens dans les deux Indes* (1770). La censure avait condamné à plusieurs reprises cet ouvrage, obligeant l'abbé Raynal à s'exiler dès 1781. Il voyagea alors dans toute l'Europe, assurant en divers pays la publication de son œuvre interdite en France. C'est lors d'un séjour en Suisse qu'il lança le projet d'un monument glorifiant la liberté helvétique. Les autorités d'Uri s'opposèrent à l'érection de cet édifice sur le Rutli ; il fut finalement construit dans l'île d'Altstadt, sur le lac de Lucerne, d'après les plans de l'artiste français Pierre-Adrien Pâris (1745-1815). Quelques gravures en conservent le souvenir : le corps du monument est un obélisque en granit qui porte à son sommet une pomme en bronze doré, percée d'une flèche. On distingue au-dessous un relief ovale figurant le chapeau de Gessler. La partie supérieure du socle présente, sur les quatre côtés, une inscription latine à la mémoire des Trois Suisses. Le nom du commanditaire y apparaît également : « [...] *obeliscum hunc Guillelmus-Thomas Raynal, natione gallus, proprio sumptu erigi curavit.* [...] » (Guillaume-Thomas Raynal, d'origine française, fit ériger cet obélisque sur sa propre initiative). Enfin, on aperçoit tout en bas les armoiries des trois cantons primitifs, disposées à l'intérieur d'un cercle. Le monument témoigne du goût néoclassique pour les formes géométriques simples et l'art égyptien. Il fut détruit par la foudre en 1796. S. W.

Litt. : Anatole Feugère, *Un précurseur de la Révolution : l'abbé Raynal (1713-1796)*, Angoulême, 1922 (Genève, Slatkine reprints, 1970) ; Willy Raeber, *op. cit.* ; Georg Germann, « Architektur und Denkmal der Vorromantik in der Schweiz », *Préromantisme en Suisse ?*, 6e Colloque de la Société suisse des sciences humaines (1981), Fribourg, Editions Universitaires, 1982, pp. 171-190

242. Christian v. Mechel (1737-1817) (publié chez).
Vue de la petite Isle d'Altstadt sur le lac de Lucerne, avec le Monument que le célebre Abbé Raynal y a fait eriger à la gloire des trois premiers Fondateurs de la Liberté Helvétique.
Eau-forte coloriée, 23,9 × 34,9 cm [t.c. 21,4 × 34,9 cm]
Bâle, Oeffentliche Kunstsammlung, Kupferstichkabinett

243. Verhandlungen der Helvetischen Gesellschaft in Olten, im Jahre 1790. Basel, gedruckt bey Wilhelm Haas, dem Sohne.
Berne, Bibliothèque nationale suisse
Bibl. : Rudolf Schnyder, *op. cit.*, pl. 7 ; Im Hof, 1983, vol. 1, p. 195

La vignette qui orne les « actes » publiés par la Société helvétique en 1790 représenterait un autre projet pour le monument de Raynal ; on en attribue l'idée à Alexandre Trippel (1744-1793), membre honoraire de la Société. Cette conception est tout à fait différente de celle de Paris : l'édifice représente l'ensemble du Corps helvétique, et non pas seulement les trois cantons fondateurs. Treize blocs de pierre sont agencés en pyramide ; chacun porte le blason d'un canton. Un bâton surmonté du chapeau de Tell est planté au sommet. S. W.

244. Johann Rudolf Schellenberg (1740-1806).
Monument imaginaire représentant Guillaume Tell et son fils.
1789
Plume et lavis d'encre de Chine, 36,2 × 23,5 cm
Burglen, Tellmuseum
Bibl. : Lilly Stunzi, *Quel Tell ?* 1973, p. 77

245. Balthasar Anton Dunker (1746-1807).
Monument imaginaire représentant Guillaume Tell et son fils.
Aquarelle, 26,2 × 19,3 cm
Berne, Fondation Gottfried Keller

Bien qu'éphémère, le monument de Raynal connut un grand succès ; cet engouement fit éclore quelques projets parallèles, mais imaginaires, comme l'illustrent les deux groupes de Tell et son fils, dessinés par Schellenberg et Dunker. S. W.

246. Balthasar Anton Dunker (1746-1807).
Le saut de Tell.
1795
Plume et lavis d'encre de Chine et de sepia
43,5 × 41,8 cm
Zurich, Musée national suisse
Bibl. : Lilly Stunzi, *Quel Tell ?* 1973, p. 74

247. Anonyme.
Médaille représentant le tir de Tell.
1793
Argent, diamètre 8,53 cm
Zurich, Musée national suisse
Bibl. : *Schweizerisches Landesmuseum Zürich, 92. Jahresbericht 1983*, 1984, p. 17, n° 5 et p. 68.

248. Abraham-Louis Girardet (1772-1820)
Le libérateur helvétique. A Neuchâtel chez les frères Girardet, 1797, 26 p., in–8°
Le Locle, Musée d'Histoire
Bibl. : Boy de la Tour, 1928, p. 73, n° 66 ; « Tell in der weiten Welt », *Du*, 1971, p. 576 ; Lilly Stunzi, *Quel Tell ?* 1973, pp. 78-79

249. Abraham-Louis Girardet (1772-1820).
Six planches extraites du Libérateur helvétique
1797
Eaux-fortes
Zurich, Zentralbibliothek, Graphische Sammlung

Abraham-Louis Girardet, frère du graveur Abraham Girardet, publia en 1797 aux éditions familiales de Neuchâtel *Le Libérateur helvétique*, un livret racontant l'histoire de Guillaume Tell. Six planches l'accompagnent, qui illustrent les moments fameux de la légende.

S. W.

250. Johann-Georg Volmar (1769-1831).
Guillaume Tell
Eau-forte au trait, aquarelle, t.c. 25,7 × 19,9 cm
Berne, Bibliothèque nationale suisse
Bibl. : *Quel Tell ?* 1973, p. 107

Tell entoure de son bras un faisceau des licteurs fixé au sol par un socle portant la date de 1308 (date de la prise des châteaux des baillis autrichiens selon le chroniqueur

251

Tschudi). La pique sortant du faisceau est surmontée du chapeau de Gessler, devenu le chapeau de Tell, emblème de la libération des oppresseurs. Un aigle déplumé et furieux s'envole, un joug brisé et un fouet gisent aux pieds du héros ; tous ces éléments symbolisent la liberté retrouvée. Les couleurs adoptées par Volmar (vert, rouge, jaune) sont celles du drapeau de la République helvétique et cela nous porte à croire qu'il a réalisé son œuvre durant cette période (1798-1803).

P. C.

251. Anonyme (J.-G. Volmar ?).
Guillaume Tell
Lavis d'encre de Chine et aquarelle, 36,5 × 54,5 cm
MHAE

Ce Guillaume Tell anonyme est très proche, du point de vue iconographique en tout cas, de celui de Volmar (voir n° précédent) et l'auteur pourrait bien s'être inspiré de la gravure de l'artiste « bernois ». Quelques détails sont ajoutés, comme la couronne renversée aux pieds de Tell ou modifiés, ainsi le faisceau n'est plus sur un socle mais intégré à la pique. Le chapeau que Tell tenait à la main dans l'estampe de Volmar (et qui faisait double emploi avec celui de la pique) a été supprimé rendant plus plausible la représentation.

P. C.

252. Charles Guttenberg (1743-1790) d'après Johann Heinrich Füssli.
Le saut de Tell
« Peint par Fuessli, à Londres / Gravé à Paris par Charles Guttenberg »
Vers 1787-88
Eau-forte, 50,7 × 63,4 [t.c. 43,8 × 59,8 cm]
Zurich, Kunsthaus

Bibl. : Gert Schiff, *Johann Heinrich Füssli, 1741-1825*, Zurich, Institut suisse pour l'étude de l'art, 1973, n° 719 ; Lilly Stunzi, *Quel Tell*, 1973, p. 75

Johann Heinrich Füssli (1741-1825) perdit sa mère très jeune et son père le destina à la théologie. Durant ses études, il se lia avec le cercle de Bodmer qui, non seulement l'initia à la littérature en lui révélant Homère, Dante, Shakespeare et Milton, mais développa chez le jeune pasteur un esprit critique aigu, inspiré des libres-penseurs anglo-saxons. Füssli fit partie du *Mouvement de la jeunesse politique*, société semi-secrète de Zurich qui regroupait de jeunes patriotes (Pestalozzi, Lavater, Jakob Hess, etc.) et dont le mentor était Johann Jakob Bodmer. En 1762, Füssli signa avec son collègue Lavater un violent libelle contre les exactions d'un bailli zurichois et les deux hommes durent quitter la ville (voir no. 238). Füssli n'y reviendra pas, sauf pour un bref séjour en 1778 pendant lequel il peindra son célèbre *Serment du Rütli* (Zurich). Après un séjour en Allemagne et en Angleterre, il se rendit à Rome où il apprit le métier de peintre durant huit années. Puis il s'installa à Londres où, sous le nom d'Henry Fuseli, il conquit une place dans le monde artistique et intellectuel anglais. C'est à Londres qu'il peignit le *Guillaume Tell*, toile aujourd'hui perdue, et dont Guttenberg réalisa une estampe publiée à Paris vers 1787. Le style maniériste et la violence de la composition contrastent avec les habituelles représentations du héros. Le peintre ne s'inspire pas d'un modèle historique comme la plupart de ses contemporains, mais réalise une œuvre personnelle qui traduit la véhémence de ses sentiments à l'égard des « oppresseurs ». Peut-être se souvient-il de ses années zurichoises et de sa rebellion contre les autorités de la ville ? Le *Saut de Tell* largement diffusé par l'estampe de Guttenberg, a certainement inspiré le tableau de Vincent (voir no. 253) et, probablement par l'intermédiaire de Goethe, donné à Schiller l'idée de son drame.

P. C.

Litt. : Frederick Antal, *Studi su Fuseli*, Turin, Einaudi, 1971 ; Rudolf Brann, 1988, pp. 230-243.

253. Anonyme.
Guillaume Tell repoussant la barque de Gessler
XIXe siècle
Fusain et rehauts de gouache blanche sur papier bleuté
42,4 × 55,6 cm
Copie d'après François-André Vincent (1746-1816), 1791, huile sur toile, 318 × 418 cm, Toulouse, Musée des Augustins
Burglen, Tellmuseum
Bibl. : Lilly Stunzi, *Quel Tell ?* 1973, p. 99

L'artiste français François-André Vincent s'exprima principalement à travers la peinture d'histoire et le portrait. Il travailla dès 1791 à une composition gigantesque, *Guillaume Tell renversant la barque sur laquelle le gouverneur Guesler traversait le lac de Lucerne*.
Jean-Pierre Cuzin note que *la démesure, la violence et la tragique de la toile annoncent, déjà, le Radeau de la Méduse : lumière d'orage, tumulte d'eau noire, voile déchirée, musculatures tendues : deux énormes toiles barrées de la même diagonale, ici descendante, qui précipite dans le lac déchaîné le tyran et sa barque, là montant impérieusement jusqu'aux bras tendus par l'espoir [...]*. Vincent apporta un soin minutieux à la représentation des costumes ; comme dans la tragédie de Lemierre, il a associé Arnold de Melchtal à l'acte héroïque de Guillaume Tell. On voit briller dans les lointains quelques feux allumés par les montagnards. Le tableau fut présenté au Salon de 1795, et acheté par l'Etat. Le Directoire l'offrit en 1799 à la ville de Toulouse comme récompense de sa fidélité à la Constitution républicaine durant la récente insurrection royaliste.

S. W.

Litt. : *De David à Delacroix. La peinture française de 1774 à 1830*, Paris, Editions des Musées nationaux, 1974, p. 661 ; Jean-Pierre Cuzin, « Esquisses de Vincent dans les musées français », *La Revue du Louvre et des Musées de France*, 1980/2, pp. 80-87.

254. Jean-Frédéric Schall (1752-1825).
L'héroïsme de Guillaume Tell
1793
Huile sur bois, 45 × 54 cm
Strasbourg, Musée des Beaux-Arts
Bibl. : *De David à Delacroix. La peinture française de 1774 à 1830*, Paris, Editions des Musées nationaux, 1974, n° 163, pp. 597-598 et pl. 63.

L'héroïsme de Guillaume Tell illustre l'épisode du chemin creux : Gessler, en route pour Küssnacht, est abattu par Tell. Réalisée au début des guerres européennes, cette représentation de la mort du tyran autrichien est lourde de symboles. *Tableau de circonstances*, l'œuvre de Schall est un fait exceptionnel dans sa carrière, essentiellement consacrée aux sujets « galants » du rococo [...]. Cependant, par son choix d'un sujet médiéval dramatique, par le mystère de son paysage montagneux, le tableautin de Schall annonce les passions grandioses et picturales traitées sur le mode gigantesque par les romantiques [...]. (Robert Rosenblum, *De David à Delacroix*, 1974, voir supra). La composition fut gravée en 1797 par Romain Girard.
S. W.

255. Guillaume Tell, drame en trois actes, en prose et en vers ; par le Citoyen Sedaine, Musique du Citoyen Gretry. Représenté, au mois de Mars 1791, sur le ci-devant Théâtre Italien. A Paris, Chez Maradan, seconde année de la République française.
Partition extraite de la *Collection complète des œuvres de Grétry* publiée par le gouvernement belge, XXIV° livraison, Leipzig et Bruxelles, Breitkopf & Haertel, s.d. (19° siècle), 234 p.
Genève, Bibliothèque musicale, Maison des arts du Grutli

256. Guillaume Tell, drame lyrique en trois actes, d'après Sédaine, par Monsieur Lellissiev, musique de M. Gretry [...]. A Bruxelles, chez J.-B. Dupon et chez les principaux libraires du Royaume, 1828, 48 p. (Livret de l'opéra)
Genève, Bibliothèque musicale, Maison des arts du Grutli

Antoine-Marie Lemierre, auteur de la tragédie *Guillaume Tell* (1766) était un ami de Sedaine et c'est à lui qu'en quelque sorte le librettiste adressa son œuvre : *Mais ton art plus fatal au pouvoir despotique / Fit mieux, en nous offrant la grandeur helvétique. / Dans un tableau frappant, dans ton Poème altier / Tu fis voir à la France un Peuple tout entier, / Qui se lève, aux accens de la Liberté fière.* Cependant, le caractère dramatique ne se rapproche pas du modèle. A son habitude, Sedaine imagine quelques tableaux marquants : l'arrivée des invités, l'orage de l'entracte, l'attente du signal. Malheureusement, il ne parvient pas à une distribution équilibrée. Ainsi, le recours à la couleur locale ne trouve place que dans l'acte I. Prétendre qu'il s'agit d'une œuvre « politique » reste difficile. Il s'agit plutôt d'une preuve de rédemption d'un auteur fiché royaliste par les autorités. Grétry s'évertua à compenser les inégalités du livret. Ses chœurs sont extraordinaires de vivacité, certaines tournures préfigurent le Grand opéra romantique. Plutôt qu'offrir un pastiche de la musique suisse ou de la musique médiévale, Grétry donnait à entendre au public une œuvre profondément patriotique.
Philippe VENDRIX

Litt. : L. Parkinson-Arnoldson, *Sedaine et les musiciens de son temps*, Paris, 1934 ; Suzanne Clercx, *Grétry, 1741-1813*, Bruxelles, 1944.

257. Poisson.
Guillaume Tell, dédié à la section du même nom
1794
Eau-forte, 8,2 × 18,3 cm
Berne, Bibliothèque nationale suisse

On retrouve Guillaume Tell sur une gravure dédiée à la section qui porta son nom. Le héros helvétique est représenté dans deux médaillons : à gauche, il salue la mort de Gessler, abattu à ses pieds (*O ma patrie reprends ta liberté le tiran n'est plus*). Son portrait figure de l'autre côté : *G. Tell Suisse. L'un des premiers vengeurs de la liberté de son pays l'an 1307.* L'origine de cette image est un vieux portrait uranais, peint au XVI° siècle pour les besoins de l'historiographe franciscain André Thévet (1504-1592) (voir n° 257 a). L'« icône » fut largement diffusée par la gravure ; on l'utilisa à l'évidence pour réaliser le portrait de Tell qui parut dans l'ouvrage de Zurlauben (voir n° 257 b), modèle probable de notre représentation.
S. W.

257 a Anonyme.
Le « véritable portrait de Guillaume Tell »
Fin du XVIII° siècle
Burglen, Tellmuseum

257 b Malapeau.
Guillaume Tell, de Burglen au Canton d'Uri [...]
Gravure au burin tirée de Beat Fidel Anton von Zurlauben, *Tableaux de la Suisse, ou Voyage pittoresque fait dans les treize cantons du Corps Helvétique [...]*. Paris, Lamy [1780-1786].
Berne, Bibliothèque nationale suisse.

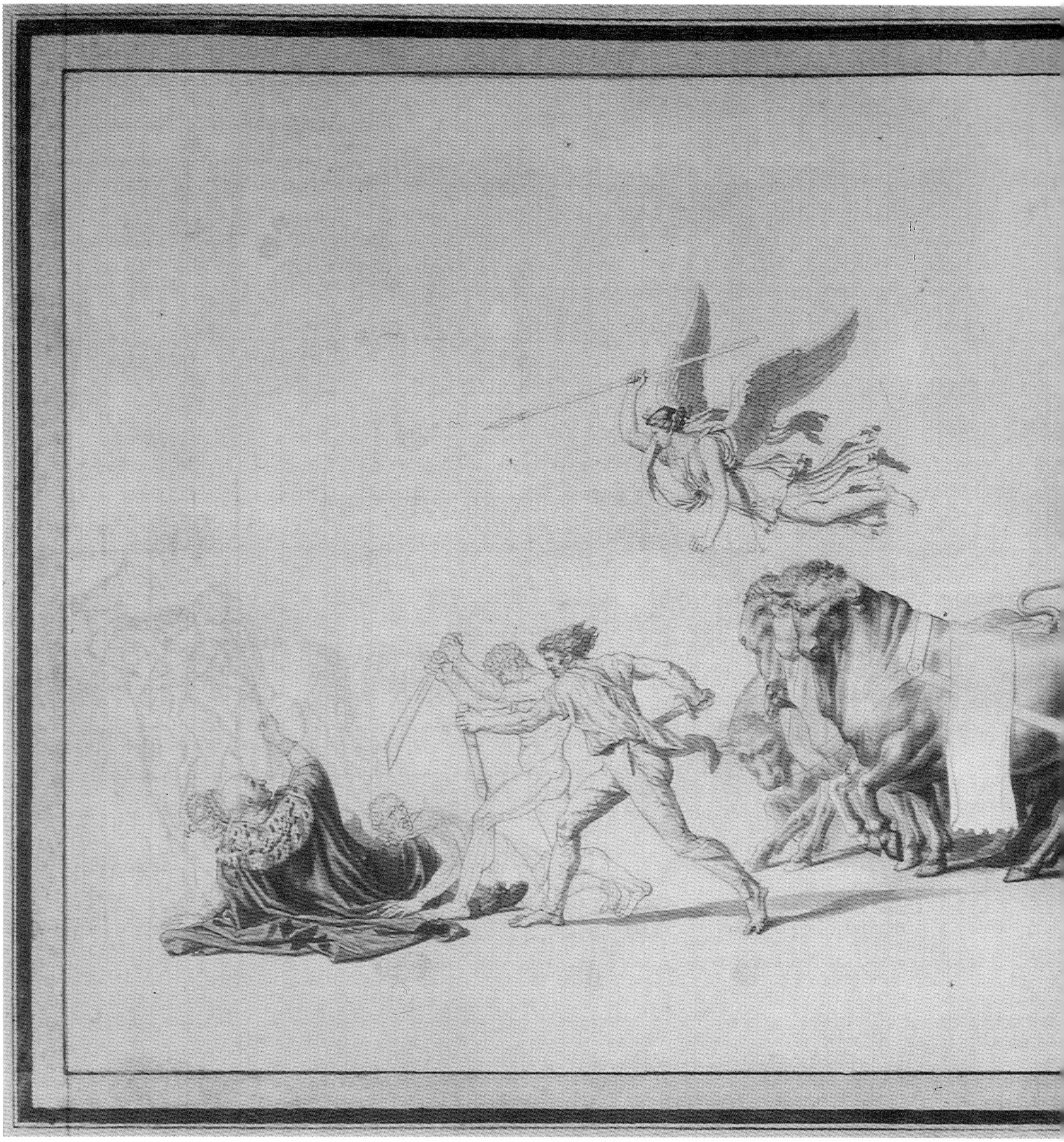

258

258. Jacques-Louis David (1748-1825).
Le Triomphe du peuple français sur la monarchie, projet de rideau pour l'opéra de Paris
1794
Pierre noire, lavis sur trait de plume, rehauts de gouache, mise au carreau
32,6 × 71 cm
Paris, Musée Carnavalet

Bibl. : Robert Rosenblum, *Transformations in Late Eighteenth Century Art,* Princeton, Princeton University Press, 1967, n°s 79 et 81 et pp. 80-81 ; « Tell in der weiten Welt », *Du,* 1971, pp. 578-579 ; Lilly Stunzi, *Quel Tell ?* 1973, pp. 100-101 ; Antoine Schnapper, *David témoin de son temps,* Fribourg, Office du Livre, 1980, n° 81 et pp. 143-145 ; *La Révolution française — Le Premier Empire,* 1982, n° 23 ; Katrin Simons, « Vom Triumph der Republik zur Apotheose Napoleons [...] », *Wallraf Richartz-Jahrbuch,* vol. XLIII, 1982, pp. 207-230, fig. 9.

Elu député de Paris à la Convention (septembre 1792), Jacques-Louis David joua un rôle prépondérant dans la vie artistique française, en prenant notamment la tête des opposants à l'Académie, supprimée en 1793. Membre du Comité d'Instruction Publique, il fut le principal organisateur des grandes fêtes patriotiques. Les deux esquisses qu'il réalisa entre 1793 et 1794, projets de rideau pour l'Opéra, illustrent sa conception de l'art comme support de la propagande révolutionnaire ; leur composition en frise reprend le thème antique du triomphe, et est étroitement associée à la scénographie déployée par David dans les fêtes républicaines.

Le Peuple, représenté par Hercule, est assis sur un char tiré par quatre taureaux, qui écrase les emblèmes du despotisme. Il tient entre ses genoux l'Egalité et la Liberté ; à ses pieds, on reconnaît les figures allégoriques du Commerce, de la Science, de l'Art et de l'Abondance. Survolé d'une Victoire, le char est précédé par deux citoyens qui exterminent les tyrans. Derrière lui suit un cortège où apparaissent les héros antiques et médiévaux de la liberté : Cornélie, mère des Gracques, et ses deux fils, Brutus, Guillaume Tell portant son fils. David leur a joint des martyrs modernes, dont certains montrent leur blessure et l'instrument de leur supplice, à la façon des saints : Le Peletier de Saint-Fargeau (assassiné le 20 janvier 1793 par un royaliste), Marat (assassiné le 13 juillet 1793), Charlier (décapité le 17 juillet 1793), et Beauvais de Préau (étranglé le 27 mars 1794). La version du musée du Louvre, antérieure au dessin du musée Carnavalet, présente quelques différences : les héros de la procession portent des palmes ; on n'y trouve pas encore les personnages contemporains, « nouveaux venus dans le martyrologe de la Liberté ».

Antoine Schnapper a émis une hypothèse séduisante sur la destination de ces deux dessins, présentés traditionnellement comme projets pour un rideau de l'opéra de Paris : David les aurait réalisés pour une représentation théâtrale, *La Réunion du Dix Août, ou l'inauguration de la République française,* dont la première se joua à l'Opéra le 5 avril 1794. En tous les cas, l'identification de Beauvais de Préau, mort le 27 mars 1794, sur l'esquisse du musée Carnavalet, fournit un précieux élément de datation.

S. W.

259. Pierre-Michel Alix (1762-1817) d'après François Sablet (1745-1819).
Guillaume Tell, 1794
Impression en couleur, 24,3 × 20,3 cm (ovale)
MHAE
Bibl. : Anne Van de Sandt, *Les frères Sablet ; peinture, dessins, gravures,* cat. expo. Nantes, Lausanne, Rome, 1985, n° 174

Pierre-Michel Alix n'est connu que *par une suite de portraits gravés en médaillon de philosophes et révolutionnaires, destinés à la décoration du modeste cabinet de tout citoyen patriote et chacun y prenait son saint de prédilection* (Renouvier, 1863, p. 252). François Sablet, originaire de Morges, fit toute sa carrière en France. Il réalisa trois portraits pour Alix : le martyr de la révolution Joseph Agricol Viala, le héros tutélaire des Suisses Guillaume Tell et le législateur de Sparte Lycurgue. Dans la *Collection des Grands Hommes* publiée par Alix, le Guillaume Tell de Sablet fait pendant au portrait de Lucius Junius Brutus.

P. C.

Le pays des bergers et de Guillaume Tell

La renaissance des études d'histoire nationale, la vogue de l'*helvétisme*, la réactualisation de Guillaume Tell ne sont pas le seul fait de la *Société helvétique*, mais participent d'un vaste mouvement européen qui redécouvre la beauté des Alpes. L'enthousiasme du poète Albert de Haller (*Die Alpen*, 1732) et la sensibilité de Jean-Jacques Rousseau (*La Nouvelle Héloïse*, 1761) sont à l'origine d'une nouvelle perception des montagnes suisses et du « pays des bergers » (expression de Carl Victor de Bonstetten, 1782), qui pénètre peu à peu la noblesse et la bourgeoisie cultivée qui voyagent. On ne compte plus, entre 1760 et 1790, les récits de tours en Suisse dans lesquels les Alpes apparaissent comme un asile des vertus ancestrales et la Suisse un havre de paix et de démocratie où vivent des hommes *rudes, libres, sains et heureux*. Cette vision idéalisée de la vie difficile, voire misérable, des paysans de la montagne a été véhiculée tant par les étrangers du Grand Tour, ce voyage initiatique des jeunes aristocrates, que par la production indigènes d'images : scènes de genre (Freudenberg), idylles (Gessner) et paysages tranquilles (Aberli) sortis des ateliers des *petits-maîtres*.

Il est difficile de mesurer exactement quelle part de ce stéréotype est imposée de l'étranger et quelle part est le produit de facteurs indigènes. Il constitue en tout cas un élément décisif dans le renouveau patriotique de la deuxième moitié du XVIIIe siècle et il remplira dès lors le rôle de mythe mobilisateur, et cela tout au long du XIXe et jusqu'à la Seconde Guerre mondiale.   P. C.

260. Lettres de M. William Coxe à M. W. Melmoth, sur l'état politique, civil et naturel de la Suisse [...].
Différentes éditions en français (1781, 1782, 1787, 1788) et en anglais (1789)
BCU

261. [Carlanton Pilati di Tassulo].
Voyages en différents pays de l'Europe [...] ou lettres écrites de l'Allemagne, de la Suisse, de l'Italie, de Sicile et de Paris. En Suisse, chez les libraires associés, 1778
Genève, Bibliothèque publique et universitaire
[Carlanton Pilati di Tassullo].
Reisen in verschiedene Länder von Europa [...].
Leipzig, Böhme, 1778
BCU

262. [Jean-Benjamin de La Borde].
Lettres sur la Suisse, adressées à Madame de M*** par un voyageur français en 1781. Genève, Jombert, 1783.
BCU

263. Jacques Cambry.
Voyage pittoresque en Suisse et en Italie. Paris, Jansen, An IX (voyage fait en 1788)
BCU

264. François Robert.
Voyage dans les XIII cantons suisses, les Grisons, le Valais, et autres pays alliés ou sujets des Suisses. Paris, Hôtel d'Aubeterre, 1789
BCU

265. Jean-Marie-Jérôme Fleuriot, Marquis de Langle.
Tableau pittoresque de la Suisse. Paris et Liège, J. A. Latour, 1790
Collection particulière

266. Beat Fidel Anton von Zurlauben.
Tableaux de la Suisse, ou voyage pittoresque fait dans les XIII cantons du Corps Helvétique. [...] Ouvrage exécuté aux frais et par les soins de M. de Laborde [...]. Paris, Clousier et Lamy, [1780-1786], 2 vol. de texte, 2 vol. de planches
MHAE

267. Balthasar Anton Dunker (1746-1807).
Guillaume Tell et l'ours de Berne.
Vers 1798
Dessin à la plume, encre brune et aquarelle
Diamètre 6 cm
Berne, Fondation Gottfried Keller

Un Guillaume Tell pro-bernois : il offre à l'ours, sur un plateau, la pomme transpercée.

268. Balthasar Anton Dunker (1746-1807).
Guillaume Tell combat la Révolution.
Vers 1798
Aquarelle sur papier, 46×37,6 cm
Zurich, Musée national suisse
Bibl. : Lilly Stunzi, *Quel Tell ?* 1973, p. 80

Balthasar Anton Dunker ne fut pas un adepte des idées nouvelles. Il utilisa ici le héros helvétique comme

emblème de la résistance à l'envahisseur français : Guillaume Tell, armé d'un bouclier où figure le serment des Trois Suisses, repousse le dragon de la Révolution. Le monstre terrassé a une tête de coq avec un bonnet à grelots, une tête de chien coiffée du bonnet rouge, et une tête d'âne (inversément, le dragon est, dans l'imagerie révolutionnaire, symbole de la royauté tyrannique). Les rayons du soleil dissipent les fumées noires et malfaisantes qui entourent la bête déchue.
S. W.

269. Balthasar Anton Dunker (1746-1807).
La Divinité du Siecle.
Vers 1798
Plume et lavis d'encre de Chine, 31,4×23,5 cm
Berne, Fondation Gottfried Keller
Bibl. : Im Hof, 1984, p. 97

Encore une caricature contre-révolutionnaire de Dunker : La Révolution a les traits d'une femme aux ailes et à la queue de dragon, c'est la Séduction. Souriante et à demi-nue, elle brandit d'une main une torche et désigne de l'autre un bouclier où apparaissent ses divers emblèmes : *La Justice, Voltaire, Emile, Nature, Liberté d'opinion. Il n'y a qu'un Dieu, ce Dieu est la Nature.* La femme-serpent foule aux pieds la Bible et l'ordre du monde (une carte géographique). Derrière elle, on aperçoit le véritable apôtre des fausses valeurs révolutionnaires : le canon (son fût porte l'inscription « prédicateur »). Dunker reprend ici en la détournant de façon parodique une tradition iconographique bien établie : La Révolution (ou la Liberté, ou la Raison), incarnée par une figure allégorique féminine.
S. W.

LETTRES
DE
M. WILLIAM COXE
A M. W. MELMOTH,
SUR
L'ÉTAT POLITIQUE,
CIVIL ET NATUREL
DE
LA SUISSE;
Traduites de l'Anglois,
Et augmentées des Observations faites dans le même Pays, par le Traducteur.

Là, habite un Peuple simple, bienfaisant, brave, ennemi du faste, ami du travail, ne cherchant point d'esclaves, & ne voulant point de maîtres.
De Méhégan, Tableau de l'Histoire moderne.

A PARIS,
Chez BELIN, Libraire, rue Saint-Jacques, presque en face de celle du Plâtre.

M. DCC. LXXXI.
Avec Approbation & Privilège du Roi.

260

Caricatures de Dunker

Balthasar Anton Dunker naquit en 1746. Fils du pasteur de Saal près de Stralsund, région appartenant alors à la Suède, il étudia le dessin et la gravure à Paris de 1765 à 1772. Sa famille ayant été ruinée, il s'installa à Berne, espérant gagner sa vie comme peintre et graveur. C'est surtout avec des illustrations de livres qu'il parvint à se faire une renommée en Suisse et à l'étranger. En 1777 il devint bourgeois de la ville de Rolle, ce qui lui permit de jouir de tous les droits d'un sujet bernois. A part un très grand nombre de gravures et de dessins, Dunker nous a laissé plusieurs œuvres littéraires qui traitent le plus souvent des difficultés de la vie d'artiste. La situation économique de Dunker — comme celle de beaucoup d'autres artistes — se détériora sous la Révolution ; il mourut en 1807 dans la misère.

Parmi ses œuvres satiriques, nous trouvons plusieurs séries de gravures qui traitent de la menace révolutionnaire et de l'invasion française. En 1797 et 1798, il publia six séries de quatre gravures sous le titre de *Moralisch-Politischer Kurier*. Les quatre premières représentent les événements européens de l'an 1797, les deux dernières la chute de Berne en 1798.

Les quatre premières séries nous permettent de voir comment les événements révolutionnaires étaient ressentis dans une ville comme Berne. Nous sommes aujourd'hui souvent étonnés du choix des scènes représentées par Dunker. A part les grandes actions politiques (la guerre d'Italie et la paix de Campo-Formio), les gravures reprennent beaucoup de faits divers qui nous paraissent curieux. Pourtant Dunker reflète dans son œuvre la vision qu'il partageait avec ses contemporains. Sa source d'information la plus importante était évidemment le journal publié à Berne, les *Nouvelles Politiques* qui paraissaient en principe deux fois par semaine. On n'y parlait que très rarement d'événements suisses ; tout ce qui aurait pu être d'intérêt politique était interdit par la censure. Par contre, le journal publiait les nouvelles qui lui parvenaient par correspondance d'un peu partout en Europe et même d'autres continents. Il indique chaque fois l'origine de la lettre et la date à laquelle elle a été expédiée. Ainsi nous savons assez exactement quand les nouvelles arrivèrent à Berne. Souvent un événement nous est rapporté par plusieurs correspondants dans différentes versions. Nous pouvons suivre le cours des bruits qui traversaient l'Europe, voir comment une nouvelle encore peu sûre se précisait pour enfin devenir une certitude. Souvent, les événements mineurs et les faits divers auxquels Dunker fait allusion prennent une place importante dans le journal bernois. Le *Moralisch-Politischer Kurier* nous permet donc de saisir un peu le climat dans lequel vivaient les Bernois l'année qui précéda la Révolution helvétique. Pour chacune des gravures, Dunker a publié séparément une explication qui nous permet de mieux en comprendre le contenu souvent très dense. Une analyse approfondie de l'œuvre politique de Dunker manque ; nous devons nous limiter ici à quelques observations qui n'épuisent pas le sujet.

François de Capitani

270. Balthasar Anton Dunker (1746-1807).
Moralisch-Politischer Kurier. Berne, s.d. [1797-1798]. In-4°
24 planches (6 fascicules de chacun quatre feuilles)
Eaux-fortes
25 × 18 cm [t.c. 18,5 × 13,5 cm] sont les dimensions moyennes de chaque planche
Bernisches Historisches Museum

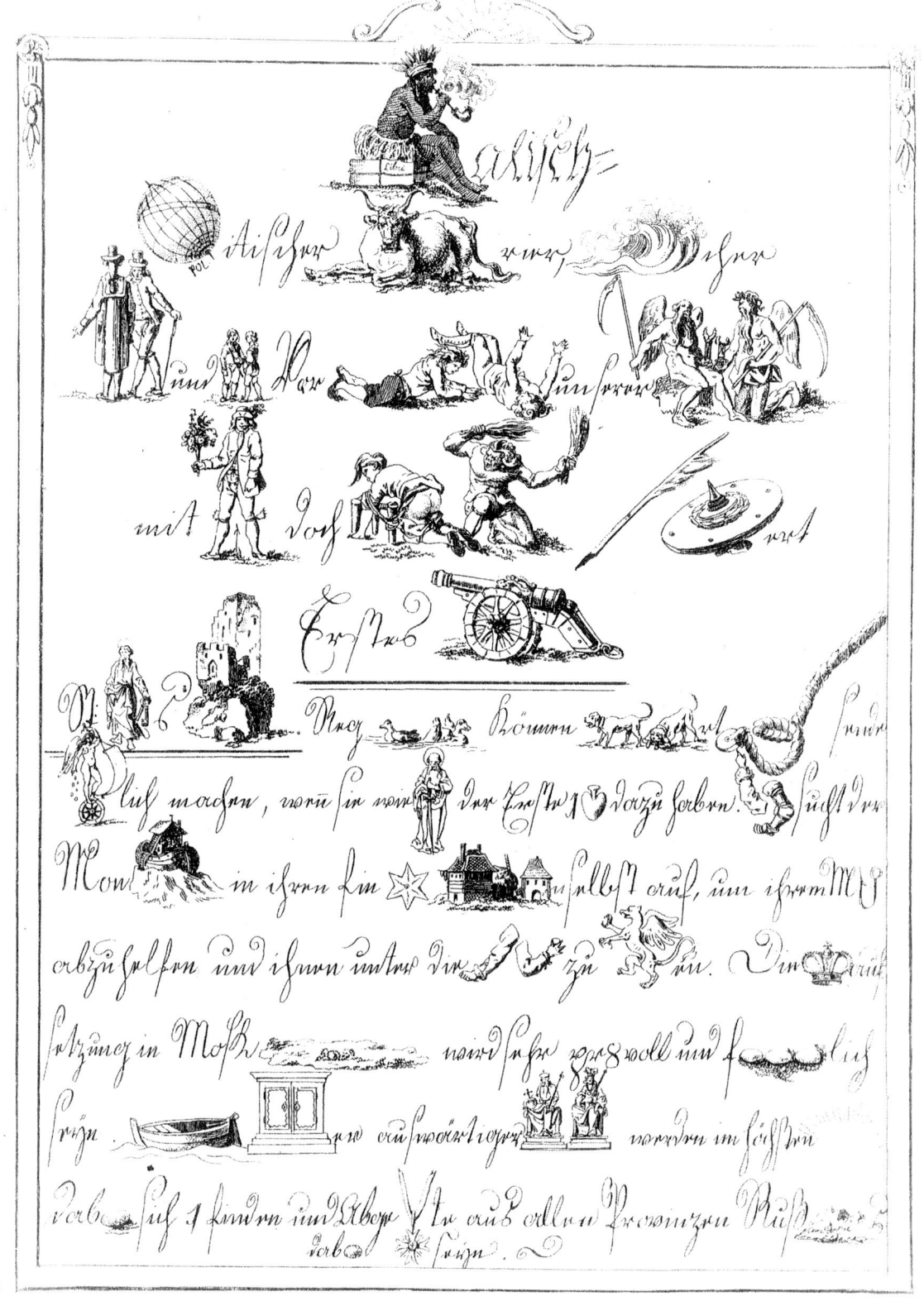

I/1

Première série

I/1

Après le titre, suit en écriture hiéroglyphique : St-Petersbourg. Les princes peuvent apporter le bonheur à des centaines de milliers, si comme Paul Ier ils en ont le cœur. Le monarque se rend en personne dans les demeures obscures des pauvres pour soulager leur peine et pour les soutenir. Le couronnement à Moscou sera très fastueux et solennel. Les ambassadeurs de l'étranger y participeront avec éclat, de même que des députations de toutes les provinces de Russie.

La mort de Catherine II de Russie et le couronnement de Paul Ier furent longuement traités à la fin de l'année 1796 et surtout dans une lettre de St-Petersbourg du 26 novembre, publiée à Berne le 7 janvier 1797.

I/2

Partage de la Pologne. Il est représenté par un écusson que trois aigles noirs déchiquettent. A l'arrière-plan explose une bombe dont les débris retombent ici et là sur la carte de la Pologne. Pour souligner encore mieux le caractère du pays, il y a, sur un autre écusson, quelques ruches qui signifient la fertilité et l'apiculture de quelques provinces de la Pologne. On voit aussi la devise de l'Ordre polonais des Aigles, en français : « Pour la foi, pour la loi et pour le roi ». Le génie de la Pologne essaie, il est vrai, de sauver l'écusson mais le ruban se déchire et il est obligé de le lâcher.

Venise se voit abandonnée par un nombre considérable de ses villes représentées par des personnages portant des couronnes « bourgeoises ». Ils ont déchiré la chaîne que tenait le lion vénitien et se hâtent vers un arbre de liberté. « Pax tibi, Marce Evangelista ! » fait partie des armoiries et signifie en français : « Paix soit avec toi, évangéliste Marc ! » etc.

Cette illustration ne nécessite pas d'explication.

Le partage définitif de la Pologne en 1795 avait beaucoup préoccupé les Suisses. On craignait un sort semblable pour l'ancienne Confédération.

Venise prend une place importante dans les *Nouvelles Politiques*. Ainsi le 22 mars nous lisons : « *De Milan, le 16 Mars. [...] Les habitants de la partie du territoire de Venise qu'occupent les Français, se sont soulevés contre le sénat vénitien & déclarés indépendants. [...]* »

I/3

La purification de l'air dans la région des marais Pontins ne demande pas d'autres commentaires ; car chacun sait que ces marécages se trouvent en Italie.

Quelques statues romaines sont examinées à la loupe par le coq français.

Les guerriers français envahissent l'Italie. Bonaparte y apparaît comme une comète. On aperçoit au loin St-Pierre de Rome. D'épais brouillards s'amoncellent.

Le Sénat de Venise convie Bonaparte à un fastueux repas. Le lion sert.

I/2

I/4

Portrait de Bonaparte, au centre, flanqué d'Hannibal, la terreur des anciens Romains, et d'Attila, le roi des Huns qui vint à Rome animé de la plus grande fureur et menaça de tordre le cou au pape, mais témoigna bientôt d'une grande vénération pour le représentant du Christ et eut un comportement bienveillant.

Deux cardinaux et le neveu du pape, le comte Braschi, remettent au général en chef Bonaparte un message du pape et attendent la réponse. Représenté en deux parties.

Troisième partie. La chambre du pape. Il tombe évanoui après la lecture du message. Les cardinaux se lamentent et font les récalcitrants.

Quatrième partie. La couronne et les mules du pape passent à la forge afin de réunir les contributions exigées.

Cinquième partie. Le trésor apostolique est vidé.

Sixième partie. Les peintures, les ornats, les tableaux de saints, etc. sont sortis des églises de Rome dans le même but.

Les guerres d'Italie dominent les nouvelles des premiers mois de l'an 1797. Le 11 mars on est informé de la défaite du Saint-Siège :

« *De Milan, le 28 Février. La paix avec le St-Siège a été signée le 18, à des conditions bien dures pour le Pape. Ce chef de l'église doit payer aux Français 31 millions de livres, dont 15 millions immédiatement, le reste dans l'espace d'un mois. [...]* »

Deux mois plus tard, le 24 mai, nous trouvons un long article sur la déportation des œuvres d'art, dont voici quelques lignes :

« *De Paris, le 14 May. [...] Des lettres particulières des cit. Barthélemy & Bertholet, commissaires pour la recherche des objets des sciences & arts en Italie, annoncent que l'Apollon du Belvédère est enfin sorti de Rome à la tête d'un convoi de 12 à 13 chariots chargés des objets convenus dans le traité avec le pape. [...]* »

Bots ℳ II. ischer

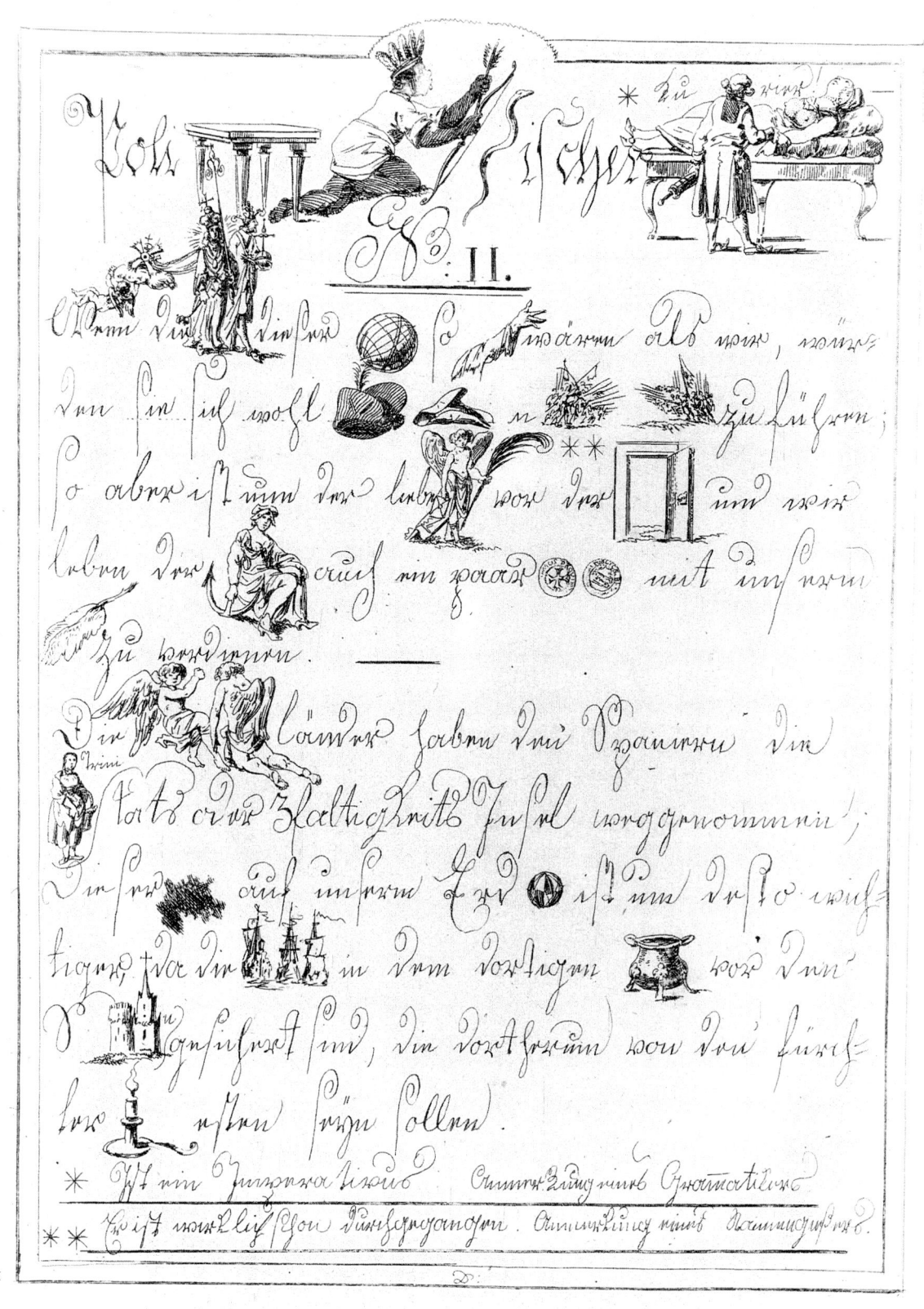

Wenn die 🜨 [Bücher] so 🖐 wären als wir, würden sie sich wohl 👒🎩 u. ⚔️⚔️ zu führen; so aber ist uns der lieben 👼 von der 🚪 uns wie leben die 👩 auch in 🏛️ ⚜️⚜️ mit unserem ✒️ zu verdienen.

Die 👼👼 Römer haben die Spannen die Post oder Schaltigkeit Insel vorgenommen; Sie sind auch unseren ☩🜨 ist uns desto wichtiger, da die 🌳⛵⛵ in dem vorigen 🍲 vor den 🏰🕯️ geführet sind, die Vorthreun von den fürchten erstenSeyn sollen.

* Ist ein Imperativus. Erinnerung eines Grammaticus.

** Es ist wirklich hingegangen. Erinnerung eines Vernünftigers.

Deuxième série

II/1

Si les grands de la terre étaient aussi pauvres que nous, ils se garderaient bien de livrer des guerres. Voici donc la chère Paix devant la porte et nous caressons l'espoir de gagner aussi quelques sous avec notre feuille.

Les Anglais ont enlevé aux Espagnols l'Ile de la Trinité. Ce coin de terre est d'autant plus important que les vaisseaux y sont dans le port à l'abri des tempêtes qui sont, dit-on, terribles dans la région.

La prise des îles de la Trinité par les Anglais était connue à Berne le 15 avril :

« *Extrait des nouvelles directes de Londres du 28 Mars. Hier, dans l'après-midi, plusieurs décharges de l'artillerie de la Tour & du Parc nous apprirent que le gouvernement venait de recevoir des nouvelles agréables. Bientôt après, il fut publié une gazette extraordinaire, annonçant la prise de la Trinité, la plus méridionale des isles sous-le-vent, que les espagnols avaient mise, depuis 20 ans, en grande valeur. [...]* »

Par la suite, l'importance de cette victoire anglaise fait l'objet de plusieurs articles.

II/2

La Paix apparaît dans les nuages, la corne d'abondance à ses côtés, surmontée d'une large couronne d'étoiles. Deux têtes de chérubins se serrent tendrement l'une contre l'autre. Dans la partie inférieure, on aperçoit des gens de toutes conditions, rois et mendiants, riches et pauvres, et l'inscription : Descende Coelo ! ou descends du ciel !

Pendant tout l'été 1797 courent les bruits qu'une paix prochaine est en négociation. Comme lieux de conférence, on cite le plus souvent Ulm, Francfort ou Augsburg. Ce n'est qu'en septembre que les négociations en Italie seront connues.

II/3

D'un côté les ministres anglais, de l'autre le peuple qui demande la paix et menace. Au-dessous des ministres, on lit : Il n'y a pas de salut dans la guerre, et au-dessous du peuple : Nous exigeons tous la paix.

Dans la partie inférieure, au milieu, l'empereur et Bonaparte négocient la paix à la manière des campagnards. A côté d'eux figurent les statues des Républiques française et anglaise.

Dessous une satire sur la ridicule interdiction de textes rationalistes au Portugal.

La première image semble faire allusion à une nouvelle du 11 février 1797, dont voici ici quelques extraits :

« *De Londres, le 20 Janvier. Adresse de la ville de Londres, présentée au roi le 11 Janvier.*
[...] Vos fidèles citoyens de Londres déplorent sincèrement, que les efforts de V. M. pour le maintien de la paix avec l'Espagne & pour terminer à l'amiable toute contestation avec cette cour, aient été sans effet, & que les calamités de la guerre se soient étendues, sans qu'il ait été possible de l'empêcher. [...]

II/2

Réponse du roi :
[...] Je regrette sincèrement l'inutilité de mes efforts pour conserver la paix avec l'Espagne [...] »

Le 22 avril 1797 nous trouvons le fait divers suivant :

« *De Paris, le 12 Avril. On nous écrit d'Espagne, que le gouvernement y redoute beaucoup la propagation des principes appelés aujourd'hui philosophiques, précurseurs ordinaires des révolutions & de tous les fléaux qui en sont la suite. Aussi prend-il les précautions les plus sévères pour s'opposer à l'introduction dans ce royaume des ouvrages de Raynal, Mably, Rousseau, Voltaire, Helvetius &c. [...]* »

Dans son petit dessin (tout en confondant Espagne et Portugal) Dunker ajoute ses propres œuvres aux livres bannis.

II/4

Le Rhin personnifié, par-dessus le ventre duquel l'armée des Français fait son entrée en Allemagne. Légende : Cessez de me piétiner le ventre.

La Paix, accompagnée de l'Abondance, donne un coup de pied à la Mort, vêtue d'un uniforme moderne. La légence pourrait être la suivante :

Plus n'est besoin de frapper, d'embrocher
Bien mieux vaudrait jouir de ce qui est resté.

En 1796 des troupes françaises avaient pénétré en Allemagne du Sud. Elles furent repoussées, mais les actions militaires continuèrent jusqu'à la paix de Campo-Formio. Une traversée du Rhin par 16 000 hommes de l'armée française près de Cologne est rapportée le 14 décembre 1796 par le journal bernois.

Tolle in cir=
cuitu oculos tuos.

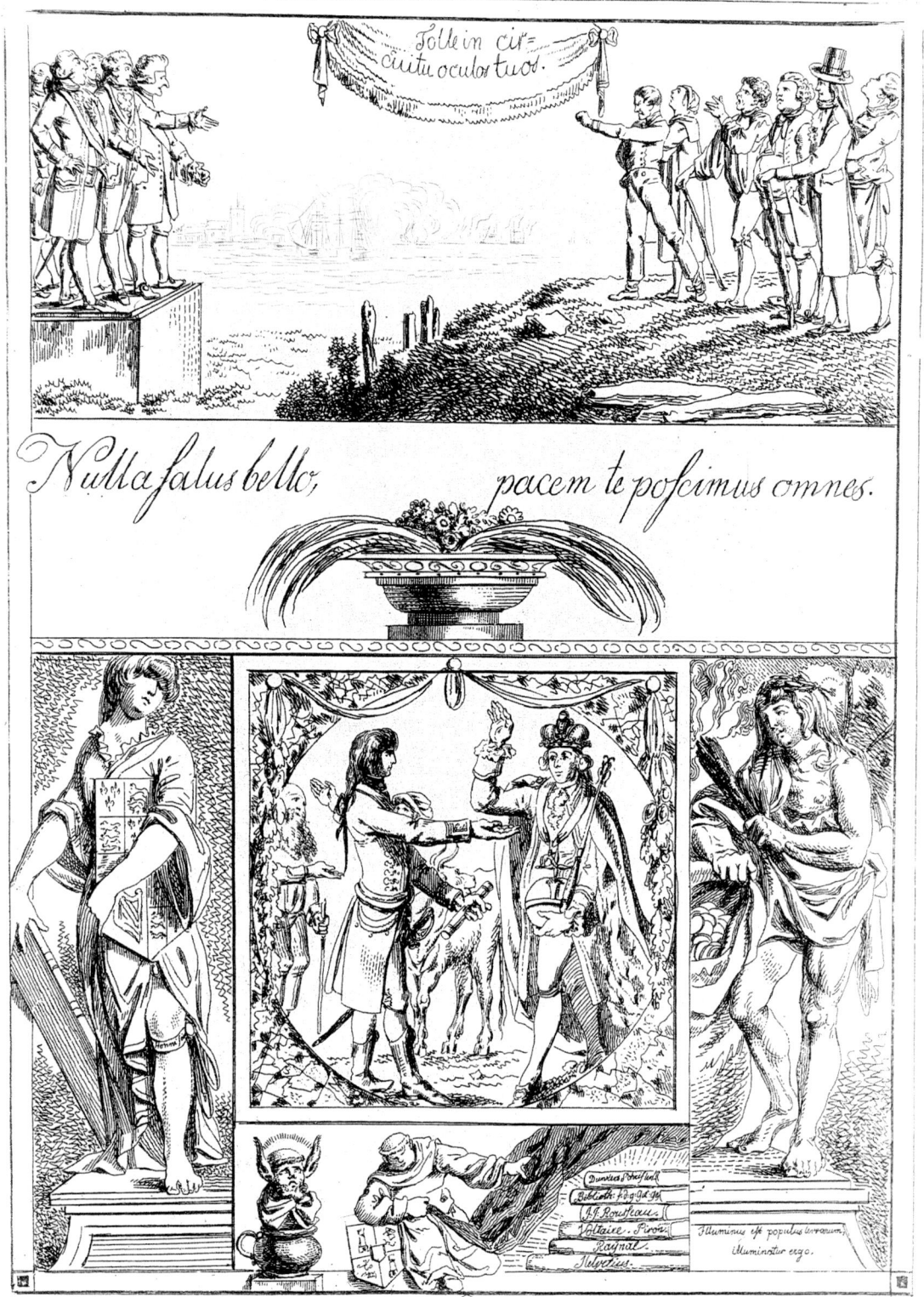

Nulla salus bello,   *pacem te poscimus omnes.*

Memorabilis **1797.** *in æternum.*

Desinite ventrem calcare meum.

Opus non est ferro necari, sed frui paratis.

III/1

Troisième série

III/1

Les figures de la partie supérieure ne nécessitent aucune explication et en ce qui concerne la partie inférieure, on voit clairement que la République des Français, représentée par une figure couronnée d'un coq, fond le métal conquis en Italie.

Transcription du texte hiéroglyphique de la gravure :
Le Journal de Schaffhouse annonce :
A. Un courrier avec un important message de Bonaparte aux doges et au Sénat de Venise. B. L'armoirie vénitienne est contrariée. C. Propositions de paix après coup. D. Le Sénat sera transféré de Venise sur terre ferme. E. Il ne faut plus tuer de Français. F. Payer sans rechigner, etc.

III/2

Tempête. La République française, représentée par un navire de guerre, envoie toutes les autres embarcations par le fond. La galère du pape, sans force, est ballotée par les vagues. A l'arrière-plan, un bateau sur une eau calme et ensoleillée. Les armoiries des 13 cantons, fixées au bord du navire, indiquent qu'il s'agit de la Suisse.

III/3

Il fut question que le congrès de la paix pourrait se tenir à Berne. Dans l'attente des événements, je reproduisis la cathédrale et une partie de la Junkerngasse ; au-dessus une mongolfière avec une délégation que je laissai planer dans le doute. Un messager descend à tout hasard avec un parachute.

III/4

Le portrait de Barthelémy est expédié au Directoire.
Nouvelles politiques du 31 mai 1797 :
« *Au moment de donner cette feuille à l'impression, nous recevons la nouvelle que M. Barthelémy, ambassadeur de la république française en Suisse, vient d'être nommé membre du directoire exécutif. En quittant la Suisse, il emportera les regrets ineffaçables & les vœux les plus ardents de toute la nation helvétique.* »

III/3

III/2

Quatrième série

IV/1

Ecriture hiéroglyphique. Lorsque des têtes couronnées, des républiques, des monarchies se battent sur eau et sur terre, à pied ou à cheval, et que le sang humain a coulé à flots, alors l'enfant du ciel, la Paix, doit naître dans les souffrances. On entonnerait sans doute un Te Deum avec encore plus de joie, si elle était générale ; mais cette fois il n'est question que de l'empereur et de la grande République. Pour l'empire, c'est loin d'être terminé et les Anglais ne se chipotent plus pour rire avec les Hollandais. Nous nous garderons bien de nous lancer dans des discours de café du Commerce à ce sujet. Le ciel veuille que les prophètes aient tort qui prétendent que cette paix engendrera de malheureuses querelles. Bref, tout est aussi emmêlé qu'un nœud gordien ; le temps le dénouera.

IV/2

Portraits d'Augereau et de Bonaparte. Le pape sur des échasses tel un symbole de grandeur usurpée et chancelante. A l'arrière-plan, un représentant du Christ dans la splendeur d'une époque révolue.

La Mort en tant que général. Elle prépare le plan d'un siège mais elle est contrariée dans ses considérations par la Paix qui projette dans ses yeux la lumière d'une lanterne. Beaucoup de masques, de trophées de guerre, etc.

Le coup d'Etat du 18 fructidor (4 septembre) fut connu à Berne le 13 septembre. Ce fait rendit célèbre le général Pierre-François-Charles Augereau, compagnon de Napoléon dans les guerres d'Italie.

IV/3

1. Bonaparte, de mauvaise humeur, s'apprête à quitter le congrès d'Udine à causer des tergiversations ; mais le marquis de Gallo lui court après jusqu'à sa calèche et on aboutira bientôt à la paix.

2. La bataille navale de Texel entre les Anglais et les Hollandais.

3. Blanchard a inventé le ballon dirigeable et voyage de Lyon à Paris.

4. Filière, bourgeois de Paris, se lance dans le vide d'une hauteur de 600 toises, agrippé à un parachute.

5. Bonaparte prend les mesures de la Paix pour lui offrir une paire de nouvelles ailes.

6. La Paix enveloppe la terre de ses ailes.

La guerre entre les Pays-Bas et l'Angleterre prend une place importante dans les *Nouvelles Politiques*. Depuis le mois de juillet, on s'attendait à une bataille navale près de Texel. Enfin, le 28 octobre nous lisons :

« *De Londres, le 13 Oct. (par la voie de France) Le lieutenant Brodie, du cutter la Rose, est arrivé à l'amirauté, à 6 hrs du matin, avec des dépêches de l'amiral Duncan, contenant les détails officiels de la défaite de la flotte hollandaise. [...] Le combat s'est livré entre le Texel et la Meuse, et si près de terre, que la Côte était couverte de Hollandais, témoins désespérés. [...] »*

La paix de Campo-Formio conclue le 17 octobre 1797 était attendue avec impatience depuis le mois de septembre. Ce n'est que le 1er novembre que de partout les nouvelles arrivent à Berne :

« *Des Frontières, le 29 octobre. [...] C'est avec la plus vive joie que nous nous voyons à même d'annoncer à nos lecteurs, que la nouvelle de la signature du traité définitif de paix entre la France et la cour de Vienne s'est pleinement confirmée. [...] »*

IV/4

1. Le dieu de la guerre reçoit des nouvelles de la Paix.

2. La Mort conserve des esprits lumineux de notre époque pour une époque obscure.

3. Rastadt où la paix va maintenant intervenir entre les Français et l'empire allemand.

4. Un feu d'artifice en l'honneur de la paix. A l'intérieur : « Respublica Francorum » et « Franciscus Imperator ».

5. Le courrier politique châtie son cheval qui parle sottement de la Paix.

6. Le courrier descend de son cheval une fois pour toutes et chante :
Je galopai de-là, de-ci,
Sous le soleil, durant la nuit
Cherchant les louanges, le gain
Et pour finir ne trouvai rien.

Nouvelles Politiques du 2 décembre 1797 :

« *De Rastadt, le 24 Novembre. Le général Buonaparte est arrivé en cette ville, hier soir, après avoir rapidement traversé le Piémont et la Suisse, où on lui a rendu, sur tous les points de son passage, les honneurs dus à un héros et au pacificateur du continent de l'Europe. [...] »*

Le congrès de Radstadt qui devait chercher à mettre fin aux guerres en Allemagne dura de 1797 à 1799 sans aboutir à un résultat.

La cinquième série de gravures nous montrera les événements bernois de l'année 1798 avant l'invasion française, la sixième série l'occupation française et la constitution de la République helvétique à Berne.

Moralisch-politischer Kurier. No: IV.

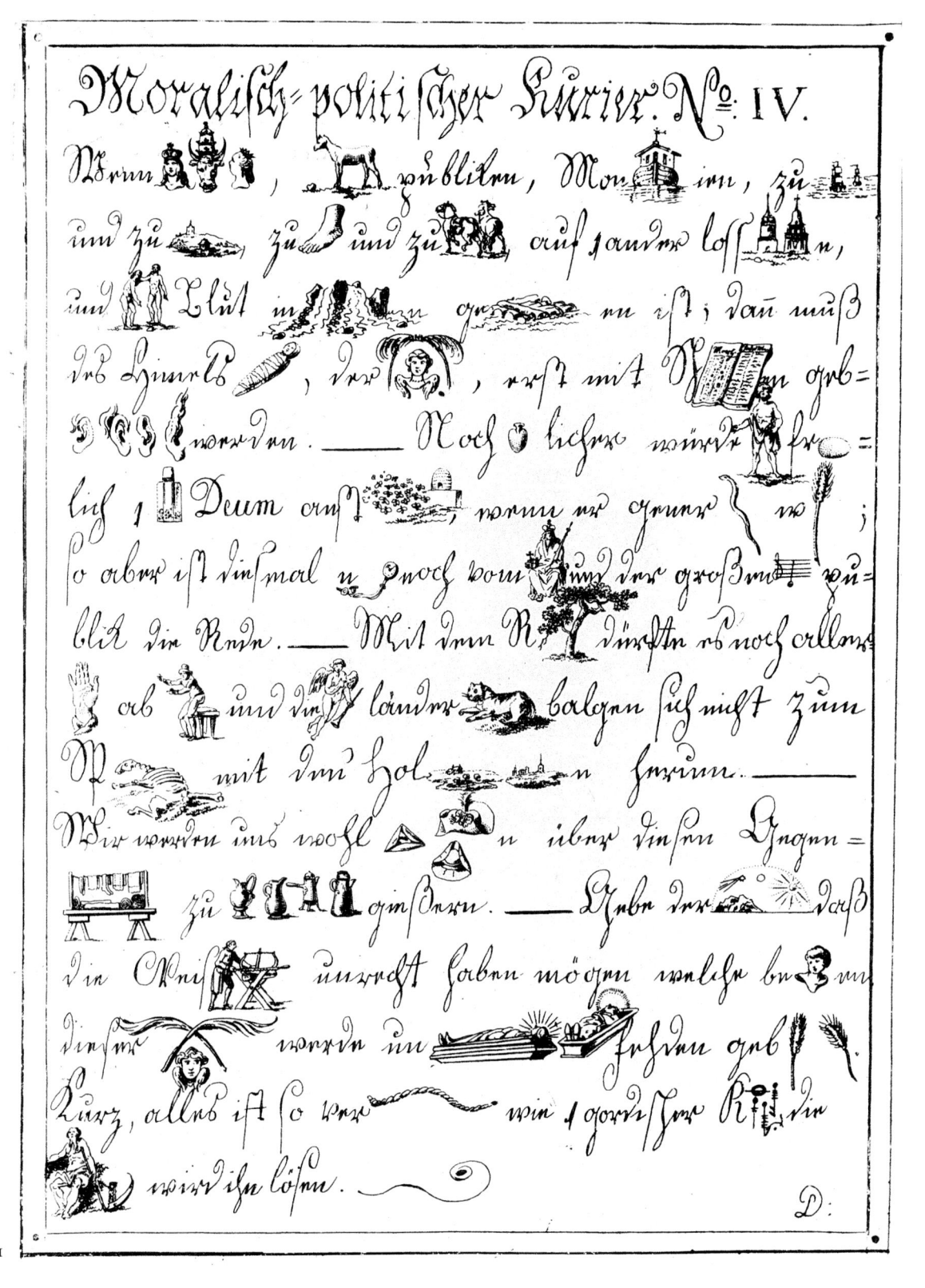

Wenn 👑, 🐐 publiren, Monarchen, zu 🏰 und zu 🏘, zu 🦶 und zu 🐕, auch sondern loß⛪n, und Blut in 🏔 gro🪵 n ist, dan muß des Himmels 🥕, der 👼, recht mit 📖 n geb=👂👂 werden. — Noch 🍓 lichrr wäre fre=lich, 🧴 Deum auch 🌸, wann er grune 🌿 ; so aber ist dießmal u noch vom 👑 der großen 🎵 pu=blic die Rede. — Mit dem R🌳 dürften rs noch ellen🙏 ob und die 👼 länder 🐕 balgen sich nicht zum 🐑 mit dem Hol🌳n Haupt. — Wir werden uns wohl 🔺🔺 n über diesen Gegen=🪑 zu 🏺🏺🏺 einigen. — Uber der 🌅 daß die 🔧 unrecht haben mögen welche be👤 diesem 👤 werden im ⚰️⚰️ schlau geb🌾 Kurz, alles ist so wie 🪢 wie 1 gottischer R🔑 die wird ihn lösen.

D.

Augereau.   Buonaparte.

IV/2

IV/3

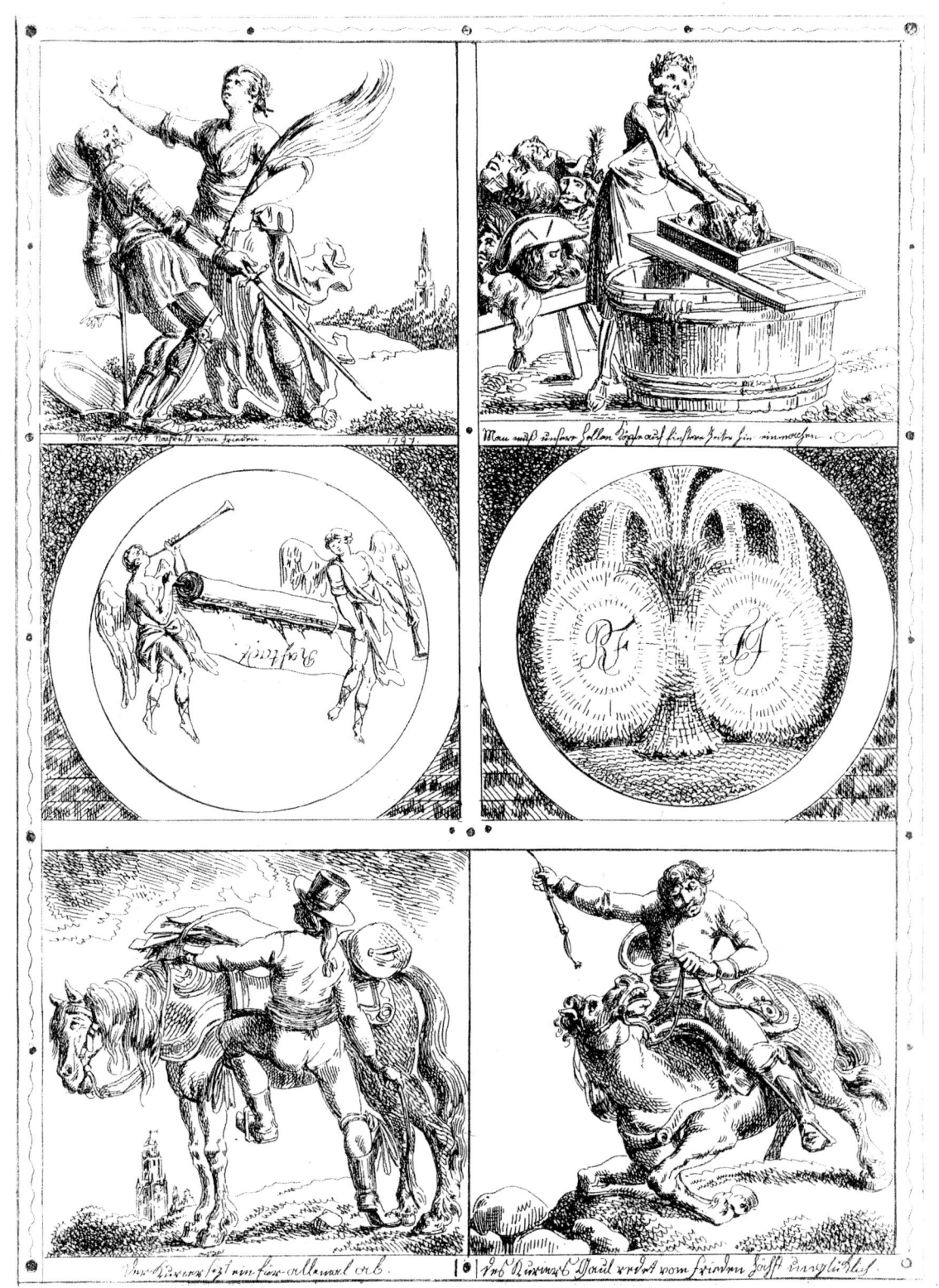

IV/4

V/1

Cinquième série

V/1
Allégorie des horreurs du début de cette année [1798].

V/2
Les représentants du pays sont accompagnés à l'hôtel de Ville par l'ancien gouvernement.

Le 27 janvier 1798 le Grand Conseil bernois convoqua une assemblée de délégués des villes et campagnes pour tenter, par une réforme constitutionnelle, de sauver l'état bernois. Le 2 février 1798, 52 délégués de la campagne siégèrent pour la première fois avec le Grand Conseil de Berne. Ce fut la dernière tentative de réforme du système politique.

V/3
a. L'hommage des sujets bernois dans la plupart des localités, particulièrement au Pays de Vaud.
b. La prise du Château de Chillon.

Le 10 janvier le gouvernement bernois demanda la prestation du serment de fidélité par les troupes et les municipalités des baillage vaudois. A Vevey, Cully et Aubonne les troupes refusèrent le serment ; à Nyon et à Moudon, les magistrats municipaux firent de même.

Le 11 janvier, le château de Chillon tomba par ruse dans les mains des insurgés vaudois de Vevey et Montreux.

V/4
L'élection des représentants de la bourgeoisie bernoise dans l'église du Saint-Esprit. Dessiné d'après nature.

Election le 28 janvier 1798 des députés de la bourgeoisie bernoise qui devaient siéger avec le Grand Conseil.

V/3

Sixième série

N° VI.

VI/1

VI/1
a. Le portrait très réussi du citoyen-général Schauenburg.
b. Une allégorie montrant comment il préserva la ville d'une destruction totale.

Dans l'après-midi du 5 mars les troupes françaises placées sous les ordres du général Anaïs Balthasar Henri Schauenburg (1748-1832) occupèrent la ville de Berne. On craignait un pillage systématique ou une mise à feu de la ville, mais la prise de Berne se fit d'une manière relativement ordonnée.

VI/2
Parades et exercices des troupes françaises sur la place de l'Arsenal (Zeughausplatz).

VI/3
a. Le serment à la « Schüzenmatt » (Champ de tir)
b. La Schützenhaus (Maison de tir).

Les citoyens bernois prêtèrent serment à la constitution helvétique le 19 août 1798. Le *Berner Tagebuch*, périodique bernois, nous rapporte les événements ; en voici quelques extraits :

217

« *Aujourd'hui, ce fut le jour solennel du serment. [...] Aux environs de huit heures, au son des cloches et d'une charmante musique, le cortège traversa les rues les plus distinguées en direction de la place de tir (Schützenmatt) située devant la porte d'Aarberg. Vers neuf heures, on débuta par la lecture de la liste des citoyens ; on avait dressé plusieurs poteaux dont chacun portait cinq lettres de l'alphabet. Chaque citoyen se plaça près du poteau qui avait l'initiale de son nom de famille. Sur un tréteau spécial, des hommes et des femmes chantaient des chants patriotiques. De temps en temps on entendait un coup de canon. [...] La fête continua. B. Stuber, le lieutenant du gouverneur, tint un discours ; ensuite il prononça la formule du serment, elle fut répétée et le serment fut prêté par tous les participants. Un silence et une sérénité extraordinaires conférèrent à cet événement un grand air de solennité. Après le serment, B. Rapinat honora l'assemblée d'un discours dans le plus pur style allemand, où il exprimait ses sentiments bienveillants et forma ses vœux pour le rétablissement d'une nouvelle époque de Guillaume Tell. Le général Schauenburg, à cheval, tint en français un discours tout aussi beau, suivi d'un applaudissement général et du cri : " Vive la République ! " Diverses parades militaires, une belle musique française et des chants patriotiques mirent un terme à la fête. [...]* »
(cité d'après Markwalder, 1927, pp. 65-66)

VI/4

Petite carte de l'actuel canton de Berne, comprenant 15 districts, qui porte le titre : Abrégé du Canton de Berne fait par le général Brune.

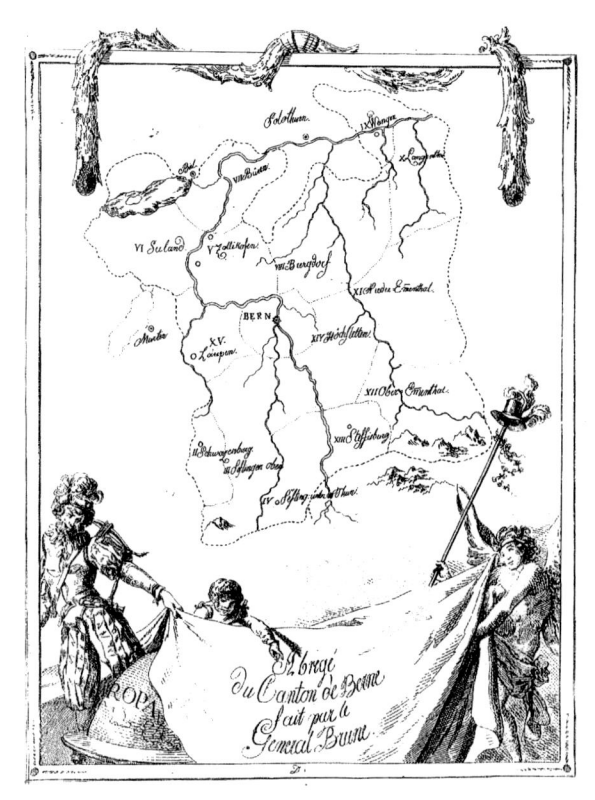

VI/4

Sources principales

Dunker a expliqué ses gravures en deux parties. Pour les quatre premières séries le texte est imprimé dans un fascicule intitulé : *Kurze Erklärung der im moralisch-politischen Kurier enthaltenen Allegorien und Thatsachen*. Les explications des deux dernières séries ont paru dans le périodique *Berner Tagebuch*, 1798, vol. 3, p. 144 suiv. Un exemplaire complet de l'année 1797 du journal bernois *Nouvelles politiques* se trouve à la Bibliothèque cantonale et universitaire de Fribourg (J 3166).

Bibl. : J. Grand-Carteret, *Les Mœurs et la caricature en Allemagne, en Autriche, en Suisse*, deuxième édition, Paris, Louis Westhausser, 1885, pp. 60-62 ; Hans Herzog, *Balthasar Anton Dunker, ein schweizerischer Künstler des 18. Jahrhunderts, 1746-1807*, Berne, 1899 ; Raoul Nicolas, *Balthasar Anton Dunker*, Genève, 1924 ; Hans Markwalder, *Die Stadt Bern 1798/1799*, Berne, 1927.

Commentaires : François de Capitani
(traduction des textes de Dunker : Huguette Radrizzani)

Index

Glossaire

Bibliographie

Crédits photographiques

Prêteurs

Remerciements

Index des noms cités

A

Aberli, 9, 199.
Abri David, 150.
Affry comte d', 108, 109, 111.
Aldring, 23.
Alitshofen Charles Pfyffer d', 106.
Alix Pierre-Michel, 198.
Anghern Beda, 60.
Anhorn Lukas, 106.
Antraigues comte d', 170, 171, 173.
Arlaud Léonard-Isaac, 177.
Arnoux, 135.
Artois comte d', 64, 111, 162.
Attila, 205.
Aubert Jean Gabriel, 153.
Auguereau Pierre-François-Charles, 211.
Autissier Louis-Marie, 173.

B

Bacchus, 98.
Bailly Jean-Sylvain, 174.
Barbeyrac Jean, 21.
Barbier Jean-Nicolas, 138, 144.
Barde, 94.
Baron, 167.
Barthélemy François, 13, 17, 95, 108, 172, 181, 203, 209.
Bertholet, 203.
Bassal, 150.
Bécourt, 77.
Bel Pierre, 74.
Benoit, 58.
Beraud Paul-Emilien, 171.
Berchini, 30.
Bernoulli, 21.
Berthault Pierre-Gabriel, 101, 102, 144.
Besenval Pierre-Victor de, 30.
Bias-Parent, 46.
Billwiller Johann Jakob Lorenz, 142.
Blanchard, 40, 211.
Blatter Joseph-Anton, 72.
Bodmer Johann Jakob, 21, 178, 194.
Bolomey Benjamin, 8, 94.
Bombelles Marc-Marie de, 171, 173.
Bonaparte, 14, 16, 17, 36, 91, 160, 179, 203, 205, 209, 211.
Bonnant Jean-Pierre, 28.
Bonnet Charles, 21.
Bonnet Jean-Pierre, 45, 46.
Bonstetten Carl Victor de, 35, 163, 199.
Borel Marianne, 170.
Bossart Anton, 60.
Bouillé François Claude Amour de, 63, 100, 101.
Bousquet Alexandre, 119.
Braschi, 203.
Boy, 85.
Bridel Philippe-Sirice, 26, 32, 36.
Brienne Loménie de, 184.
Brissot, 68.
Brodie, 211.
Brun Louis-Auguste, 8.
Brune, Général, 218.
Brutus Lucius Junius, 77, 79, 102, 130, 188, 190, 198.
Büchi, 178.
Büren Louis de, 14.
Burke Edmund, 35.
Burlamaqui, 21.

C

Calonne Charles-Alexandre de, 183, 184.
Cambry Jacques, 199.
Canova Antonio, 123.
Cart Jean-Jacques, 35, 41, 42, 74, 94.
Cassat, 45.
Castella Jean-Nicolas-André, 11, 38, 39.
Catherine II de Russie, 43, 203.
Cérès, 98.
Chambrier d'Oleyres Jean-Pierre de, 110, 111, 112, 175.
Chapelet Emmanuel, 72.
Chapuis, 90.
Charles VII, 23.
Charles X, 162, 173.
Charrière Charles-Emmanuel de, 174, 177.
Charrière Générale de, 36.
Charrière Isabelle de, 107, 108, 110, 111, 112, 113, 174, 175, 176, 177.
Châteauvieux Lullin de, 11, 12, 13, 30, 39, 40, 63, 78, 79, 85, 99, 100, 101, 102, 103, 105, 188.
Chatelanat Daniel-François, 74, 90.
Chaumette Pierre Gaspard, 144.
Chenaux Pierre-Nicolas, 20, 38.
Chenebie, 30.
Chénier Marie-Joseph, 77, 79, 85.
Chodowiecki Daniel Niklaus, 191.
Clavière Etienne, 62, 66, 125.
Colbert, 30.
Collon, 135.
Comberoure Jean, 46.
Condé Prince de, 65, 166.
Condorcet marquis de, 170.
Constant Benjamin, 8, 107, 171, 175.
Contamin Joseph-Anton, 60.
Corbaz, 90.
Cornélie, 198.
Courbe Wilbrode Nicolas Malgloire, 144.
Courtin, 61, 67.
Courvoisier Jean-Baptiste, 171.
Courvoisier-Voisin Henri, 149, 150, 151.
Coxe William, 199.
Créppet Philippe, 41.
Crétin, 135.
Creux, 90.
Cubières de, 29.
Cuénoud, 97.
Curtat Louis-Auguste, 42.
Curtius, 101.
Curty Joseph-Emmanuel, 167, 169.
Cybèle, 123.

D

Danton, 15.
Dapples Charles-Samuel-Jean, 82, 90.
David Jacques-Louis, 8, 78, 79, 102, 123, 190, 198.
De L'Isle, 90.
Delisle, 63.
Deluze Anne-Marie, 107.
Desilles, 101.
Desmoulins Camille, 28, 29.
Desonnaz Jean, 10, 105, 130.
Desvignes, 24.
Diesbach Bernard de, 73.
Dönhoff comtesse, 175.
Drouin, 77, 86.
Dubois, 64.
Duchemin, 38.
Ducros Louis, 8, 69.
Dumoulin François-Aimé-Louis, 152, 153.
Dumouriez, 13.
Duncan, 211.
Dunker Balthasar-Anton, 9, 95, 97, 192, 193, 199, 200, 201-218.
Duparc, 183.
Duplessi-Bertaux Jean, 144.
Duret, 32.
Dussy E., 23.

E

Ebly Jean, 43.
Emery, 63.
Erlach Gabriel Albert d', 10, 43, 45, 57, 167.
Ernst, 11, 99.
Esprémesnil Duval d', 184.

F

Falquet, 63.
Fatio, 63.
Fauche-Borel Abraham-Louis, 170, 171, 172, 173.
Fenouillot Jean, 171, 172.
Ferrand Antoine-François-Claude, 171, 173.
Feyerabend Franz, 156, 157.
Filière, 211.
Fischer André, 12, 25, 88, 169.
Fleuriot Jean-Marie-Jérôme, 199.
Fluë Nicolas de, 43, 86.
Folin marquis de, 167.
Forestier major, 115.
Francillon Jacob, 90.
François Claude Antoine, 60.
Franklin Benjamin, 79, 131.
Frédéric-Guillaume II, 175.
Frédéric-Guillaume III, 173.
Frêne Théophile-Rémy, 137, 138, 139.
Freudenberg Sigmund, 199.
Freudenreich, 43.
Freyler, 86.
Friedberg Charles Müller de, 178.
Frisching, 88.
Furst Walter, 43.
Füssli Johann Heinrich, 8, 178, 191, 194.

G

Galles, prince de, 38.
Gallo de, 211.
Garrigues, 68.
Garville comte de, 163.
Gaucher S., 190.
Gaudot, 170.
Gaveaux, 77, 86.
Geissler Christian Gottlob, 124, 125, 130, 131.
Gemperle Jakob, 54, 57, 59.
Gessler, 91, 167, 191, 192, 194, 195.
Gessner Salomon, 199.
Gibbon, 24, 32.
Girardet Abraham, 31, 32, 101, 102, 149, 183, 184, 185.
Girardet Abraham-Louis, 131, 193.
Girardet Alexandre, 149.
Girardet Samuel, 25, 183.
Giraud Soulavie J.-L., 14.
Gobel Jean-Baptiste, 144.
Godefroy François, 101.
Goethe, 190, 194.
Goislard, 184.
Gorsas Antoine-Joseph, 39.
Gossec, 79, 85.
Gouvion Saint-Cyr, 138.
Gracchus Caius, 77.
Gracques, 198.
Grasset François, 10, 23, 28.
Grégoire Abbé, 38, 39.
Grenus Jacques, 119, 125.
Grétry André-Modeste, 188, 195.
Grieu Marie-Claude de, 114.
Guélat François-Joseph, 135.
Guillaume V d'Orange, 8.
Guttenberg Charles, 194.

H

Haediner Johannes, 59.
Haller Albert de, 12, 21, 54, 199.
Haller Niklaus Rudolf, 55.
Hannibal, 203.
Hébert, 15, 144.
Hegi Franz, 152.
Helman, 105.
Helvetus, 43.
Helvetius, 205.
Henri IV, 184.
Henry J. Marc, 34.
Hercule, 31, 148, 198.
Hess Jacob, 194.
Hess David, 9.
Hess Ludwig, 178.
Hess-Wegmann Anna-Barbara, 178.
Heubach, 10.
Hignou, 101.
Hoffmann, 74, 90.
Huber J. R., 32.
Huber Rudolf, 157.
Huguenot François, 38.

I

Irminger Carl Friedrich, 179.
Iselin, 21.

J

Jannon Nicolas, 171.
Jaquet Jean, 131.
Jeandeau, 131.
Joly Jean-Charles, 61, 62, 65, 67, 68, 69.
Jordan Camille, 171.

K

Keller Reinhard, 153, 156.
Kennerley J., 173.
Kilchperger, 57.
Kunzle Johannes, 16, 54, 55, 59, 57, 58, 60.

L

Labadye Charles Toussaint, 144.
La Borde Jean-Benjamin de, 199.
Labrousse, 101.
Lacombe, 25, 28.
Ladré, 77.
La Fayette de, 62, 64, 67, 174.
La Harpe Amédée-Emmanuel-François de, 12, 17, 41, 43, 88, 91, 95.
La Harpe Frédéric-César de, 11, 17, 24, 35, 43, 45, 74, 80, 94, 190.
Laissue, 135.
Lambert, 21.
Langle marquis de, 199.
Lanteires Jean, 27, 28, 32.
Lardy Jacques-Antoine, 88, 94.
Laurent L., 36.
Lavater Johann Caspar, 21, 178, 190, 191, 194.
Le Barbier l'aîné, 36.
Lellissiev, 195.
Lemierre, 188, 194.

Lemierre Antoine-Marie, 187, 195.
Léopold II, 65.
L'Epine, 185.
Lessart de, 65, 68.
Lestous, 30.
Lestrange Augustin de, 169.
L'Hardy Henriette, 175.
Ligeriz Johann Heinrich von, 142.
Linguet, 34.
Locher Gottfried, 167.
Loménie de Brienne Etienne Charles de, 30, 184.
Lorimier, 192.
Louis XIV, 23.
Louis XV, 102.
Louis XVI, 12, 13, 14, 16, 20, 30, 34, 61, 65, 68, 72, 88, 104, 171, 172, 173, 175, 183, 184, 188.
Louis XVIII, 114, 171, 173.
Loys Etienne Charles de, 103.
Luckner, 67.
Luquiens (Luquins), 59, 91, 167.
Lycurgue, 198.

M

Mably, 205.
Maignon Pierre-Joseph, 169.
Maistre Joseph de, 171, 173.
Malapeau, 195.
Malarmey de Roussillon Camille de, 112, 176.
Mallet-Buttini, 63.
Mallet Du Pan Jacques, 27, 34.
Mandrot David-François, 68.
Mandrot Louis-Gamaliel, 61, 66, 69.
Manget, 94.
Manuel, 57.
Marat Jean-Paul, 8, 14, 15, 188, 198, 40.
Marie-Antoinette, 14, 172, 175.
Marie-Christine d'Autriche, 123.
Marie-Thérèse-Charlotte, 16.
Martin Jean-Rodolphe, 11, 12, 73, 74, 75, 90, 94.
Marval, 169.
Masquelier, 97.
Matthieu, 42.

Mechel Christian von, 23, 156, 192.
Megevand Laurent, 148.
Méhul Etienne, 77.
Melchtal Arnold de, 43, 194.
Melmoth W., 199.
Ménard général, 17.
Mercure, 181.
Mestre-de-Camp, 100.
Meunier, 184.
Mialle François, 60.
Midart Louis, 23.
Miéville Gabriel-Antoine, 94.
Milesi Joseph-Anton, 72.
Minerve, 31, 123.
Mirabeau, 64, 166.
Mixelle Jean-Marie, 101.
Monnet Charles, 105.
Monnin Etienne, 105.
Monod Henri, 43.
Montesquieu, 178.
Montesquiou général de, 152, 171.
Montmollin Georges de, 107, 108, 109, 110, 111, 112, 113, 114, 115, 175.
Montmollin Jean-Frédéric de, 107, 108, 111.
Montrichard Henri-Gabriel de, 169.
Montsabert Goislard de, 184.
Moreau général, 173.
Mounier, 29.
Mourer Jean, 11, 28, 36, 37, 190.
Muller de la Mothe Georges-Albert, 12, 88, 91, 95, 97.
Muller Jean de, 190.
Muralt Bernard de, 11, 42, 94.

N

Necker Jacques, 8, 11, 28, 30, 31, 61, 62, 63, 64, 67, 68, 163, 184.
Née, 169, 192.
Nehracher Heinrich, 15, 178, 179, 15.
Neustück Maximilian, 156.
Nicol, 138.
Niquet Cl., 183, 184, 185.

O

Ochs Pierre, 8, 17, 142.
Orléans duc d', 64, 184.

P

Palloy, 145.
Panckoucke, 34.
Paquier du, 110.
Pâris Pierre-Adrien, 192.
Paul 1er, 203.
Paul Usteri, 181.
Pelicier, 185.
Penserot Samuel, 68.
Perignon, 97, 169.
Perregaux Magdeleine de, 108, 110, 113.
Perrot fils, 173.
Pestalozzi Henri, 7, 8, 13, 178, 194.
Pétion de, 66, 67.
Peyrou Pierre-Alexandre Du, 113.
Pfenninger Johann Caspar, 179.
Pfenninger Mathias, 152.
Philantropus, 43.
Pichegru, 173.
Pilet Abram-David, 95.
Pochard Joseph, 171.
Poisson, 195.
Polier de Saint-Germain Antoine, 26, 29, 44.
Polier Henri, 43.

Portes Louis Comte des, 10, 24.
Pott Jules-Henri, 44.
Préau Beauvais de, 198.
Prieur Jean-Louis, 101, 102.
Prudhon Mariane, 28, 39 145.

R

Rabeau de St. Etienne, 29.
Raynal Guillaume-Thomas-François, 32, 192, 205.
Reber, 90.
Reinermann Heinrich Christian, 156.
Rengger Albrecht, 50, 55, 191.
Restout, 8.
Réveillon, 185.
Rey-Bellet Pierre-Maurice, 70, 71, 72.
Reymondin Jean-Samson-Louis, 94.
Rigaud John Francis, 34.
Rivaz Anne-Joseph de, 70.
Robert François, 199.
Robespierre, 14, 15, 68, 188.
Rochefort Ferdinand Rosset de, 12, 41, 88, 91, 95, 97.
Rochmondet, 152, 153.
Roggenbach Joseph-Sigismond de, 137, 142, 143.
Roncevaux Roland de, 80.
Roques Jean, 38.
Rossini, 188.
Rossire, 45.
Rougemont, 113.
Rouget de Lisle, 77.
Roullier François, 38.
Rousseau Jean-Jacques, 15, 21, 36, 51, 78, 119, 121, 123, 130, 131, 178, 186, 190, 199, 205.
Rousseau T., 85.
Roveray Du, 119.

S

Sablet François, 8, 198.
Saint-Fargeau Peletier de, 198.
Saint-Just, 188.
Saint-Ours Jean-Pierre, 8, 122, 123, 130, 131.
Saint-Roman de, 171.
Salis-Samade, 30, 108, 110, 111.
Salis-Samath, 30.
Saurin Marie-Anne-Jeanne, née Sandras, 111, 174, 175.
Saussure de, 21, 36.
Scevola, 130.
Schall Jean-Frédéric, 195.
Schauenburg Anaïs Balthasar Henri, 217, 218.
Schellenberg Johann Rudolf, 192.
Scheuchzer, 21.
Schiller, 188, 194.
Schiner Hildebrand, 71, 72.
Schmidlin Johannes, 191.
Schwartzlin Ignace, 137.
Secretan Jean-Gabriel, 88, 94.
Sedaine Michel-Jean, 188, 195.
Sergeans Jean-Henri, 146.
Servan Joseph-Michel-Antoine, 11, 32, 36.
Sieyès, 163.
Soret, 67.
Sriven Ed., 173.
Staël Madame de, 8, 163.
Starckman P., 39.
Staub André, 179.
Stauffacher Werner, 43.
Stauffach Henri-Alexandre, 170, 173.
Steiger N. F. de, 13, 57.
Stuber B., 218.
Studer C., 179.
Suard, 174.
Sudan Jean-Jacques, 38.
Suffren, 167.
Swebach-Desfontaines Jacques, 30.

T

Tarin, 28.
Tassullo Carlanton Pilati di, 199.
Tell Guillaume, 21, 32, 43, 77, 80, 81, 82, 86, 91, 102, 105, 130, 146, 148, 186, 187, 188, 189, 190, 191, 192, 193, 194, 195, 198, 199, 200, 218.
Tessé de, 163.
Thévet André, 195.
Thorwaldsen Bertel, 106.
Tissot Dr Auguste, 21, 36.
Trémauville Julie de, 108, 109, 110, 111, 112, 115, 175.
Trémauville Marie-Claude de, 107, 109, 111, 113, 114.
Trémauville Pierre-Bruno-Emmanuel d'Estièvre de, 109, 110, 111, 114.
Trey Charles de, 25.
Tribolet Charles-Godefroy de, 175.
Trippel Alexander, 8, 190, 191, 192.
Tronchin, 21, 66, 67.
Tscharner Daniel de, 12, 24.

U

Usteri Johann Martin, 9, 181.

V

Valdec Claude-Antoine de, 68.
Vallain Nanine, 123.
Vauban, 156.
Vaugondy Robert de, 23.
Vattel de, 21.
Veny, 183, 184, 185.
Verdat, 137.
Vergennes marquis de, 23.
Vernes, 130.
Viala Joseph Agricol, 198.
Vieusseux, 125.
Villeneuve, 105.
Vincent, 144.
Vincent François-André, 194.
Vincent Luc, 169.
Vischer Lukas, 167.
Vischer-Sarasin Peter, 106, 142, 156, 167.
Vitel Charles-Samuel, 173.
Voirol Henri-Joseph, 139.
Volmar Johann-Georg, 190, 193, 194.
Voltaire, 51, 131, 178, 205.

W

Walser Gabriel, 72.
Watteville Ch.-E. de, 80.
Weiss, 179.
Werro François-Romain de, 167.
Winkelried, 43.
Wodsworth Ann, 173.
Wyss David von, 57, 179.

Y

Yvernois d', 125.

Z

Zimmermann, 21.
Zurlauben Beat Fidel Anton von, 97, 169, 195, 199.

Glossaire

Nous reprenons pour l'essentiel les définitions comprises dans le glossaire, plus complet, de la traduction française de Rudolf Braun, *Le déclin de l'Ancien Régime en Suisse*, Lausanne/Paris, Editions d'en bas et éditions de la Maison des Sciences de l'homme, 1988, pp. 253-271.

Avoyer. *Schulthess, Bürgermeister.* Voir Bourgmestre.

Bailli. *Landvogt (Obervogt).* Officier d'un canton souverain représentant du pouvoir dans un pays sujet (bailliage du canton lui-même ou commun à plusieurs cantons). Ses compétences sont plus ou moins étendues selon les cantons et les anciens droits seigneuriaux ou communaux, quasi absolues dans les pays sujets de cantons patriciens (Berne par exemple). Il est élu par le Petit ou le Grand Conseil pour une période déterminée. A Zurich, deux Grands baillis *(Obervögte)* administrent les bailliages intérieurs du canton. A Genève, cité-état sans territoires importants, la ville exerce ses droits sur les territoires sujets par des *châtelains*.

Bailliage. *Landvogtei.* Pays sujet d'un ou de plusieurs cantons administré par un bailli. A Zurich, les pays sujets dépendant du seul canton sont appelés *bailliages intérieurs*.

Bailliage commun. *Gemeine Landvogtei.* Pays sujet administré par deux ou plusieurs cantons souverains de la Confédération. Chaque canton désigne à tour de rôle le bailli, généralement pour une période de deux ans. Les bailliages communs sont pour la plupart issus de conquêtes communes des Confédérés.

Bourgmestre. *Schulthess, Bürgermeister.* Premier magistrat d'une ville souveraine, il préside (parfois à tour de rôle) le Petit et le Grand Conseil. Il porte le titre d'*avoyer* dans les cantons patriciens (Berne, Fribourg, Soleure), de *bourgmestre* dans les cantons de Zurich et Bâle, de *Premier Syndic* à Genève. Dans les cantons à *Landsgemeinde*, cette charge correspond à celle du *landamann*.

Canton. *Ort.* Sous l'Ancien Régime, nom des Etats souverains membres de plein droit de la Confédération. On distingue d'abord la Confédération des VIII cantons achevée en 1353 : Uri, Schwytz, Unterwald (Obwald et Nidwald), soit les Waltstaetten, et Lucerne, Zurich, Zoug, Glaris et Berne. Depuis 1513 et jusqu'à la fin de l'Ancien Régime, la Confédération comprend XIII cantons, soit, dans leur ordre de préséance : Zurich, Berne, Lucerne, Uri, Schwytz, Unterwald, Zoug, Glaris, Bâle, Fribourg, Soleure, Schaffhouse et Appenzell.

Canton directeur. *Vorort.* Titre que porte le canton qui préside la Diète et gère les affaires de la Confédération. Il s'agissait à l'origine alternativement de Zurich, Berne et Lucerne ; du XVIe au XVIIIe siècle c'est toujours Zurich.

Charte (ou **convenant**). Accord scellé par un document écrit, sur des questions collectives fondamentales, entre les cantons de l'Ancienne Confédération (Charte des prêtres de 1370, Convenant de Stans, etc.).

Grand Conseil. *Grossrat.* Dans les cantons villes, organe large (le *Deux-Cents* à Berne ou à Genève) composé du Petit Conseil et d'autres conseillers, élus ou cooptés selon des procédures diverses, et qui traite et décide en principe de toutes les questions de l'Etat. Le Grand Conseil détient en général le droit d'octroyer la bourgeoisie, de nommer les ambassadeurs, de décider de la guerre et la paix. Il remplace l'assemblée communale (Conseil général) de tous les bourgeois comme autorité souveraine. Au cours de l'Ancien Régime, son rôle réel diminue au profit du Petit Conseil, qui l'emporte définitivement au XVIIIe siècle. Dans certaines villes, les corporations jouent un rôle plus ou moins décisif au Grand Conseil.

Petit Conseil. *Kleinrat.* Conseil restreint d'une ville souveraine, en général plus ancien que le grand Conseil dont il est membre de droit, qui dirige les affaires de l'Etat et de l'administration. Le Petit Conseil compte environ 25 membres.

Conseil secret. *Geheime Rat.* A Zurich, Berne et Fribourg, Conseil restreint du Petit Conseil appelé aussi *Chambre secrète* à Berne, noyau du pouvoir réel. Il est composé à Zurich des deux bourgmestres, de quatre lieutenants, des deux trésoriers et de neuf autres conseillers, à Berne des deux avoyers, du trésorier alémanique, des quatre bannerets et des deux *secrets*.

Diète. *Tagsatzung.* Assemblée des représentants des cantons confédérés. Avec le temps, Zurich devint *canton directeur* et Baden, ainsi que Frauenfeld, dès 1715, lieu de réunion permanent. Certains alliés avaient un siège et le droit de vote à la Diète. Les délégués votaient selon les instructions de leur gouvernement.

Dîme. *Zehnt.* Prélèvement régulier d'une fraction (jusqu'à 10 % ; le plus souvent 1/11) de tout ou partie de la production agricole, opéré par l'Eglise sur les laïcs et destiné à l'entretien des prêtres diocésains. Depuis le VIIIe siècle, des couvents sont en possession de dîmes, puis des laïcs, fondateurs et patrons d'églises. La dîme constitue la principale source de revenus de l'Eglise au Moyen Age et sous l'Ancien Régime. Une des particularités de la Suisse est que les dîmes ont été accaparées par les Etats cantonaux.

Doléance. *Begehren.* Terme ancien désignant les plaintes, réclamations ou représentations des bourgeois et sujets envers les autorités.

Fabrique. *Fabrik.* Au XVIIIe siècle à Genève, la Fabrique désigne l'ensemble des activités de proto-industrie, l'horlogerie en particulier.

Franchises. *Freiheiten.* Droits (privilèges, immunités, etc.) limitant l'autorité souveraine au profit d'une ville, d'un corps ou d'un individu, en général attestés par des lettres ou des chartes.

LL. EE. Leurs Excellences : formule par laquelle on désigne le souverain, à savoir les membres du Grand Conseil. Dans le Pays de Vaud LL. EE. signifie Leurs Excellences de Berne.

Mainmorte. *Todfall.* Charge pesant sur la succession de diverses catégories de dépendants seigneuriaux, en premier lieu des serfs. Dans certaines régions, lorsqu'un mainmortable décédait sans enfants ou proches parents vivant en communauté avec lui, tous ses biens retournaient à son seigneur. Ailleurs, celui-ci percevait un droit sur les biens des dépendants décédés, même s'ils laissaient une descendance directe.

Marchand-banquier. *Marchand-Bankier.* Marchand qui tend à quitter la gestion directe de son commerce pour se spécialiser dans les activités bancaires (transport de numéraire, prêts aux gouvernements, mises de fonds dans le commerce international ou des manufactures). Ancêtre du banquier moderne. Genève et Bâle sont au XVIIIe siècle des centres internationaux de la banque naissante.

Marchand-entrepreneur. *Verlegerkaufmann.* Marchand qui développe son commerce en investissant dans l'industrie à domicile : avance des matières premières, de l'outillage parfois, et commercialisation des produits. Il peut avoir plusieurs entrepreneurs intermédiaires (*Fergger* en suisse allemand) sous sa dépendance.

Ordonnance. *Verordnung, Mandat.* Sous l'Ancien Régime, qui ne connaît que l'embryon d'une législation moderne, les *édits* et les *ordonnances* sont les textes de portée législative émanant de l'autorité souveraine. On dit aussi mandat souverain.

Patriciat. *Patriziat.* Classe dirigeante dans les villes de la Confédération qui, à l'origine, ne se distinguait pas de façon nette des autres bourgeois. Devenue classe fermée depuis le XVIe siècle, elle assure le gouvernement de certaines villes qu'elle exerce de façon exclusive.

Patriote. *Patriot.* Au XVIIIe siècle, promoteur d'une identité nationale commune des cantons souverains qui forment la Confédération, fondée sur l'histoire et ses héros.

Pays allié. *Zugewandte Ort.* Etat associé par alliance à tous les cantons ou à une partie d'entre eux. En général, les alliés jouissaient de la protection de ces derniers et leur devaient assistance militaire. Parmi les alliés, on peut citer le Valais, Genève, Bienne, les Trois Ligues grisonnes, Saint-Gall, etc. Les alliés n'avaient aucune part aux bailliages communs et ne disposaient que de droits limités à la Diète, où ils n'étaient que peu ou même pas du tout représentés. Certains alliés parvinrent à accéder au rang de cantons à part entière.

Révolution helvétique. *Helvetische Revolution.* Renversement de l'Ancien Régime lors de l'entrée des troupes du Directoire dans la Confédération (1798). Une nouvelle constitution est proclamée sous l'égide du gouvernement français. Elle abolit les sujets et les territoires sujets, centralise l'Etat en une seule *République helvétique* « une et indivisible » dont les cantons sont des unités administratives (avec un découpage des anciens bailliages bernois ou communs et un seul canton pour les Waldstaetten et Zoug), sépare les pouvoirs exécutif, législatif et judiciaire, unifie poids, mesures, monnaie, armée et législation, sépare l'Eglise de l'Etat. Très vite remise en cause et modifiée (1802, puis *Médiation* de 1803), elle marque néanmoins une rupture fondamentale : les vestiges les plus caractéristiques de l'Ancien Régime (statut de sujet, redevances foncières, régime corporatif restreignant la liberté du commerce et de l'industrie par exemple) ne seront jamais rétablis, même sous la Restauration (1815).

Service étranger. *Sold- und Pensionswesen.* Les mercenaires se recrutent par des licences d'enrôlement établies entre les autorités fédérales et cantonales et les princes, rois ou évêques d'états étrangers. Ils forment des unités militaires soumises aux juridictions cantonales. Leurs officiers bénéficient de *pensions* et de droits particuliers (de résidence et commerciaux notamment) dans les Etats qu'ils servent. Au XVIIIe siècle les régiments suisses, dont la moitié était au service du roi de France, restaient un moyen de gagner de l'argent pour certaines familles dirigeantes qui recevaient des pensions et dont les fils passaient une partie de leur jeunesse comme officier au service étranger.

Société helvétique. *Helvetische Gesellschaft.* Association de *patriotes* fondée en 1762 pour promouvoir des réformes économiques et politiques et stimuler un esprit national dans l'Ancienne Confédération. Dite aussi *Société de Schinznach*.

Choix bibliographique

(Seuls les ouvrages de référence consultés pour ce livre, à l'exclusion des sources, ont été cités ici.)

ABBET Alexis, « Les prêtres français à St-Maurice en Valais pendant la Grande Révolution », *Revue de la Suisse catholique*, vol. 25, 1894.

AGULHON Maurice, *Marianne au combat. L'imagerie et la symbolique républicaines de 1789 à 1880*, Paris, 1979.

AMWEG Gustave, *Histoire populaire du Jura bernois (Ancien Evêché de Bâle)*, Porrentruy, 1974.

ANDREY Georges, *Les émigrés français dans le canton de Fribourg (1789-1815). Effectifs - Activités - Portraits*, Neuchâtel, 1972.

ANDREY Georges, MICHAUD Marius, « L'Ancien Régime contesté, ébranlé et renversé », *Histoire du canton de Fribourg*, t. 2, chapitre XX, Fribourg, 1981, pp. 729-757.

L'Art de l'estampe et la Révolution française. Cat. d'expo., Paris, Musée Carnavalet, 1977.

BAECQUE Antoine de, *La caricature révolutionnaire*, Paris, 1988.

BANDELIER André, « La période française. Un morceau de la Grande Nation », *Nouvelle histoire du Jura*, Porrentruy, 1984, pp. 180-209.

BARBIER Jean-Nicolas, *Au moulin de Courfaivre pendant la Révolution française.* Journal manuscrit édité et commenté par Marcellin BABEY, Moutier, 1981.

Benjamin Constant (1767-1830) et Lausanne. Cat. d'expo., Lausanne, Musée historique de l'Ancien-Evêché, 1980.

BERGIER Jean-François, *Essai sur les émigrés en Suisse et la Révolution française.* Mémoire de licence, Université de Lausanne, 1954.

— *Guillaume Tell*, Paris, 1988.

BERTHOUD Dorette, « L'émigration française dans le Pays de Neuchâtel », *Musée neuchâtelois*, 1959, pp. 141-160 et 161-183.

BIVER Marie-Louise, *Fêtes révolutionnaires à Paris*, Paris, 1979.

BLASER Fritz, *Bibliographie der Schweizer Presse*, Quellen zur Schweizer Geschichte, Bd. VII/1, p. 429, Bd. VII/2, p. 723, Basel, 1956-1958.

BONARD Arnold, *La presse vaudoise : esquisse historique*, Lucerne, 1925.

BORDES Philippe, *Le " Serment du Jeu de Paume " de Jacques-Louis David. Le peintre, son milieu et son temps de 1789 à 1792*, Paris, 1983.

BOY DE LA TOUR Maurice, *La gravure neuchâteloise*, Neuchâtel, 1928.

BRAUN Rudolf, *Le déclin de l'Ancien Régime en Suisse. Un tableau de l'histoire économique et sociale au XVIIIe siècle*, Lausanne-Paris, 1988.

BRUN Carl, *Schweizerisches Künstler-Lexikon*, 4 vol., Frauenfeld, 1905-1917 (Kraus Reprint 1982).

BÜCHI Hermann, *Vorgeschichte der helvetischen Revolution*, 2 vol., Solothurn, 1925-1927.

BURCKHARDT-WERTHEMANN Daniel, *Die politische Karikatur des alten Basel*, Basler Kunstverein, Berichterstattung über das Jahr 1903.

BURDET Jacques, *La musique dans le Pays de Vaud sous le régime bernois (1536-1798)*, Bibliothèque historique vaudoise XXXIV, Lausanne, 1963.

BURNET Edouard-Louis, « Une lettre-circulaire du Club Helvétique de Paris aux villes vaudoises, Février 1791 », *RHV*, 1911, pp. 9-16.

BUTTICAZ Emile, « Les pasteurs de la Classe de Lausanne et le pasteur Martin, de Mézières », *RHV*, 1902, pp. 361-368.

CANDAUX Jean-Daniel, « Louis Fauche-Borel imprimeur de la contre-révolution », *Aspects du livre neuchâtelois*, Neuchâtel, 1986, pp. 337-432.

— « Les gazettes helvétiques », dans Marianne COUPERUS, *L'étude des périodiques anciens*, Colloque d'Utrecht, Paris, 1973, pp. 154-161.

CAPITANI François de, « Vie et Mort de l'Ancien Régime (1648-1815) », *Nouvelle Histoire de la Suisse et des Suisses*, Lausanne, 1986, pp. 423-496 (deuxième édition).

La Carmagnole des Muses. L'homme de lettres et l'artiste dans la Révolution, Paris, 1988.

CART Jean, « Le Club helvétique à Paris », *RHV*, 1909, pp. 272-280 et 289-306.

— « Jean-Jacques Cart et les partisans des Bernois en 1790 », *RHV*, 1899, pp. 246-253.

CAVIN Jean-Paul, « L'émigration française dans le Pays de Vaud au début de la Révolution (1789-1793), d'après les Actes et les Manuaux du Conseil secret de Berne », *RHV*, 1972, pp. 49-101.

150 ans d'histoire vaudoise, Bibliothèque historique vaudoise XIV, Lausanne, 1953.

CHAPUISAT Edouard, *De la Terreur à l'annexion. Genève et la République française 1793-1798*, Genève-Paris, 1912.

Chronik der Schweiz (Christian SCHÜTT et Bernard POLLMANN), Dortmund-Zürich, 1987.

CHUARD Corinne, *Payerne et la Révolution vaudoise de 1798*, Bibliothèque historique vaudoise LXXXVI, Lausanne, 1987.

CORDONIER Alain, « Bibliographie des imprimés valaisans des origines jusqu'à la fin de l'Ancien Régime (1644-1798), suivi de Notices des imprimeurs », *Vallesia* XXXIX, 1984.

CUSTER Annemarie, *Die Zürcher Untertanen und die französische Revolution*, Zürich, 1942.

DARNTON Robert, *The Literary Underground of the Old Regime*, Cambridge-London, 1982.

DELHORBE Cécile-René, « Quelques tenants du régime bernois du Pays de Vaud avant 1798 », *RHV*, 1974, pp. 77-107.

— « Retouches à la biographie d'Amédée Laharpe », *RHV*, 1959, pp. 24-37, 1964, pp. 105-156.

DEVANTHEY Pierre, « Dossier du procès relatif à la conjuration dite " des Crochets ", à Monthey, 1791 », *Vallesia* XXV, 1970.

— *La Révolution bas-valaisanne de 1790*, Martigny, 1972.

DIACON Max, « L'enterrement de la royauté à Morteau en 1792 », *Musée neuchâtelois*, 1895, pp. 33-43 et 83-89.

Dictionnaire historique et biographique de la Suisse, 7 vol. et 1 vol. de supplément, Neuchâtel, 1921-1934.

DIERAUER Johannès, *Histoire de la Confédération Suisse*, vol. IV, Lausanne-Genève, 1929 (seconde édition, revue sur la seconde édition allemande).

« Documents inédits sur la Révolution vaudoise de 1798 », *RHV*, 1948, pp. 3-120.

DONNET André, *La Révolution valaisanne de 1798*, Martigny, 1984.

Encyclopédie illustrée du Pays de Vaud, vol. 4 (*L'Histoire vaudoise*), Lausanne, 1973.

FELDMANN Josef, *Propaganda und Diplomatie. Eine Studie über die Beziehungen Frankreichs zu den eidgenössischen Orten vom Beginn der Französischen Revolution bis zum Sturz der Girondisten*, Zürich, 1957.

FELLER Richard, *Geschichte Berns*, t. IV (*Der Untergang des alten Bern, 1789 bis 1798*), Bern-Frankfurt am Main, 1974 (édition augmentée).

Les Fêtes de la Révolution, colloque de Clermont-Ferrand (juin 1974). Actes recueillis et présentés par Jean EHRARD et Paul VIALLANEIX, Paris, 1977.

GATTLEN Anton, *L'estampe topographique du Valais, 1548-1850*, Martigny-Brig, 1987.

GAUTHEROT Gustave, *Les relations franco-helvétiques de 1789 à 1792*, Paris, 1908.

— *La Révolution française dans l'ancien évêché de Bâle*. T. 1 : *La République rauracienne*. T. 2 : *Le département du Mont-Terrible 1793-1800*, Paris, 1907.

GFELLER Martine, *Les brochures politiques dans le Pays de Vaud, 1789-1791*. Mémoire de licence, Université de Lausanne, 1984.

GIRARDIN Fernand de, *Iconographie de Jean-Jacques Rousseau. Portraits, scènes, habitations, souvenirs*, Paris, 1908.

GOBAT Albert, *Histoire de la Suisse racontée au peuple*, Neuchâtel, 1899.

GODECHOT Jacques, *La contre-révolution. Doctrine et action (1789-1804)*, Paris, 1984 (seconde édition, revue et augmentée).

— *La Grande nation. L'expansion révolutionnaire de la France dans le monde de 1789 à 1799*, 2 vol., Paris, 1956.

Le Groupe de Coppet et la Révolution française. Actes du quatrième colloque de Coppet (20-23 juillet 1988), Lausanne-Paris, 1988.

GUERDAN René, *Histoire de Genève*, Paris, 1981.

HERDT Anne de, *Rousseau illustré par Saint-Ours*, Genève, 1978.

Histoire de Genève, pub. sous la direction de Paul GUICHONNET, Lausanne-Toulouse, 1974.

HUNZIKER Otto (éd.), *Zeitgenössische Darstellung der Unruhen in der Landschaft Zürich 1794-1798*, Quellen zur Schweizer Geschichte, Bd. XVII, Basel, 1897.

IM HOF Ulrich, CAPITANI François de, *Die Helvetische Gesellschaft*. T. 1 : *Die Entstehung einer politischen Oeffentlichkeit in der Schweiz*. T. 2 : *Die Gesellschaft im Wandel*, Frauenfeld-Stuttgart, 1983.

IM HOF Ulrich, *Die Schweiz. Illustrierte Geschichte der Eidgenossenschaft*, Stuttgart-Berlin-Köln-Mainz, 1984.

JEQUIER Marie-Claude, « F.-C. Laharpe, B. Constant et Mme de Staël face à la Suisse », *RHV*, 1978, pp. 39-56.

— « La Révolution », *Histoire de Lausanne*, sous la dir. de Jean-Charles BIAUDET, Lausanne-Toulouse, 1982, pp. 231-258.

JORIO Marco, *Der Untergang des Fürstbistums Basel (1792-1815)*, Freiburg, 1982.

JUNOD Louis, « Un cahier de doléances vaudois en 1789 », *RHV*, 1948, pp. 3-25.

— « Un cas de propagande révolutionnaire en 1794 », *RHV*, 1946, pp. 113-129.

— « Considérations sur la Révolution vaudoise de 1798 », *Cent-cinquantième anniversaire de l'Indépendance vaudoise-24 janvier 1948*, Lausanne, 1948, pp. 5-22.

— « Une évasion de prisonniers d'Etat au château d'Aarbourg en 1792 », *RHV*, 1952, pp. 1-27.

— « La lettre de Gibbon sur le gouvernement de Berne », *Miscellanea Gibboniana*, Lausanne, 1952, pp. 109-141.

— « La loge des " Amis Unis " de Morges et les événements révolutionnaires de 1791 au Pays de Vaud », *RHV*, 1949, pp. 161-176.

— « L'opinion publique vaudoise lors de l'affaire Martin, en 1791 », *Histoire et Sociologie : études et travaux offerts par l'Association internationale Vilfredo Pareto à Monsieur Jean-Charles Biaudet [...]*, Genève, 1970, pp. 25-44.

KUEPFER Emile, « L'affaire du " Grand Chemin " à Morges, de 1782 à 1792 », *Mélanges d'histoire et de littérature offerts à Monsieur Charles Gilliard [...]*, Lausanne, 1944, pp. 459-466.

LABHARDT Ricco, *Wilhelm Tell als Patriot und Revolutionär 1700-1800. Wandlungen der Tell-Tradition im Zeitalter des Absolutismus und der französischen Revolution*, Basel, 1947.

LA HARPE Frédéric-César de, *Correspondance de Frédéric-César de La Harpe sous la République helvétique*, publ. par

Jean-Charles BIAUDET et Marie-Claude JEQUIER. T. 1 : *Le révolutionnaire : 16 mai 1796-4 mars 1798*, Neuchâtel, 1982.

LANGLOIS Claude, *La caricature contre-révolutionnaire*, Paris, 1988.

LONGCHAMP F.-C., *L'Estampe et le Livre à Gravures. Guide de l'amateur*, Lausanne, 1920.

Madame de Charrière à Colombier, Neuchâtel, 1979.

MAILLEFER Paul, *Histoire du Canton de Vaud dès les origines*, Lausanne, 1903.

— « Le massacre du 10 août », *RHV*, 1894, pp. 236-245.

— *Le Pays de Vaud de 1789 à 1791*, Lausanne, 1892.

— « La presse vaudoise », *RHV*, 1902, pp. 213-219.

MATZINGER-PFISTER Regula, « Quelques remarques sur les mandats bernois pour le Pays de Vaud, 1536-1798 », *Mémoires de la Société pour l'histoire du droit*, 1985, pp. 67-82.

MÉAUTIS Ariane, *Le Club helvétique de Paris (1790-1791) et la diffusion des idées révolutionnaires en Suisse*, Neuchâtel, 1969.

— « Les idées politiques de Frédéric-César de La Harpe », *Revue suisse d'histoire*, 1968, pp. 246-278.

MEIER Eugen A., *Aus dem alten Basel. Ein Bildband [...]*, Basel, 1970.

MICHAUD Marius, *La contre-révolution dans le canton de Fribourg (1789-1815). Doctrine, propagande et action*, Fribourg, 1978.

MOGEON Louis, « La lettre de Philantropus du 28 janvier 1790 », *RHV*, 1928, pp. 161-173 et 205-211.

— « Les lettres d'Helvetus », *RHV*, 1931, pp. 21-45.

MOLIN A. de, « Les mémoires de Muller de la Mothe », *RHV*, 1905, pp. 97-104 et 129-138.

MONGLOND André, *La France révolutionnaire et impériale. Annales de bibliographie méthodique et description des livres illustrés*, 11 vol., Grenoble-Genève, 1930-1963.

MONTET Albert de, *Dictionnaire biographique des Genevois et des Vaudois [...]*, 2 vol., Lausanne, 1877-1878.

— « Les troupes suisses au service de France depuis les derniers temps de l'ancienne monarchie jusqu'à aujourd'hui », *RHV*, 1893, pp. 256-273 et 289-305.

MOREL Lydie, « Le contrecoup de la Révolution française dans le canton de Neuchâtel », *Musée neuchâtelois*, 1921, pp. 81-88 et 137-145, 1922, pp. 23-31 et 68-79.

— « Les sociétés patriotiques de 1793 », *Musée neuchâtelois*, 1920, pp. 11-28.

MORNET Daniel, *Les origines intellectuelles de la Révolution française*, Paris, 1933.

MOTTAZ Eugène, « Berne et la France en 1790 », *RHV*, 1925, pp. 17-21.

— *Dictionnaire historique, géographique et statistique du canton de Vaud*, 2 vol., Lausanne, 1914-1921.

— « Les idées politiques de Frédéric-César de La Harpe au sujet d'une transformation du canton de Berne en 1790 », *RHV*, 1938, pp. 175-186 et 193-212.

— « Une lettre du pasteur Martin de Mézières », *RHV*, 1901, pp. 218-221.

— « Un prisonnier d'Etat sous le régime bernois, Muller de la Mothe », *RHV*, 1897, pp. 1-15, 33-48, 65-78, 97-108, 129-137, 161-170, 193-203.

— « Rabaud Saint-Etienne et le gouvernement bernois », *RHV*, 1897, pp. 250-251.

— « Le témoignage d'un patricien », *RHV*, 1925, pp. 204-216.

MULLER Jean de, MONNARD Charles et VULLIEMIN Louis, *Histoire de la Confédération suisse*, t. XV, Lausanne-Paris, 1846.

OLIVIER Juste, *Le Canton de Vaud, sa vie et son histoire*. Nouvelle édition précédée d'une lettre de F.-C. Ramuz, t. II, Lausanne, 1938.

— « La Révolution helvétique », *Etudes d'histoire nationale*, Lausanne, 1842.

OZOUF Mona, *La fête révolutionnaire 1789-1799*, Paris, 1976.

PAPILLOUD Jean-Henri, « De l'Ancien Régime à la modernité. La société sédunoise de 1788 à 1839 », *Sion - La part du feu*. Cat. d'expo., Sion, Musée cantonal des beaux-arts, Eglise des Jésuites, Grenette, 1988.

PERREGAUX Charles, « Laurent Megevand et l'émigration de l'horlogerie neuchâteloise à Besançon, en 1793 », *Musée neuchâtelois*, 1914, pp. 30-47 et 69-84.

PIERRE Constant, *Les hymnes et chansons de la Révolution*, Paris, 1904.

— *Musique des Fêtes et Cérémonies de la Révolution française. Œuvres de Gossec, Cherubini [...]*, Paris, 1899.

PUPIL François, « Le dévouement du chevalier Desilles et l'affaire de Nancy en 1790 : essai de catalogue iconographique », *Le Pays lorrain*, 1976, pp. 73-110.

RAEMY Tobie de, *L'émigration française dans le canton de Fribourg 1789-1798*, Fribourg, 1935.

Rapport présenté au Conseil communal de Lausanne par M. Louis Monnet au sujet [...] de l'érection au carrefour des Jordils d'un monument commémoratif du banquet du 14 juillet 1791, Lausanne, 1897.

Recueil de généalogies vaudoises, pub. par la Société vaudoise de généalogie, 3 tomes, Lausanne, 1912-1950.

RENOUVIER Jules, *Histoire de l'art pendant la Révolution, considérée principalement dans les estampes*, Paris, 1863.

RESZLER André, *Mythes et identité de la Suisse*, Genève, 1986.

La Révolution française. Catalogue d'exposition réalisé par Martine GARRIGUES, Paris, Archives Nationales, 1982.

La Révolution française - Le Premier Empire. Dessins du Musée Carnavalet. Cat. d'expo., Paris, Musée Carnavalet, 1982.

REYMONDIN Béatrice, « Jean-Samson-Louis Reymondin », *RHV*, 1930, pp. 90-106.

RIVOIRE Emile, « Bibliographie historique de Genève au XVIIIe siècle », *Mémoires et documents publiés par la Société d'histoire et d'archéologie de Genève*, deuxième série, tomes 6 et 7, Genève, 1897.

ROD Edouard, *La Fête des vignerons à Vevey : histoire d'une fête populaire*, Lausanne-Vevey, 1905.

RUFER Alfred, *La Suisse et la Révolution française*, Paris, 1974.

« Schweizische Kriegslieder von 1792-1798 », *Berner Taschenbuch*, 1886, pp. 174 sq.

SECRETAN Edouard, *Le général Amédée de La Harpe*, Lausanne-Paris, 1898.

SECRETAN René, « Au Pays de Vaud de 1791 à 1793. Extraits du journal de Philippe Secretan », *RHV*, 1947, pp. 1-15.
SPAHR Silvio, *Studien zum Erwachen helvetisch-eidgenössischen Empfindens im Waadtland*, Zürich, 1963.
SPEICH Daniel, *Une société de lecture à la fin du XVIIIe et au début du XIXe siècle : la " Allgemeine Lesegesellschaft " de Bâle, 1787-1832. Etude de sociologie littéraire et de littérature comparée*, Bâle, 1975.
SPIESS Emil, *Das Werden des Bundesstaates und seine Entwicklung im modernen Europa, Illustrierte Geschichte der Schweiz*, t. 3, Einsiedeln-Köln-Olten, 1971.
STAROBINSKI Jean, *1789. Les emblèmes de la raison*, Paris, 1979.
STUNZI Lilly (éd.), *Quel Tell ?*, Lausanne, 1973 (textes sur le mythe de Tell par J.R. de SALIS, R. LABHARDT, A. BERCHTOLD, etc.).

SURATTEAU Jean-René, *Le département du Mont-Terrible sous le régime du Directoire, 1795-1800*, Paris, 1964.
THIEME Ulrich, BECKER Felix, *Allgemeines Lexicon der Bildenden Künstler : von der Antike bis zur Gegenwart*, 37 vol., Leipzig, 1907-1950.
TOURNEUX Maurice, *Bibliographie de l'histoire de Paris pendant la Révolution française*, 4 vol. et 1 vol. de supplément, Paris, 1890-1908.
VERDEIL Auguste, *Histoire du canton de Vaud*, t. III, Lausanne, 1852.
VISSIÈRE Isabelle, *Isabelle de Charrière. Une aristocrate révolutionnaire. Ecrits 1788-1794*, Paris, 1988.
VOVELLE Michel, *La Révolution française : images et récits, 1789-1799*, 5 vol., Paris, 1986.
WARTBURG Wolfgang von, « Zürich und die französische Revolution », *Basler Beiträge zur Geschichtswissenschaft*, Bd. 60, Basel - Stuttgart, 1956.

Crédits photographiques

Bulloz, Paris : *p. 10, p. 15*, n° 84
Burgerbibliothek Bern : *p. 10, p. 14*, n° 59
Musée national suisse, Zurich : *p. 11*, n°s 7, 112, 122, 127, 138a, 147, 148, 164, 187, 189, 224.
Myriam Vioget, Lausanne : *p. 13*, n°s 45, 55, 56, 58, 61, 66, 80, 103, 106, 158, 237, 238, 240, 259
Zentralbibliothek Zürich : *p. 14, p. 16, p. 161, p. 168*, n°s 197, 198, 219
Musée de Porrentruy : *p. 14*, n°s 163, 170, 171
Musée d'art et d'histoire, Fribourg : n°s 2, 3
Säuberlin & Pfeiffer S.A., Éditeurs, Vevey : n° 5
Pierre Bohrer, Le Locle : n°s 8, 125, 180, 230, 232
Universitäts-Bibliothek Basel : n° 9
François Martin, Genève : n°s 14, 142, 146, 149, 159, 217
Bibliothèque nationale suisse, Berne : n°s 19, 86, 92, 133, 144, 223, 257
Foto Frutig, Berne : n°s 26, 35, 52, 53, 54, 62, 65
Gerhard Howald, Kirchlindach : n° 60
Ville d'Yverdon-les-Bains : n° 70
Claude Bornand, Lausanne : n°s 78, 101, 111, 251
Bibliothèque nationale, Paris : n° 91

Bernard Delessert, Lausanne : n° 110
Eric Ed. Guignard, Vevey : n°s 118, 119, 188
Gilbert Mangin, Nancy : n° 124
Musée des Suisses à l'étranger, Pregny-Chambésy : n° 130
Oeffentliche Kunstsammlung Basel : n°s 138, 162
Archives et Estampes historiques, Neuchâtel : n°s 140, 141
Musée d'art et d'histoire, Genève : n° 143
Staatsarchiv des Kantons Basel-Stadt : n°s 161, 191, 192, 200, 201
Musée jurassien, Delémont : n°s 165, 168, 177
Atelier P. Eismann, Neuchâtel : n° 181
Maurice Babey, Bâle : n° 199
Musées de la Ville de Paris, © by SPADEM 1987 : n° 258
S. Rebsamen, Bernisches Historisches Museum Bern : n° 270

Couverture, *p. 1* : Musée national suisse, Zurich
Couverture, *p. 4* : Claude Bornand, Lausanne

Gardes 1 et 2 : Bernard Delessert, Lausanne

Liste des prêteurs

Bâle
Historisches Museum Basel ;
Oeffentliche Kunstsammlung Basel, Kupferstichkabinett ;
Staatsarchiv Basel, Bildersammlung + Signatur.

Berne
Archives de l'Etat de Berne ;
Bernisches Historisches Museum ;
Bibliothèque nationale suisse ;
Burgerbibliothek Bern ;
Fondation Gottfried Keller ;
Stadt-u. Universitätsbibliothek Bern.

Burglen UR
Tellmuseum

Bulle
Musée gruérien

Cully
Commune de Cully

Delémont
Archives de la Ville ;
Collège de Delémont ;
Musée jurassien d'art et d'histoire.

Fribourg
Musée d'art et d'histoire

Genève
Bibliothèque musicale, Maison des Arts du Grutli ;
Bibliothèque publique et universitaire ;
Musée d'art et d'histoire.

Gossau SG
Genossenschaft Oberberg Gossau

Lausanne
Bibliothèque cantonale et universitaire ;
Musée cantonal d'archéologie et d'histoire ;
Musée de l'Elysée ;
Musée historique, Ancien-Evêché, collections de l'Association du Vieux-Lausanne ;
24 heures Presse s.a.

Le Locle
Musée d'Histoire

Nancy
Musée historique lorrain

Neuchâtel
Archives de l'Etat de Neuchâtel ;
Archives et Estampes historiques ;
Bibliothèque publique de la Ville.

Paris
Musée Carnavalet

Porrentruy
Bibliothèque cantonale jurassienne ;
Musée de Porrentruy.

Pregny-Chambésy
Musée des Suisses à l'étranger, château de Penthes

Saint-Maurice
Association du Vieux-Saint-Maurice ;
Musée militaire cantonal.

Sainte-Croix
Musée des arts et des sciences

Sion
Archives cantonales ;
Bibliothèque cantonale du Valais ;
Musée cantonal des beaux-arts.

Vevey
Säuberlin & Pfeiffer SA, Editeurs ;
Musée de la Confrérie des Vignerons ;
Musée historique du Vieux-Vevey.

Yverdon-les-Bains
Ville d'Yverdon-les-Bains

Zurich
Kunsthaus Zürich, Graphische Sammlung ;
Musée national suisse ;
Zentralbibliothek Zürich, Graphische Sammlung.

Prêteurs privés
Monsieur Jean-Daniel Candaux
Monsieur François de Capitani
Madame Jacqueline de Gottrau
Monsieur G.-S. Métraux
Monsieur Philippe de Montrichard
Madame Anne-Marie Petch-Bergier
Monsieur Jean-Jacques Wuhrmann

Nous remercions également les institutions suivantes de leur aimable collaboration :
Aarau : Aargauische Kantonsbibliothek.
Bâle : Sammlung alter Musikinstrumente ; Universitätsbibliothek Basel
Berne : Kunstmuseum
Chavannes : Archives cantonales vaudoises.
Genève : Archives d'Etat ; Musée de l'Horlogerie et de l'Emaillerie ; Musée d'instruments anciens de musique.
La Chaux-de-Fonds : Musée d'Histoire et Médailler.
Lausanne : Archives de la Ville.
Liège : Musée Grétry
Môtiers : Musée Jean-Jacques Rousseau.
Paris : Bibliothèque de l'Arsenal ; Bibliothèque nationale
Porrentruy : Archives de l'Ancien Evêché de Bâle.
Saint-Gall : Historisches Museum ; Kantonsbibliothek (Vadiana).
Stäfa : Ortsmuseum zur Farb.
Strasbourg : Musée des Beaux-arts.
Toulouse : Musée des Augustins.

Remerciements

Nous tenons à remercier les nombreuses personnes qui nous ont soutenus dans notre recherche et nous ont apporté leur aide durant la préparation de l'exposition.

En premier lieu, les membres de la Commission scientifique et tout particulièrement M. Jean-Daniel Candaux, M. François de Capitani et M. G.-S. Métraux.

Les personnes qui, outre les membres de la Commission, ont accepté de rédiger des textes d'introduction aux divers chapitres, et des notices : Mmes et MM. Jean-François Bergier, Eric Golay, Ulrich Im Hof, Hugues Jahier, Jean-Pierre Jelmini, Catherine Kulling, François Matthey, Jean-Henri Papilloud, Casimir de Rahm, Jean-Louis Rais, Philippe Vendrix, Isabelle Vissière.

Les nombreux spécialistes qui nous ont aimablement accueillis et guidés dans diverses institutions, ainsi que toutes les personnes qui nous ont fait abondamment profiter de leur savoir, notamment : Mmes et MM. Nicolas Barras aux Archives de l'Etat de Berne ; Jean-Marc Barrelet aux Archives de l'Etat de Neuchâtel ; Yvonne Boerlin-Brodbeck au Musée des Beaux-Arts à Bâle ; Françoise Bonnet, conservatrice du Musée historique du Vieux-Vevey ; Denis Buchs, conservateur du Musée gruérien à Bulle ; Alain Cordonier à la Bibliothèque cantonale du Valais ; Silvio Corsini à la Bibliothèque cantonale et universitaire, Lausanne ; Régis de Courten à la Bibliothèque nationale suisse à Berne ; Gilbert Coutaz aux Archives de la Ville de Lausanne ; Philippe Dinkel à la Bibliothèque du Conservatoire de musique de Genève ; Hanspeter Draeyer au Musée historique de Bâle ; François Dumur, Cully ; Pierre-Yves Favez aux Archives cantonales vaudoises ; Philippe Froidevaux aux Archives de l'Ancien Evêché de Bâle ; Angelo Galletti à la Bibliothèque musicale de Genève ; Jean-Claude Garreta, conservateur en chef de la Bibliothèque de l'Arsenal à Paris ; Anne-Elisabeth Gattlen à la Bibliothèque nationale suisse à Berne ; Anne Geiser, conservatrice du Cabinet des médailles à Lausanne ; Marie Glassey aux Musées cantonaux du Valais ; Anne de Herdt, conservatrice du Cabinet des dessins au Musée d'art et d'histoire de Genève ; Rolf Heusi, conservateur du Musée Tell à Burglen ; Jacques Horneffer, Genève ; Jeanine Jacquat, conservatrice du Musée de Porrentruy ; Jean-Pierre Jelmini au Musée d'art et d'histoire de Neuchâtel ; Antoine Manella, conservateur adjoint du Musée des arts et des sciences de Sainte-Croix ; Maurice Margot, conservateur du Musée de la Confrérie des Vignerons à Vevey ; Marius Michaud à la Bibliothèque nationale suisse à Berne ; Colette Mottaz-Dreyer, assistante scientifique au Musée d'art et d'histoire à Fribourg ; François Noirjean à l'Office du Patrimoine historique à Porrentruy ; Orlando Orlandini, conservateur du Musée d'Histoire du Locle ; Jean-Henri Papilloud, aux Archives cantonales à Sion ; Maurice Parvex, directeur de l'Office bas-valaisan de la Bibliothèque cantonale valaisanne à Saint-Maurice ; Hans Conrad Peyer, Zurich ; Michel Piller, conservateur des collections iconographiques de la Bibliothèque publique et universitaire de Genève ; Jean-Louis Rais, conservateur du Musée jurassien d'art et d'histoire à Delémont ; Francine Roze, conservatrice du Musée historique lorrain à Nancy ; Agnes Rutz à la Bibliothèque centrale de Zurich ; Chantal de Schoulepnikoff au Musée national suisse à Zurich ; Andreas Staehelin aux Archives d'Etat du canton de Bâle-Ville ; W. Staub, directeur de la Fondation Oberberg à Gossau ; Hedy Tschumi aux Archives d'Etat du canton de Bâle-Ville ; Marianne Zürcher au Musée de l'Elysée à Lausanne.

Les étudiants de l'Ecole cantonale des Beaux-Arts et d'Art appliqué, qui ont réalisé le montage de l'exposition.

Tous les prêteurs publics et privés qui ont accepté de nous confier des œuvres et des documents.

La Radio Suisse Romande, qui a généreusement mis à notre disposition un enregistrement de *Guillaume Tell*, opéra d'André-Modeste Grétry, sur un livret de Michel-Jean Sedaine (1791), interprété par l'Orchestre de chambre de Lausanne.

L'équipe du Musée historique de Lausanne.

Jean-Pierre Laubscher, qui a accepté d'éditer cet ouvrage qui accompagne et prolonge l'exposition.

Enfin, je voudrais exprimer ma profonde reconnaissance à Pierre Chessex, conservateur adjoint au Musée historique de Lausanne, qui a patiemment dirigé mes efforts et assumé une grande partie de ce travail.

S. W.

Sans oublier, pour leur soutien financier :

La Mission du Bicentenaire et l'Association Française d'Action Artistique, Ministère des Affaires Etrangères, Secrétariat d'Etat aux Relations Culturelles Internationales ;

Pro Helvetia, fondation suisse pour la Culture ;

l'Etat de Vaud ;

l'Association du Vieux-Lausanne, grâce à l'appui de la Société de la Loterie de la Suisse Romande.

JPL

Achevé d'imprimer

le 3 juin 1989

dans la douleur de vivre

et

le bonheur de faire

A Plan of PARIS &c. This SURVEY has been reduced to the same SCALE as that of LONDON & Country round it Survey'd and Publish'd in 16 Sheets, by John Rocque Land Surveyor, 1754 in the Strand

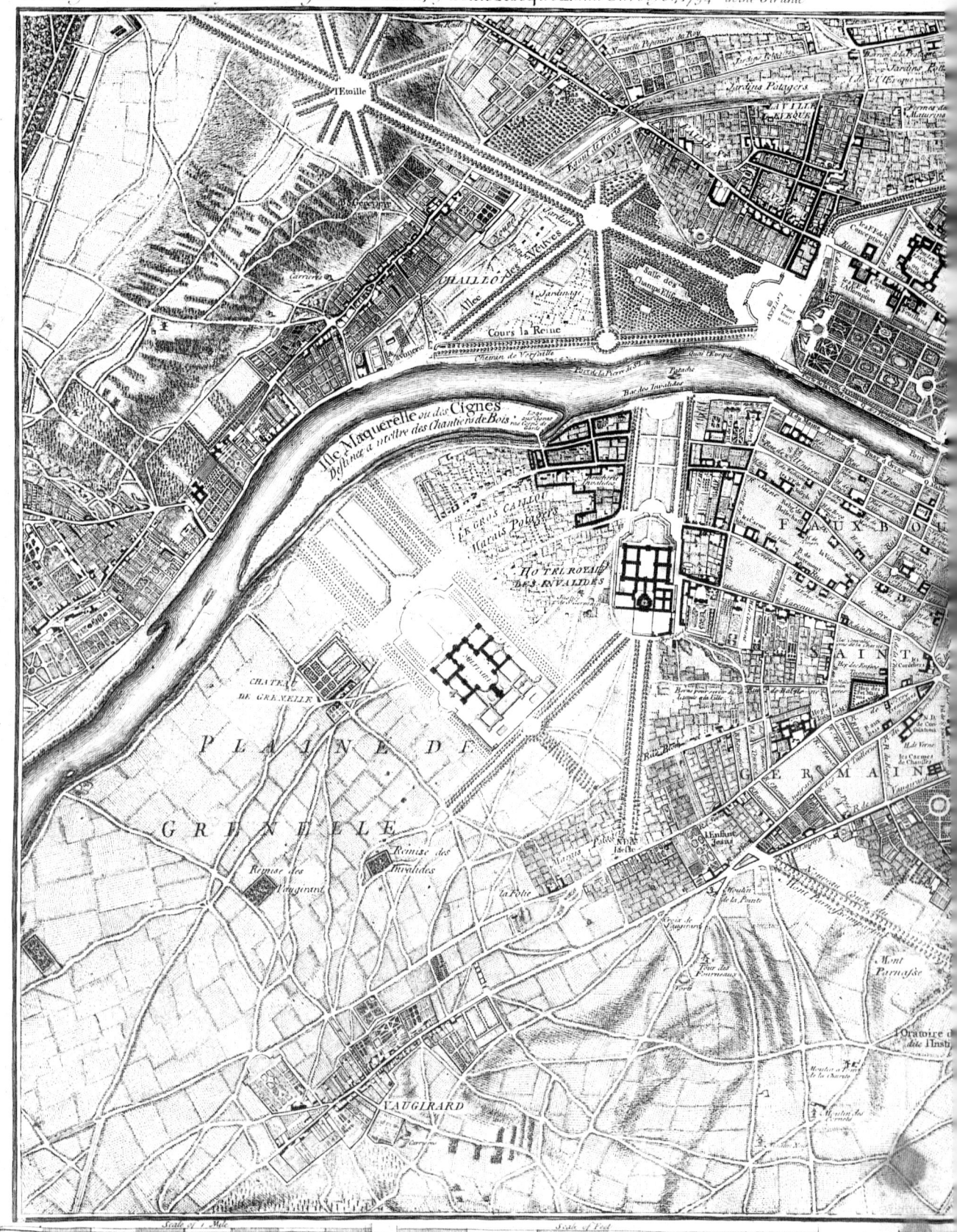